★★★★★★

中国政法大学 法学考研序列

法研秘籍

主观题真题精解

法研教育◎组编 杨帆◎主编

中国政法大学出版社

2019·北京

图书在版编目（CIP）数据

法研秘籍主观题真题精解/法研教育组编.—北京：中国政法大学出版社，2019.5
中国政法大学法学考研序列
ISBN 978-7-5620-9001-4

Ⅰ.①法… Ⅱ.①法… Ⅲ.①法律－研究生－入学考试－题解 Ⅳ.①D9-44

中国版本图书馆 CIP 数据核字(2019)第 091465 号

出 版 者　中国政法大学出版社

地　　址　北京市海淀区西土城路 25 号

邮寄地址　北京 100088 信箱 8034 分箱　邮编 100088

网　　址　http://www.cuplpress.com（网络实名：中国政法大学出版社）

电　　话　010-58908285(总编室) 58908433（编辑部）58908334(邮购部)

承　　印　北京鑫海金澳胶印有限公司

开　　本　787mm×1092mm　1/16

印　　张　17

字　　数　320 千字

版　　次　2019 年 5 月第 1 版

印　　次　2019 年 5 月第 1 次印刷

定　　价　55.00 元

法研教育理念：

心怀梦想，成就辉煌人生！

谨以此书奉献给那些正奋斗在中国政法大学研究生入学考试战线上的考生朋友们！

——法研教育《法研秘籍》编写委员会

中国政法大学教授

房保国

2019年3月

郑重声明

序

一部作品堪比一幕璀璨炫目的人生，每一笔都是精彩的瞬间和华丽的展现。北京法研教育有一批致力于法学教育的术业专攻者。他们独具匠心、厚积薄发，积数年之心血创作完成此书，为考生提供专业性辅导和技术性指导，这也恰恰是本书的核心价值之所在。

纵观本书，实乃法研教育殚精竭虑的良心之作，本书乃有三大裨益：其一，本书按照法大教材的章节顺序进行编写，实属标新立异之创举，此举益于考生在备考复习中一目了然各章的重要考点和命题人青睐的考查方式，故而在学习中能够有的放矢、举重若轻；其二，本书在主观题答案解析中附加评分标准一项，该内容不仅有利于考生明确答题角度和分值权重配比，亦有益于考生在作答主观题过程中有所取舍；其三，本书作者对部分主观题点缀神来之笔，这不仅是对命题规律的把握，亦系对命题趋势的前瞻性点拨。

“宝剑锋从磨砺出，梅花香自苦寒来”，寄望于法研教育这部良心之作让天下致力报考法大研究生的莘莘学子受益良多。

是为序。

房保国

2019年3月于北京蓟门

“路漫漫其修远兮，吾将上下而求索”

——北京法研教育校长杨帆老师致辞

“路漫漫其修远兮，吾将上下而求索”，这是我国古代伟大诗人屈原传承千年的不朽名言，这不仅是人生的哲理，也可以用来形容学者的治学态度。北京法研教育就秉持“上下求索”的心态孕育而生，在构建社会主义和谐法治环境下彰显出别具一格的风采。

推动政治进步，法治昌明和社会和谐是我们这一代法学人所肩负的历史使命，我们更应关注的核心问题是：“我们需要源源不断地培养综合素质高、专业知识扎实、创新能力突出的学者型人才，继续从事我们的法治建设事业，继续从事我们的法学教育培养，继续从事我们的法律学术科研。”

我们的教育将“法学教育事业与依法治国方略”紧密结合，将“培养高素质、综合能力强的法律人才与科教兴国方针紧密相连”，这是政治家宏图展志的梦想，也是企业家励志报国的宏愿，更是教育家传道解惑的追求。

北京法研教育专注于将学生的综合素质培养和法学专业知识教育相结合，将鼓励学生自主创新能力和培养学生学术研究能力相衔接，将传授高效学习方法和坚定学生学习信心相依托。这不仅是一代代法学教育家的夙愿，也不仅是法治进步的彰显，而且是中国法学教育的执着追求……

放眼北京法研教育的未来，作为领航人，我雄心百倍；作为掌舵者，我豪情万丈：

第一，北京法研教育已经发展成为最具影响力的中国政法大学考研法考高端培训机构。就目前而言，北京法研教育可谓人才济济、学者云集。所有教职人员“术业专攻”，在不同的法学研究领域都具有非同凡响的造诣，通过法研高端协议班的高通过率培训，以及《法研秘籍》《法硕秘籍》《法考秘籍》《大纲解析》《主客观题宝典》《AB金卷》和《预测宝典》等一系列法大考研内部辅导教材的编写，所获得的社会反响程度也可见一斑。

第二，北京法研教育发展的根本目标是打造“专业化、研究型、特色鲜明”的法学教育中心。北京法研教育将不断提高专职授课教师的综合素质和研究能力，不断强化“服务学生、造福考生、赢得信誉”的根本宗旨和服务理念，不断探索适合不同考生的个性化辅导方式和人才培养模式，不断优化法研辅导资料和图书信息资料的资源平台。

我们豪情万丈地宣誓：这个名师云集、誉满天下、创新辅导型法学教育中心已经拔地而起、傲视群雄，北京法研教育仍然在不断努力，迈向一个又一个新的台阶，创造一个又一个新的奇迹。请广大报考考研法考的考生朋友们，支持这个优秀的法学教育高端培训机构。我们的诚心不变，我们的信誉不倒，我们的实力不减，我们的信心不退。这就是北京法研教育的领航人。

法学教育是一种坚定不移的观念，需要法学者与中国法治进步同行；法学教育是一种坚持不懈的理念，需要历经坎坷和经历风雨共进；法学教育是一种坚韧有力的信念，需要经国纬政和法泽天下的传承……

北京法研教育总裁（CEO）

2019 年 3 月 14 日于北京蓟门

“秘籍在手，法研无忧”

——《法研秘籍》系列教材总序

亲爱的同学们：

《法研秘籍》作为法学辅导资料推出已经九个年头，每年都受到考生的热烈追捧，几乎人手一套，被誉为“法研红宝书”，曾经有考生向我反映，在中国政法大学的考研自习室里，每个座位上都有一套，放眼望去着实壮观，而在法大已录取的研究生中，也没有不知道《法研秘籍》的。作为一套法研辅导内部考研资料，却获得历届考生的高度认可和极度赞誉，作为主编，也作为这套辅导教材的策划人，我诚惶诚恐又深感愧疚：“惶恐”——是因为这套资料的编写，只是笔者在长期考研教学辅导实践基础上进行的应试性经验总结和资料编纂；“愧疚”——是因为我们始终感觉我们做得还不够，却赢得如此的厚爱，同时又深感欣慰，毕竟这套资料的编写算得上是法研集团的呕心沥血之作。但是它作为内部资料，毕竟对考生的帮助有限，2012 年开始中国政法大学出版社与北京法研教育强强联合，全新策划，将首度以系列教材的形式正式出版，这将是给今后报考中国政法大学考生的一个天大喜讯。

这几年，我认识的许多报考中国政法大学法学硕士研究生的考生朋友们最关心的就是“当年中国政法大学研究生入学考试政策有什么新变化?”以及“我们应该如何应对这一新变化?”“我们应该如何应对当年的新变化?”这一老生常谈的“话题”，催生了我们一个年轻而富有活力的教育机构——北京法研教育集团的建立。北京法研教育集团是由中国政法大学优秀管理团队创立，下设“北京法研学校、北京法研书店、北京法研天下教育科技有限公司、北京金科时代教育咨询中心、北京神州华宇科技有限公司”等多家全资子公司，项目涉及“教育培训、图书杂志音像出版、法律数据库和软件研发、广告制作、网络科技、数字化 DDN 现场直播教学系统”等多个领域。同时集团积极开展对外合作，与中国政法大学合作“国际留学、在职研究生项目”，与北京未名律师事务所合作成立中国第一家以服务“亿万家庭”为对象的“家庭律师网”。

在北京法研教育集团旗下的众多子公司中，广大考生最熟悉和密切关注的就是北京法研学校和北京法研书店。这两家专业化、权威性的考研辅导机构，在“法大专业课考研培训、法大考研信息”上为广大考生所“津津乐道”。在考生中流传“内事不决问学校，外事不决问书店”就是这个道理。可以说，在每年报考中国政法大学硕士研究生的考生中，已经没有几个人不知道"北京法研学校和北京法研书店"了。

北京法研学校隶属于北京法研教育集团，是一家经教育、工商部门批准注册，致力于中国政法大学考研专业课、公共课辅导的权威化、专业性大型教育培训机构，拥有中国政法大学最雄厚的师资力量和教育、信息内部资源，以王夏昊、焦洪昌、姚国建、阮齐林、邬明安、刘家安、鄢一美、纪格非、史飙、洪道德、许浩明、杨帆(女)、张峰、房保国等法大知名教授作为高端辅导的核心力量，以博士和状元硕士研究生为答疑辅导专业化团队，旨在为所有参加法大考研的考生，提供权威、高效、实惠的考研资料，以及专业化和高成效的考研辅导。在多年的办学实践中，凭借成熟的培训体系，独具的办学特色，国际化的专业教学管理以及无与伦比的辅导效果，确保其辅导班的教学质量、规范运作和诚信经营，为中国法研教育培训界树立一面鲜明的旗帜，北京法研学校业已成为中国政法大学考研培训界的第一责任品牌。北京法研书店由北京法研教育集团独资创办，依托于中国政法大学研究生院读者服务部，以法大在读研究生为主要运作团队，旨在为所有参加法大考研的考生，提供权威、高效、实惠的考研资料，以及完全免费的考研辅导。两家机构的"存在价值和工作职责"，就是"全心全意地帮助所有致力于报考中国政法大学的考生成功地应对中国政法大学硕士研究生入学考试。"

记得在2009年7月中旬，2010年招生简章出台前，北京法研教育就获知2010年中国政法大学法学硕士研究生初试将进行重大命题改革的信息：由考查传统法学6科，增加5科（三国法和行政法、行政诉讼法），总共考查11科。为了积极应对官方的命题变化，北京法研教育也同步推出新增科目的秘籍，同时在后期的《法研秘籍－黄金增补》中进一步对新增科目的考查范围给予全面披露和权威解密。在考前一周，对"2010年中国政法大学法学硕士研究生入学考试的最新变化作出预警提示"，当时《法研秘籍－考前信息题》曾经援引中国政法大学主管研究生教育工作的副校长朱勇的谈话："法学硕士生应该具有较好的法学理论功底。目前法大考研试卷的设计对选拔优秀硕士不够理想，因此学校考虑进行如下两个改革：第一，法学硕士在复试阶段我们将加强其理论功底和研究能力的考查；第二，在今后的研究生初试试卷中将加大对于考生知识结构、理论基础和综合分析能力的考查。"2010年中国政法大学法学硕士研究生初试试题印证了我们的判断，部分使用我们《法研秘籍》系列教材的考生，初试成绩下来发现普遍考得比较好。由此可见，北京法研学校和北京法研书店在考生中的贡献是有目共睹的。

当然，客观地说，我们也存在瑕疵，甚至有许多不完善的地方，这些也是需要广大考生提出批评和我们自身不断检讨、反省的，而这个"批评和检讨、反省的过程"，缔造了《法研秘籍》系列教材。《法研秘籍》系列教材是由北京法研教育集团旗下北京法研书店、北京法研学校在2008年8月联合推出的，一经面市，就受到广大考生的“热捧和争相购买”，最终创造出超过6000套的销售佳绩，堪称历年法大考研“人手必备精品考研资料”。甚至业界评价：“《法研秘籍》系列教材是法大考研最权威的辅导资料。”我们通过对近年来《法研秘籍》系列教材与当年研究生初试试题对照以及命中率比对分析，《法研秘籍》系列教材确实没有辜负所有考生的期望，我们确实是用“实力和价值”赢得所有人的口碑和赞誉。

我们非常感谢很多考生在使用《法研秘籍》过程中给予我们的宝贵意见，这不仅为我们修改和完善《法研秘籍》系列教材提供了精神动力和想象空间，同时也为我们《法研秘籍》系列教材的长远发展提供了更大的“期待可能性”。2020年版《法研秘籍》系列教材的全新改版就是这种“期待可能性”的良好印证，2020年版《法研秘籍》系列教材，由北京法研教育《法研秘籍》编写委员会创作。北京法研教育《法研秘籍》编写委员会的作者堪称“法大真正的精英和栋梁”，他们无需显赫的光环和响亮的称号，却拥有法大考研辅导最具冲击力的实力！他们有为考生服务的真诚之心，有脚踏实地、步步为营、对命题趋势最睿智的洞见和对应试最朴实而有效的策略。同时，他们拥有最优化的组合、互补的师资和默契的配合。

让我们首先记住他们，并衷心地感谢他们，正是他们长达九年的呕心沥血、笔耕不辍，才有如此经典的备考教材，他们以另一种智慧撰写造福数万人的精品考研复习资料，他们以精炼的表达记录大师们复杂、难懂的思想，按照考试角度重新整合学术化的知识体系。这样的转化并非易事，它是建立在对“命题模式和命题思路”了如指掌并且对学科的知识体系谙熟于胸的基础上，这些作者是法大各自专业领域的“学术之星”，他们是当之无愧的“良师益友”：他们认真、成功地指导考生迈过法大考研的每一道坎，因此我们没有理由对他们的经验视而不见，对他们的建议充耳不闻，对他们的成果不屑一顾。

也许他们的一句话能让你少看十页书，

也许他们的一句话能让你少看一章书，

甚至他们的一句话能让你少看一本书，

对于考研人来说，他们的价值是无法估算的。当我们所有作者颤颤巍巍地将《法研秘籍》呈现在考生面前的时候，我们是微笑的，我们是欣慰的，我们是问心无愧的。九年来，从我们创作《法研秘籍》系列教材开始，我们编写委员会持续进行大量的基础性编写工作。为了能够创作出精品、特色和实用的考研辅导教材，可以说，我们是殚精竭虑、呕心沥血的：

首先，《法研秘籍》编写组成员，详细阅读2018年官方命题的参考教材、法大本科授课教材、命题人推荐的教材和基本命题趋势，仔细聆听当年法大各专业学科命题人或命题相关人的授课录音和重点点拨，从而对整体的编写和策划工作进行宏观性的指导，对2018年版《法研秘籍》进行基础性修改；

其次，北京法研学校在创作过程中定期组织所有作者进行座谈和交流，商讨《法研秘籍》的整体框架和创作方式。尽管专业、学科有所不同，但是知识讲解的方法和技巧是建立在统一的宏观指导下的，符合统一的创作思路，从而方便所有应试者掌握和理解；

再次，编写委员会根据2018年的命题趋势，同时配合北京法研学校开办的专业课辅导班（法研高端保过班）的讲解内容，仔细研究和揣摩历年真题，从而总结和归纳2017年的基本命题点和重点知识内容；

最后，各科作者将书稿交给学校权威教师进行校正和指导工作，通过指导改正部分错误内容，完善和明确重要考点，删除不符合2018年命题趋势的部分内容，同时修正部分知识内容的精确表述。

2020年版《法研秘籍》系列教材在以下若干方面进行全新的修改和完善：

第一，《法研秘籍》系列教材各章节提供"点拨考点式"的提示性说明，为所有考生提供更加专业化和权威性的"内幕指导"。专业化的考点提示比其他考研机构所谓的"预测"或者"模拟"更加具有"直接性和有效性"的指导意义，切实为考生指点迷津，提供最具有价值的命题信息或者命题趋势。

第二，2020版《法研秘籍》系列教材各章节后将结合本章节重点内容将题库的试题附列于后，题库试题的含金量极高，通过研习《法研秘籍》并且配合"题库试题"，能够让所有考生信心百倍、胜券在握。

第三，通过听取2008～2018年使用《法研秘籍》系列教材的考生的意见，对《法研秘籍》系列教材进行进一步的完善和修改，增加许多有价值的应试技巧和应试策略的内容。考生在使用《法研秘籍》系列教材的过程中，曾经通过电子邮件、手机短信或者QQ聊天的方式向北京法研教育提供"反馈意见"，其中包括考生认为《法研秘籍》中存在的部分"瑕疵"内容、使用《法研秘籍》时对于部分知识内容无法准确理解，有些知识性内容运用什么方式讲解更加合适，并且有些考生提出对部分知识内容的独特学习方法和掌握技巧等等。在衷心感谢考生提供"有价值的信息和建议"的同时，我们将考生反馈意见，技巧性地编写到《法研秘籍》系列教材中，为所有考生提供更加优质的辅导服务和有效信息，为未来使用《法研秘籍》的考生提供更多技巧性的帮助和高效有价值的信息。

第四，研究生初试参考教材（注：尽管2011年起《法大招生简章》已经不再指定教材，但是由于初试命题人尚未变化，所以命题人编写和推荐的教材，依然是研究生初试命题的参考依据）的内容比较复杂，如何让所有考生在短时间内高效地获取命题点是《法研秘籍》系列教材的重要使命。《法研秘籍》也为所有考生点拨初试参考教材没有涉及却在研究生初试命题中屡屡进行考查的重要知识点，故而在《法研秘籍》系列教材中，编写委员会大胆而谨慎地“删除掉许多不会作为命题考查点的知识内容”，同时“对于部分经常作为命题考点但是在参考教材中没有涉及的知识内容进行补充性详细讲解”（例如法理学的法学派），帮助所有考生扩充知识内容，做到“知己知彼、有备无患”。

第五，《法研秘籍》系列教材编写委员会经过长期研究发现，“对于应试者而言，通过大量做题的方式不仅可以有效地检验应试者近期的学习成果，而且能够有效巩固应试者的记忆内容进而增强理解性记忆的能力，促使所有考生最终能够高效地掌握相关知识内容，达到过目不忘的境界”。《法研秘籍》系列教材编写委员会将“重要的知识点”进行命题，并且联合法大考研命题研究组共同编写《2018 年法大考研 AB 金卷》《2018 年法大考研预测宝典》。作为《法研秘籍》系列教材官方指定配套资料，使考生在学习过程中可以随时检验学习成果，并且可以通过做题来带动对于相关知识点的学习和掌握，通过做题能够促进所有考生在理解的基础上牢固掌握相关知识点。

最后，我们只想说，我们为考生服务、绞尽脑汁地创造优质服务的宗旨没有改变，我们的百倍信心和优秀人才没有改变，我们唯一改变的是我们在不断地完善。我们不敢松懈，因为我们怕对不起那些在考研路上经历艰辛的考生，我们不会气馁，因为所有考生给予我们奋勇前行的坚强。

我们不敢自诩2020 年版《法研秘籍》系列教材是“2018 级法大考研备考资料的经典”，但是我们可以宣誓：

在创作过程中，我们确实付出极大的心血和努力，我们无愧于我们的良知，我们无愧于天下苦苦煎熬的莘莘学子！

为了创作，我们失去了星期天，也失去了假期，因为你们的期待，期待我们创作的 2020 年版《法研秘籍》，是 2018 级法大考研资料中的“精品”，而不是一堆“垃圾”！

我们曾经创造 08、09、10、11、12、13、14、16 年的经典时代，我们曾经让 09、10、11、12、13、14、15、16、17、18、19 年版《法研秘籍》响彻人心，所以今天，我们愿意忘记过去的辉煌，创作出精品，因为我们无法忍受“从父母手中拿来血汗钱”的考生，那失望、痛恨的眼神！

亲爱的考生，其实我们曾经是你们中间的“一员”，而你们也必将成为我们中的“一员”，所以我们的创作充满着“责任”和“义务”！

我们绝不是一群“为了狭隘的经济利益，胡编乱造，欺世盗名”之徒，我们拥有着“法大人的良知”和法学教育者的“铮铮铁骨”！

今天，我们将面对新的挑战，我们期待我们创作的2020年版《法研秘籍》是经得起“历史考验的法大考研精品”!

2020年版《法研秘籍》系列教材，试图用全面、权威、有效、有用的信息填平考研竞争者之间的信息鸿沟，以促进考研者之间最大程度上的公平竞争，确保研究生考试的公平正义!

我们曾处于“信息荒漠”中，一路拼杀，侥幸过关。我们深知，孑然一身的你们什么都没有，唯一能够抓住的就是研究生入学考试公平竞争的机会。

严重的信息失衡，使很多外校生被远远地甩在后面，输在了起点，还有更多的考研人，一味地埋头苦读，而始终学不得法，未找到终南捷径。愿我们的秘籍可以帮助你实现梦想!

这套笔记能够给各位考生传递信息、传授方法，为诸位考生插上成功的双翅! 为考生的勤奋再添飞转的双轮!

亲爱的同学，你还等什么，难道你没看到“厚德明法、格物致公”八个闪光的大字正在向你挥舞着有力的手臂，让你加入法大的研究生队伍吗? 为中国的法治天下做出你应有的贡献吧!

2020年版《法研秘籍》全体作者愿意携手广大报考中国政法大学研究生的考生们一起感激那些已经为《法研秘籍》系列教材提供宝贵意见的法大名师，让我们永远记住他们的名字:

舒国滢、王夏昊、焦洪昌、姚国建、刘家安、鄢一美、李永军、于飞、宋朝武、杨秀清、纪格非、曲新久、王平、郭明安、刘玫、洪道德、房保国、马呈元、刘力、杜新丽、王传丽、许浩明、张丽英、杨帆(女)、马怀德、张锋等……

他们辛劳的教学是《法研秘籍》成书的主要源泉之一，他们厚重的思想是《法研秘籍》的背景和基础:

没有他们，法大如何存在?

没有他们，《法研秘籍》的存在又有何价值?

没有他们在百忙之中的不吝赐教，没有他们在百忙之中的悉心指导，我们根本无法完成秘籍的创作!

我们同样感谢: 北京法研教育集团所有工作人员，感谢北京法研教育和北京法研书店的全体工作人员，没有他们的全力支持和无私付出，我们也同样无法完成这一作品!

阿基米德说过:“给我一个支点，我将撬动整个地球。”作为致力于法大考研的高端培训机构，我们真诚地希望我们的2020年版《法研秘籍》系列教材能够成为你们成功考取中国政法大学的桥梁和支点!

最后，2020年版《法研秘籍》的全体作者想对2019年报考中国政法大学研究生的考生朋友说的是：其实，考研很简单，但是，你们不简单……

北京法研教育全体工作人员祝愿你们在今年的考试中马到成功，旗开得胜！

我们对你们只有一个要求，那就是，让我们在明年的新生报名的队伍中看到你们的身影！

是为序！

北京法研教育

《法研秘籍》编写委员会

主任

2019年2月14日于蓟门

目 录

法学综合课

法学专业课

法理学

引　论

一、名词解释

1.（2017年法学综合课名词解释第1题）法学方法（3分）

【命题考点】法学方法

【参考答案及评分标准】广义上的法学方法，包括法学构建的方法、法学研究的方法和法律适用的方法。(1分）狭义的法学方法主要是指法律适用的方法，即如何正确运用法律解决实践中问题或纠纷的方法。(2分）

二、简答题

1.（2012年法学综合一简答第2题）简述法学方法论研究的主要问题。(5分）

【命题考点】法学方法论

【参考答案及评分标准】以事实的认定和法律规范的寻找为中心，法学方法论所研究的主要问题主要包括以下方面：①法条的理论；②案件事实的形成及其法律判断；③法律的解释；④法官从事法的续造之方法；⑤法学概念及其体系的形成。(4分）这其中又包括法律解释的方法、法律推理的方法、法律论证的方法和体系构建的方法等。(1分）

2.（2008年法学综合一简答第1题）简述法学思维的特点。(6分）

【命题考点】法学思维的特点

【参考答案及评分标准】法学思维是法学者在研究法律现象时所持有的思考立场、态度、观点、价值和方法。(1分）法学思维具有如下特点：

（1）法学思维是实践思维。法学是有所为的思考，是针对特定的法律现象的思考；(1分）

（2）法学思维是以实在法（法律）为起点的思维；(1分）

（3）法学思维是问题思维，法学思维的首要任务是解决法律问题，为法律问题提供答案；(1分）

（4）法学思维是论证的思维、说理的思维，法学的思考遵循着“理由优先于结论”

的规则，法学的结论必须具有论证理由和说服力；(1分)

(5)法学思维是评价性思维，法学家总是根据法律来评价人们行为的合法性或者违法性。(1分)

3.(2005年法学综合一简答第1题)简述法学具有哪些特点？(6分)

【命题考点】 法学的特点

【参考答案及评分标准】 实践性构成法学的学问性质，(1分)法学的特点包括以下方面：

(1)法学的研究总是指向法律现象或者法律问题的。法学的兴衰注定与一个国家法律制度的发展相关联：法制兴则法学繁荣，法制衰则法学不振；(1分)

(2)法学具有务实性。法学不是“纯思”，不是寻求“纯粹的知识”，法学必须关注社会生活，解决社会生活中的冲突和矛盾；(1分)

(3)法学是反映人们经验理性的学问，是人们法律经验、知识、智慧和理性的综合体现。法学不仅需要逻辑分析，更加需要经验的审慎判断；(1分)

(4)法学是职业性知识体系，所使用的语言是冷静的、刚硬的、简洁的、合逻辑的，是经过法学家提炼、加工和创造出来的行业语言；(1分)

(5)法学研究的是“价值性事实”，反映的是具有价值观、价值意义和价值倾向的社会事实。(1分)

第一章　法

一、简答题

1.(2013年法学综合一简答第2题)简述法的规范性的特点。(5分)

【命题考点】 法的规范性的特点

【参考答案及评分标准】 法具有的规范性是特殊的，主要表现在以下方面：

(1)对人们行为方式的规定上：①法在规范内容上具有更大的确定性；②法律规范语句具有更强的命令性；③法律规范作为(法官)裁判标准具有权威性和独断性；④法律规范语句具有实证性。(3分)

(2)在指引人们行为的方式上：①依照法律权利提供可以选择的指引(可为模式)；②依照法律义务提供确定性指引(应为模式和勿为模式)。(2分)

2.(2009年法学综合一简答第2题)简述法律自身的局限性。(6分)

【命题考点】 法的局限性

【参考答案及评分标准】法的作用的局限性表现在以下方面：（回答任意6点，得6分）

（1）法的作用范围是有限的，法不能调整一切社会关系和人们的任何行为，法不能调整的，只能依靠道德、宗教和政策等其他社会规范进行调整。

（2）法只是调整社会关系的一种方法，属于最主要的社会调整手段，法需要其他社会规范辅助调整社会关系。

（3）法律与社会现实之间不是恰好一一对应的，法律适用对应的事实有时候难以确定。

（4）“立法空白”，任何国家的法律都不可能包罗万象，总存在没有被法律覆盖的社会现实。

（5）“法律的滞后性”，法律具有相对稳定性，但是社会关系是不断发展变化的，实践中总是存在法律没有规定的新型案件。

（6）“法律的僵硬性”，实践中将具有一般性和抽象性的法律运用到具有个别性和具体性的案件中可能违背法律规范的意义。

（7）“法律解释的不统一性”，法律解释需要依靠法律适用者的主动性和创造性，很可能形成解释不统一的局面。

二、案例分析题

1.（2017年法学综合课案例分析题）案例：张某与王某发生口角，王某辱骂张某畜生，张某感受极大侮辱遂寻机报复王某。某日，张某携带尖刀到王某住所将其刺成重伤。经司法鉴定，张某作案时辨认和控制能力存在，具有完全刑事责任能力。《刑法》第234条：故意伤害他人身体，致人重伤的，处三年以上十年以下有期徒刑。人民法院判处张某有期徒刑九年。请回答下列问题：

（2）法院判决体现哪一种法的规范作用？（2分）《刑法》第234条法对人们行为的指引为何种指引？（1分）为什么？（2分）

【命题考点】法的规范作用

【参考答案及评分标准】（2）法院判决体现的是法的规范作用中的评价作用和强制作用，因为强制作用是仅针对犯罪人的，法院通过判决对张某实施伤害行为作出了否定性的评价。（2分）《刑法》第234条对人们行为是一种确定性的指引。（1分）因为刑法规范是禁止性规定，属于义务性规则，故给人们的行为提供确定性的指引。（2分）

2.（2008年法学综合一法理学分析题）2001年，蒋某看到某报纸刊登《某银行招录行员启事》，其中第一条规定：“（招录对象）男性身高168厘米以上，女性身高155厘米以上。”蒋某遂以该规定侵犯宪法平等权为由向某法院提起诉讼，请结合所学法学

知识分析上述案情。(13 分)

【命题考点】法的可诉性

【参考答案及评分标准】本题可以从法的可诉性和法律关系的角度进行评析：

法具有可诉性的特点，具体包括可争讼性和可裁判性。“宪法司法化”，即宪法是否具有可诉性问题，关键是宪法能否被作为法律渊源看待的问题。①肯定者认为：宪法属于法律渊源，必然可以成为判决的依据。②反对者认为：根据特别法优于一般法的原则，应当优先适用其他法律，因为其他法律相对于宪法都属于下位法和特别法。同时宪法具有弱制裁性的特点，本身不能规定对违法者和违法行为的制裁措施。法学界通说认为：宪法属于正式法律渊源，但是由于其具有弱制裁性的特点，不宜司法化而作为审判依据。蒋某以《某银行招录行员启事》的规定侵犯宪法平等权为由向人民法院提起诉讼，并且以宪法规范作为其起诉依据是不合适的。宪法规范不具有可诉性，不能直接作为起诉根据和审判依据。(6 分)

第二章　法的内容与形式

一、名词解释

1. (2019 年法学综合课法理学名词解释第 1 题) 法律权利 (3 分)

【命题考点】法律权利

【参考答案及评分标准】法律权利，是指由国家通过法律加以许可的自由意志支配的行为范围。(2 分) 法律权利具有法律性、自主性、利益性及与义务相关性的特点。(1 分)

二、简答题

1. (2012 年法学综合一简答第 1 题) 从法学角度简述权利与权力的区别。(5 分)

【命题考点】权利和权力的区别

【参考答案及评分标准】权利和权力，特别是公民权利和国家权力是严格区分的，具体表现在以下方面：

(1) 在现行《宪法》中，对中央国家机关使用“职权”一词，对地方国家机关使用“权限”一词，对公民则使用“权利”一词；(1 分)

(2)“权利”一词通常是与个人利益相联系的，“职权”一词却只能代表国家或者公共利益，绝不意味着行使职权者的任何个人利益；(1 分)

（3）“权利”强调法律承认并且保护法律关系主体具有从事一定行为或者不从事一定行为的可能性，并不意味着法律要求必须这样行为；“职权”不仅强调法律关系主体具有从事某种行为的可能性，而且也意味着其从事该行为的必要性，否则构成失职或者违法；（2分）

（4）国家机关的职权、权力是与国家强制力密切联系的。公民在权利遭受侵害时，一般只能要求国家机关的保护，而不能由公民自己强制实施。（1分）

2.（2011年法学综合一简答第1题）简述不成文法相对于成文法的优点。（5分）

【命题考点】不成文法的特点

【参考答案及评分标准】不成文法是指由国家有权机关认可的，不具有文字形式或者虽然有文字形式但不具有规范化条文形式的法的总称。（1分）不成文法相对于成文法具有以下优点：

（1）不成文法易于适应社会现实，比较容易适应社会生活的各种状况；（1分）

（2）不成文法没有成文法那样的文字表述，故而不存在背离立法原意的问题；（1分）

（3）不成文法易于发挥司法官员的创造性，同时使司法官员的积极性得到更好的发挥，司法官员的创造性能够在相当大程度上弥补既有法律的缺陷。（2分）

3.（2006年法学综合一简答第2题）简述权利与义务的相互关系。（6分）

【命题考点】权利与义务的关系

【参考答案及评分标准】权利与义务的相互关系主要体现在以下方面：

（1）从结构上看，二者是紧密联系、不可分割的。权利和义务都不可能孤立地存在和发展。它们的存在和发展都必须以另一方的存在和发展为条件；（2分）

（2）从数量上看，二者的总量是相等的；（1分）

（3）从产生和发展看，二者经历了一个从浑然一体到分裂对立再到相对一致的过程；（1分）

（4）从价值上看，权利和义务代表了不同的法律精神。古代社会基本上都是倾向义务本位，而现代社会基本上倾向于权利本位。法律发展规律之一就是由义务本位向权利本位演进。（2分）

第三章　法的渊源与法的分类

一、名词解释

1.（2019年法学综合课法理学名词解释第2题）非正式法源（3分）

【命题考点】非正式法源

【参考答案及评分标准】非正式法源，是指那些不具有明文规定的法律效力，却具有法律意义并且可能构成法官审理案件之依据的准则来源。(2 分) 当代中国的非正式法源包括习惯、判例和政策。(1 分)

2. (2017 年法学综合课名词解释第 2 题) 法的渊源 (3 分)

【命题考点】法的渊源

【参考答案及评分标准】法的渊源简称“法源”，即法的效力渊源，是指被承认具有法的效力、法的权威性或者具有法律意义 (1 分) 并作为法官审理案件依据 (1 分) 的规范或者准则来源 (1 分)。

二、简答题

1. (2018 年法学综合一简答第 1 题) 简述正式法源冲突的适用原则？(6 分)

【命题考点】正式法源的效力原则

【参考答案及评分标准】正式法源冲突的适用原则包括以下方面：

(1) 不同位阶法律渊源的规定冲突，“上位法优先于下位法”。(1 分)

(2) 同一位阶法律渊源之间的冲突，“特别法优先于普通法”，“后法优先于前法”；(1 分)

(3) 位阶出现交叉时法律渊源之间的冲突：

①地方性法规与部门规章之间对同一事项的规定不一致，不能确定如何适用时，由国务院提出意见，国务院认为应当适用地方性法规的，应当决定在该地方适用地方性法规的规定；认为应当适用部门规章的，应当提请全国人大常委会裁决；(2 分)

②部门规章之间、部门规章与地方政府规章之间对同一事项的规定不一致时，由国务院裁决；(1 分)

③根据授权制定的法规与法律规定不一致，不能确定如何适用时，由全国人大常委会裁决。(1 分)

2. (2015 年法学综合一简答第 2 题) 简述某些学者主张的在当代中国应该加强判例作用的理由？(5 分)

【命题考点】当代中国应该加强判例作用的理由

【参考答案及评分标准】当代中国应该加强判例作用的理由包括如下方面：

(1) 判例在当代中国司法中具有重要的参考作用；(2 分)

(2) 与制定法相比，判例法或者判例的最明显优点是其本身具有一种有机成长的特征，能够适应新的情况，中国法律往往比较抽象而在实施中存在困难，故而使用判例可以弥补制定法的缺陷；(2 分)

(3) 必须注意法律渊源方面的国际趋势，两大法系的差别在现代已经大大缩小。

(1 分)

三、分析题

1.(2019 年法学综合课法理学分析论述题)在我国是否实行判例制度一直存在争议。请分析并回答下列问题:

(1)“判例”是否等同于“案例”并阐述理由?(5 分)

(2)学者们认为当代中国不应采取判例制度的理由有哪些?(5 分)

(3)中国应加强判例作用的根据有哪些?(5 分)

【命题考点】 判例及其适用

【参考答案及评分标准】(1)“判例”不等同于“案例”。(1 分)判例,是指那些事先存在的,可能构成法官审理案件依据的判决范例。在英美法系国家,判例是正式法源,具有约束力。在大陆法系国家,判例是非正式法源,不具有必然的约束力。(2 分)案例,是指经法院审理判决的个别、具体的案件事实及结果。案例不具有拘束力,也不属于法的法源,仅对审判工作具有一定参考作用。(2 分)

(2)学者们认为当代中国不应采取判例制度的理由具体包括:①判例制度不适合中国的现行政治制度;②中国不具有长期和牢固的判例法历史传统;③中国的法官、律师缺乏判例法方法论的经验;④判例法制度本身也存在缺陷。(每点 1 分,全部答满 5 分)

(3)中国应加强判例作用的根据:①判例在中国司法中具有重要的参考作用;(1 分)②与制定法相比,判例法或判例最明显的优点是其本身具有一种有机成长的特征,可以适应新情况弥补制定法的缺陷;(3 分)③两大法系的差别在现代已经大大缩小。(1 分)

2.(2015 年法学综合一法理学分析题)案情:谢某患先天性心脏病,2004 年 7 月 15 日病发住院,出院时被嘱咐继续服药并且到上级医院进一步接受治疗。谢某出于生计,与某电器公司签订劳动合同,在该公司担任仓储保管员。谢某上班时身体不适,去医院就诊,在治疗过程中突然神志不清,经抢救无效于当日 12 时死亡。谢某的父母向区社会保障局提出要求认定谢某的死亡属于工伤。区社会保障局受理申请后,认为谢某的死亡不属于国务院颁布的《工伤保险条例》第 15 条第(一)项规定的“在工作时间和工作岗位,突发疾病死亡或者在 48 小时内经抢救无效死亡的,视同为工伤”的情形,认为该条中的“突发疾病”不包括先天疾病,故而不能认定为工伤。根据案情回答下列问题:

(4)《工伤保险条例》属于我国正式法律渊源中的哪一类?(2 分)

【命题考点】 正式法源

【参考答案及评分标准】(4)《工伤保险条例》属于行政法规。(1 分)因为《工

伤保险条例》是由国务院制定的，行政法规的名称为“条例”。(1 分)

3. (2012 年法学综合一法理学分析题) 汪某在上班期间突然发病，被诊断为脑出血。之后，汪某多次向 A 市劳动和社会保障局申请工伤认定，均被以超过受理时效为由而未予受理。汪某不服，依据《工伤认定办法》第 19 条向 A 市人民法院提起行政诉讼。A 市人民法院判令 A 市劳动和社会保障局应当受理并且认定汪某提出的工伤认定申请。A 市劳动和社会保障局不服判决，向 B 市中级人民法院提起上诉，要求撤销 A 市人民法院的判决，原因是根据《工伤保险条例》第 53 条的规定，A 市人民法院在汪某没有申请行政复议前无权受理该案。

参考法条：《工伤认定办法》(劳动和社会保障部第 17 号令) 第 19 条：“职工或者其直系亲属、用人单位对不予受理决定不服或者对工伤认定决定不服的，可以依法申请行政复议或者提起行政诉讼。”《工伤保险条例》(国务院第 340 号令) 第 53 条：“有下列情形之一的，有关单位和个人可以依法申请行政复议。对复议决定不服的，可以依法提起行政诉讼：(一) 申请工伤认定的职工或者其直系亲属、该职工所在单位对工伤认定结论不服的……”请回答：

(2) 从法律渊源的角度，《工伤认定办法》和《工伤保险条例》属于什么？(4 分)

(3) 如果《工伤认定办法》和《工伤保险条例》关于行政复议是不是行政诉讼的前置条件的规定矛盾，那么应该适用什么规则解决？(3 分)

【命题考点】法律渊源、正式法源的效力原则

【参考答案及评分标准】(2) 从法律渊源的角度，《工伤认定办法》由于是劳动和社会保障部令颁布实施的，故而属于部门规章。(2 分)《工伤保险条例》由于是国务院令颁布实施的，故而属于行政法规。(2 分)

(3)《工伤认定办法》是部门规章，属于下位法。《工伤保险条例》是行政法规，属于上位法。如果《工伤认定办法》和《工伤保险条例》之间的规定矛盾，即下位法和上位法之间的规定发生矛盾的，适用“上位法优先适用于下位法”的规则解决，也就是按照行政法规《工伤保险条例》的规定作为裁判依据。(3 分)

4. (2007 年法学综合一法理学分析题) 2001 年 5 月，某省甲县种子公司与该省乙县种子公司签订合同，约定由甲县种子公司代为培育玉米种子。2003 年初，乙县种子公司以甲县种子公司没有履约为由诉至 A 市中级人民法院，请求赔偿。后来两公司因为赔偿价格问题发生争议。

参考法条：某省人大 1989 年出台的《省农作物种子管理条例》规定，相关争议应该适用政府指导价，全国人大 2001 年公布《中华人民共和国种子法》规定，有关价格的争议应该适用市场价。请回答下列问题：

(1) A 市中级人民法院应当采用哪个法律作为判决依据？为什么？(3 分)

（3）假设2001年全国人大公布的《中华人民共和国种子法》规定，有关种子价格的争议适用于政府指导价，本案应该如何进行判决？为什么？（3分）

【命题考点】法律位阶的适用顺序和冲突规则

【参考答案及评分标准】（1）A市中级人民法院应当采用《中华人民共和国种子法》（以下简称《种子法》）作为判决依据。（1分）因为不同位阶的法律渊源之间发生冲突时，适用"上位法优先适用于下位法"的原则。作为下位法的《省农作物种子管理条例》"适用政府指导价"的规定，与作为上位法的《种子法》"适用市场价"的规定相冲突，所以应适用上位法《种子法》。（2分）

（3）A市中级人民法院应当依据《省农作物种子管理条例》作出判决。（1分）因为2001年全国人大公布的《种子法》规定"有关种子价格的争议适用于政府指导价"，作为上位法的《种子法》与下位法《省农作物种子管理条例》的规定不冲突，则应当适用"下位法优先适用于上位法"的原则。（2分）

第四章　法的效力

一、名词解释

1.（2018年法学综合课名词解释第1题）法的溯及力（3分）

【命题考点】法的溯及力

【参考答案及评分标准】法的溯及力又称法律溯及既往的效力，是指新的法律颁布后，对其生效以前所发生的事件和行为是否适用的问题。（2分）通常法的溯及力采用的是从旧兼从轻原则。（1分）

二、简答题

1.（2007年法学综合一简答第2题）简述"从旧兼从轻"原则的内容。（6分）

【命题考点】从旧兼从轻原则

【参考答案及评分标准】绝大多数国家有条件地否定法不溯及既往原则，而采用"从旧兼从轻"原则。具体而言，从旧兼从轻原则包括以下内容：

（1）绝对禁止溯及既往：法律如果给予人们损害或者不利益时，依据法律的种类而言，如果是刑事法律，由于罪刑法定原则的存在，刑法不得有溯及既往的规定；（2分）

（2）可以溯及既往：①如果经过立法者的衡量，有溯及既往的必要时，则可以加

以规定。(2 分) ②如果法律授予利益时，不论法律属于何种类别，都可以溯及既往。(2 分)

三、案例分析题

1. (2006 年法学综合一法理学分析题) 德国人施米特今年某日持所购京剧票去北京剧院观看京剧“空城计”，不料该剧几位主要演员在外地演出未能返京，北京剧院被迫安排一场交响乐，施米特以剧院违约为由向北京某区人民法院提起诉讼。请回答下列问题：

(3) 根据什么原则，本案应当适用中国法？(2 分)

(4) 简要分析实行上述原则的优势与缺陷。(5 分)

【命题考点】 法的对人效力原则

【参考答案及评分标准】 (3) 由于本案的案发地在中国，故而根据属地原则，本案应当适用中国法。(2 分)

(4) 属地原则的优点：有利于约束在本国的外国人的行为，有利于当事人及时有效地进行诉讼，有利于管辖法院及时调查取证，有利于尊重及便利行使当地司法管辖权。(回答任意 3 点，得 3 分)

属地原则的缺点：对于在外国的本国人，缺乏有效的保护和管辖；对于发生在本国以外的、侵犯本国利益的行为，缺乏有效约束。(2 分)

第五章　法律规范

一、名词解释

1. (2016 年法学综合课法理学名词解释第 2 题) 法律规则 (2 分)

【命题考点】 法律规则

【参考答案及评分标准】 法律规则，是指以一定的逻辑结构形式 (0.5 分) 具体规定人们的法律权利、法律义务及其相应的法律后果 (1 分) 的一种法律规范 (0.5 分)。

2. (2016 年法学综合课法理学名词解释第 3 题) 法律原则 (2 分)

【命题考点】 法律原则

【参考答案及评分标准】 法律原则是指为法律规则 (0.5 分) 提供某种基础或者本源的综合性、指导性的原理或者价值准则 (1 分) 的一种法律规范 (0.5 分)。

二、简答题

1. （2015年法学综合一简答第1题）如何理解法律规则中的法律后果？（5分）

【命题考点】法律规则中的法律后果

【参考答案及评分标准】法律后果，是指法律规则中规定人们在假定条件下作出符合或者不符合行为模式要求的行为时应该承担相应的结果，是法律规则对人们具有法律意义的行为的态度。法律后果是任何法律规则都不可或缺的。（1分）根据人们对行为模式所作出的实际行为的不同，法律后果分为两种：

（1）肯定性的法律后果又称合法后果，是法律规则中规定人们按照行为模式的要求行为而在法律上予以肯定的后果，表现为法律规则对人们行为的保护、许可或奖励，是法律发挥对人的激励功能的手段。（1分）立法者在使用法律条文表达法律规则时可以不明确表述肯定性的法律后果，体现“法不禁止即自由”的原则。（1分）

（2）否定性的法律后果又称违法后果，是法律规则中规定人们不按照行为模式的要求行为而在法律上予以否定的后果，表现为法律规则对人们行为的制裁、不予保护、撤销、停止，或者要求恢复、补偿等，是法律发挥对人的惩罚功能的手段。（1分）否定性法律后果在立法表述中是不可以省略的，体现的是“法不规定不处罚”的原则。（1分）

2. （2010年法学综合一简答第1题）简述法律规则逻辑结构的“新三要素说”的基本成分及原有理论的缺陷。（5分）

【命题考点】法律规则的逻辑结构

【参考答案及评分标准】“新三要素说”认为法律规则在逻辑意义上是由假定、行为模式和法律后果三个要素构成的。假定又称假定条件，是指法律规则中有关适用该规则的条件和情况的部分，包括规则的适用条件和主体的行为条件。行为模式是指法律规则中规定人们如何具体行为或者活动方式的部分，是法律规则的核心部分。法律后果，是指法律规则中规定人们在假定条件下作出符合或者不符合行为模式要求的行为时应当承担相应结果的部分。（2分）

“三要素说”认为法律规则在逻辑意义上是由假定、处理和制裁三个要素构成的。其缺陷在于：①将“制裁”作为唯一的否定性法律后果，实质上是将法律视为是仅仅规定义务的，法律规则仅仅是义务性规则，从而扭曲了法律规则的多样性及其所具有的不同社会功能。②“处理”的表意不清，不具有“行为模式”的表意恰当性。（2分）

“两要素说”认为法律规则在逻辑意义上是由行为模式和法律后果两个要素构成的。其缺陷在于：缺少法律规则的重要组成部分即假定条件，违背了任何行为模式都是在假定条件下实施的命题观点。（1分）

3.（2007年法学综合一简答第2题）简述法律原则与法律规则的区别。（6分）

【命题考点】 法律原则与法律规则的区别

【参考答案及评分标准】 法律原则与法律规则具有以下区别：

（1）在概念上的不同。法律规则，是指以一定的逻辑结构形式具体规定人们的法律权利、法律义务及其相应的法律后果的一种法律规范。法律原则是为法律规则提供某种基础或本源的综合性的、指导性的原理或者价值准则的一种法律规范；（2分）

（2）在性质上的不同。法律规则的规定是明确具体的，被称为“确定性的命令”。法律原则的内容比较笼统、模糊，通常设定概括性的要求，被称为“最佳化的命令”；（1分）

（3）在适用范围上的不同。法律规则由于内容具体明确，只适用于某一类型的行为。法律原则具有更大的覆盖面和抽象性，同时具有宏观的指导性，故而法律原则的适用范围比法律规则要宽广；（1分）

（4）在初始性特征上的不同。在适用方式上，法律规则是以“全有或全无的方式”或者涵摄的方式应用于个案当中的，法律原则的初始性特征只需要在一个法律原则与和其竞争的法律原则之间进行衡量；（1分）

（5）规则的冲突与原则的竞争的解决方式不同。法律规则的冲突是在有效性的层面上解决，采用规则—例外的办法解决或者判定其中一个法律规则无效。法律原则之间的竞争是在分量的维度下被解决，在同样可以适用的法律原则中权衡择优。（1分）

三、案例分析题

1.（2013年法学综合一法理学分析题）案例：2001年，一家名为“思微尔”的企业委托上海华智地铁广告公司在该市地铁的4个站点发布品牌内衣广告，打出“玩美女人”的广告语。上海市工商局黄浦分局以广告内容违反《广告法》为由，责令“思微尔”停止发布广告，公开更正，并且罚款10多万元。“思微尔”不服，诉至法院。法庭上，“思微尔”认为“玩”有“做、追求、崇尚”的意思，“玩美女人”可以理解为“追求崇尚美好的女人”。工商部门则指出，“玩”有“戏弄、玩弄”的意思。上海市黄浦区人民法院判决，维持工商局黄浦分局对思微尔的处罚。

参考法条：《广告法》第3条：“广告应当真实、合法，符合社会主义精神文明建设的要求。”第9条：“广告不得有下列情形：……（七）妨碍社会公共秩序和违背社会良好风尚。”请问：

（1）本案属于何种性质的案件？从法律规则的逻辑结构来看，“思微尔”停止发布“玩美女人”的广告属于什么法律后果？（4分）

【命题考点】 案件的性质、法律规则的逻辑结构

【参考答案及评分标准】（1）本案属于行政诉讼案件，本案的一方当事人是企业，

另一方当事人即被告是国家行政机关。(2分)从法律规则的逻辑结构来看，法律后果包括肯定性法律后果和否定性法律后果，“思微尔”停止发布“玩美女人”的广告属于具有惩罚性质的否定性法律后果。(2分)

2.（2012年法学综合一法理学分析题）汪某在上班期间突然发病，被诊断为脑出血。之后，汪某多次向A市劳动和社会保障局申请工伤认定，均被以超过受理时效为由而未予受理。汪某不服，依据《工伤认定办法》第19条向A市人民法院提起行政诉讼。A市人民法院判令A市劳动和社会保障局应当受理并且认定汪某提出的工伤认定申请。A市劳动和社会保障局不服判决，向B市中级人民法院提起上诉，要求撤销A市人民法院的判决，原因是根据《工伤保险条例》第53条的规定，A市人民法院在汪某没有申请行政复议前无权受理该案。

参考法条:《工伤认定办法》(劳动和社会保障部第17号令)第19条:“职工或者其直系亲属、用人单位对不予受理决定不服或者对工伤认定决定不服的，可以依法申请行政复议或者提起行政诉讼。”《工伤保险条例》(国务院第340号令)第53条:“有下列情形之一的，有关单位和个人可以依法申请行政复议。对复议决定不服的，可以依法提起行政诉讼:(一)申请工伤认定的职工或者其直系亲属、该职工所在单位对工伤认定结论不服的……”请回答:

(1)从法律规则设定的行为模式的角度,《工伤认定办法》第19条规定的内容属于什么法律规则?(3分)

【命题考点】法律规则的分类

【参考答案及评分标准】(1)从法律规则设定的行为模式的角度，法律规则的行为模式包括可为模式、应为模式和勿为模式,《工伤认定办法》第19条规定“可以依法申请行政复议或者提起行政诉讼”很明显属于可为模式。根据法律规则设定的行为模式或者规定内容不同，法律规则包括授权性规则和义务性规则。《工伤认定办法》第19条规定“可以依法申请行政复议或者提起行政诉讼”很明显属于授权性规则。(3分)

3.（2010年法学综合一法理学分析题）2004年6月，李某乘坐旅客列车期间与对面座位的旅客许某搭话相识。23时许，许某去厕所方便，李某尾随其进入厕所抢得许某现金990元及价值2300余元的手机一部。事后许某向乘警报案，李某被抓获。甲法官认为:由于在列车上抢劫具有公然性，影响了公共安全，所以才会成为加重情节。但是李某在列车厕所内实施的抢劫不具备公然性，因此不适用加重处罚。乙法官认为:刑法只规定在公共交通工具上抢劫就是加重情节，即使是在列车厕所抢劫也适用这个规定。

参考法条:《中华人民共和国刑法》第263条规定:“以暴力、胁迫或者其他方法抢劫公私财物的，处三年以上十年以下有期徒刑，并处罚金;有下列情形之一的，处十年以上有期徒刑、无期徒刑或者死刑，并处罚金或者没收财产:……(二)在公共交通工具上抢劫的……”请回答下列问题：

（1）分析《刑法》第263条前半部分的逻辑结构。（3分）

【命题考点】法律规则的逻辑结构

【参考答案及评分标准】（1）《刑法》第263条的逻辑结构包括以下内容：

①假定条件：“以暴力、胁迫或者其他方法”。（1分）

②行为模式：“（禁止）抢劫公私财物的行为”。（1分）

③法律后果：“处三年以上十年以下有期徒刑，并处罚金”。（1分）

4.（2009年法学综合一法理学分析题）2001年6月16日傍晚，村民彭某在没有适航证的情况下，驾驶一条旧帆船搭载同村村民金某及其7岁的女儿过河。在帆船就要与水坝相撞时，金某抱着自己的女儿跳水求生。金某被救起，其女儿失踪，金某向人民法院提出宣告女儿死亡的申请，法院遂于2003年6月26日宣告其女儿死亡。随后，当地法院认定彭某的行为已经构成交通肇事罪，判处其1年有期徒刑。法官甲认为：由于刑法中的“死亡”可以通过扩大解释进而包括宣告死亡，因此法院判决是恰当的。法官乙认为：刑法中的“死亡”通常指自然死亡，因此彭某的行为不构成犯罪，将“死亡”扩展为包括宣告死亡的认识，是罪刑法定原则反对的类推。法官丙认为：宣告死亡只能引起民事法律关系上的变化，因此不适用于刑事领域。

参考法条：《中华人民共和国刑法》第133规定：违反交通运输管理法规，因而发生重大事故，致人重伤、死亡或者致使公私财产遭受重大损失的，处三年以下有期徒刑或者拘役。《中华人民共和国民法通则》第23条规定：公民有下列情形之一的，利害关系人可以向人民法院申请宣告他死亡：（一）下落不明满四年的；（二）因意外事故下落不明，从事故发生之日起满两年的。请回答下列问题：

（1）分析《刑法》第133条的逻辑结构。（3分）

【命题考点】法律规则的逻辑结构

【参考答案及评分标准】《刑法》第133条的逻辑结构包括以下内容：

①假定条件：在法律规则中省略，应为“在交通运输过程中”。（1分）

②行为模式：“（禁止）违反交通运输管理法规，因而发生重大事故，致人重伤、死亡或者致使公私财产遭受重大损失的”，属于勿为模式。（1分）

③法律后果：“处三年以下有期徒刑或者拘役”，属于否定性法律后果。（1分）

第六章　法律体系

一、名词解释

1.（2018 年法学综合课名词解释第 2 题）法律体系（3 分）

【命题考点】 法律体系

【参考答案及评分标准】 法律体系又称部门法体系，是指根据一定标准或者原则（1 分）将一国制定和认可的现行全部法律规范（1 分）划分成若干的法律部门所形成的统一整体（1 分）。

二、案例分析题

1.（2009 年法学综合一法理学分析题）2001 年 6 月 16 日傍晚，村民彭某在没有适航证的情况下，驾驶一条旧帆船搭载同村村民金某及其 7 岁的女儿过河。在帆船就要与水坝相撞时，金某抱着自己的女儿跳水求生。金某被救起，其女儿失踪，金某向人民法院提出宣告女儿死亡的申请，法院遂于 2003 年 6 月 26 日宣告其女儿死亡。随后，当地法院认定彭某的行为已经构成交通肇事罪，判处其 1 年有期徒刑。法官甲认为：由于刑法中的“死亡”可以通过扩大解释进而包括宣告死亡，因此法院判决是恰当的。法官乙认为：刑法中的“死亡”通常指自然死亡，因此彭某的行为不构成犯罪，将“死亡”扩展为包括宣告死亡的认识，是罪刑法定原则反对的类推。法官丙认为：宣告死亡只能引起民事法律关系上的变化，因此不适用于刑事领域。

参考法条：《中华人民共和国刑法》第 133 规定：违反交通运输管理法规，因而发生重大事故，致人重伤、死亡或者致使公私财产遭受重大损失的，处三年以下有期徒刑或者拘役。《中华人民共和国民法通则》第 23 条规定：公民有下列情形之一的，利害关系人可以向人民法院申请宣告他死亡：（一）下落不明满四年的；（二）因意外事故下落不明，从事故发生之日起满两年的。请回答下列问题：

（2）你认为法官丙的观点正确吗？从法律体系的理论中寻找理由。（5 分）

【命题考点】 法律体系和体系解释

【参考答案及评分标准】（2）法官丙的观点不正确。（1 分）因为法律体系是由法律部门之间组成的有机整体，法律部门之间既相互联系又相互独立，不同法律部门之间往往具有一些共同的属性。法官丙的观点割裂了不同法律部门之间的联系性，忽视了法律部门之间的协调统一性，而仅仅从民商法部门考虑案件性质，具有片面性。（3

分）同时法官丙没有结合体系解释的方法进行法律解释，从而导致其作出的结论具有一定的片面性。(1 分)

第七章　法律行为与法律意识

编者说明：尽管本章的知识点在历年真题中没有考查过，但是仍不能排除法律行为的特点和结构的知识点作为考点考查的可能性。

第八章　法律关系

一、名词解释

1.（2018 年法学综合课法理学名词解释第 3 题）法律事实（3 分）

【名词解释】 法律事实

【参考答案及评分标准】 法律事实是指具有法律关联性（1 分）的，能够引起法律关系产生、变更和消灭（1 分）的客观情况或者客观现象（1 分）。

二、简答题

1.（2017 年法学综合课简答第 1 题，2014 年法学综合一简答第 1 题）简述法律关系的概念和特征？(6 分)

【命题考点】 法律关系的概念和特征

【参考答案及评分标准】 法律关系是在法律规范调整社会关系的过程中所形成的人们之间的权利和义务关系。(2 分) 法律关系具有如下特征：

（1）法律关系是根据法律规范建立的一种社会关系，具有合法性；(2 分)

（2）法律关系是体现意志性的特种社会关系；(1 分)

（3）法律关系是特定法律关系主体之间的权利义务关系。(1 分)

三、案例分析题

1.（2018 年法学综合一法理学分析题）案情：双十一期间，甲从京东网的易书阁以 98 元购买了一本价值 198 元的法律史，商家包邮。甲从圆通快递员小张处签收快递，七日后甲认为图书内容不符合其需求，于是其将书赠送给其学生乙，并要求乙写一篇读书报告。请回答下列问题：

（1）本案中涉及几种法律关系？（3 分）

（2）每个法律关系属于何种法律关系？（6 分）

（3）每个法律关系的客体是什么？（6 分）

【命题考点】法律关系的分类和客体

【参考答案及评分标准】（1）本案涉及到三种法律关系（3 分）。第一种是甲与京东网的易书阁之间的买卖合同法律关系；第二种是京东网与圆通快递之间的货运合同法律关系；第三种是甲与乙之间的附义务的赠与合同法律关系。

（2）第一种法律关系在性质上属于买卖合同法律关系，按照分类则属于平权（横向）法律关系、双向法律关系和主法律关系（2 分）；第二种法律关系在性质上属于货运合同法律关系，按照分类则属于平权（横向）法律关系、双向法律关系和从法律关系（2 分）；第三种法律关系在性质上属于赠与合同法律关系，按照分类则属于平权（横向）法律关系、双向法律关系和从法律关系（2 分）。

（3）第一个买卖合同法律关系的客体是物，具体是指法律史这本书和购书款（2 分）；第二个货运合同法律关系的客体是行为结果，具体是指圆通将法律史这本书送交给购买人甲的行为结果（2 分）；第三个赠与合同法律关系的客体是物和行为结果，具体是指法律史这本书和乙撰写读书报告的行为结果（2 分）。

2.（2017 年法学综合课案例分析题）案例：张某与王某发生口角，王某辱骂张某畜生，张某感受极大侮辱遂寻机报复王某。某日，张某携带尖刀到王某住所将其刺成重伤。经司法鉴定，张某作案时辨认和控制能力存在，具有完全刑事责任能力。《刑法》第 234 条：故意伤害他人身体，致人重伤的，处三年以上十年以下有期徒刑。人民法院判处张某有期徒刑九年。请回答下列问题：

（1）“张某作案时辨认和控制能力存在”，该表述说明张某具有何种法律关系主体的构成资格？（2 分）

【命题考点】权利能力和行为能力

【参考答案及评分标准】（1）“张某作案时辨认和控制能力存在”，表明张某具有权利能力和完全行为能力。（2 分）

3.（2015 年法学综合一法理学分析题）案情：谢某患先天性心脏病，2004 年 7 月 15 日病发住院，出院时被嘱咐继续服药并且到上级医院进一步接受治疗。谢某出于生计，与某电器公司签订劳动合同，在该公司担任仓储保管员。谢某上班时身体不适，去医院就诊，在治疗过程中突然神志不清，经抢救无效于当日 12 时死亡。谢某的父母向区社会保障局提出要求认定谢某的死亡属于工伤。区社会保障局受理申请后，认为谢某的死亡不属于国务院颁布的《工伤保险条例》第 15 条第（一）项规定的“在工作时间和工作岗位，突发疾病死亡或者在48小时内经抢救无效死亡的，视同为工伤”的情形，认为该条中的“突发疾病”不包括先天疾病，故而不能认定为工伤。根据案情回答下列问题：

（1）在谢某与电气公司签订劳动合同形成的法律关系中，体现出几种法律主体的意志？（3分）

（2）谢某的死亡属于哪一种法律事实？（2分）

（3）谢某的死亡消灭了哪些法律关系？至少说出两种。（4分）

【命题考点】法律关系的特征、法律事实、法律关系的消灭

【参考答案及评分标准】（1）在谢某与电气公司签订劳动合同形成的法律关系中，体现出3种法律主体的意志：第一，体现国家意志，法律规范是法律关系的前提，法律规范是体现国家意志的规范；（1分）第二，体现谢某的意志，以自然人身份参与民事法律活动；（1分）第三，体现电气公司的意志，以私法人的身份参与民事法律活动。（1分）

（2）谢某的死亡属于法律事件。（1分）按照是否以人的意志为转移的标准，法律事实分为法律行为和法律事件。法律事件不以人的意志为转移，包括自然事件（例如生老病死、自然灾害）和社会事件（例如社会革命、战争）。（1分）

（3）谢某死亡法律事件的发生，引起谢某与电气公司之间的劳动合同法律关系，谢某与谢某父母之间的赡养法律关系归于消灭。（4分）

4. （2008年法学综合一法理学分析题）2001年蒋某看到某报纸刊登《某银行招录行员启事》，其中第一条规定：“（招录对象）男性身高168厘米以上，女性身高155厘米以上。”蒋某遂以该规定侵犯宪法平等权为由向某法院提起诉讼，请结合所学法学知识分析上述案情。（7分）

【命题考点】法律关系和法律关系主体

【参考答案及评分标准】本题可以从法的可诉性和法律关系的角度进行评析：

法律关系是在法律规范调整社会关系的过程中所形成的人们之间的权利和义务关系。法律关系具体是将法律规范上的权利和义务，通过法律事实的中介转化为现实生活中的权利义务关系。法律关系主体是法律关系的参加者，即法律权利的享有者和法律义务的履行者，具体而言，法律关系的主体包括自然人、法人和国家，法律关系是合法的社会关系。本案中的关键是，蒋某的权利是否实际遭受侵犯，也就是说，宪法上规定的平等权是否真正落实到现实生活中从而产生法律关系。蒋某并没有作为应聘者参加银行的招聘，也就是说，蒋某的平等权并没有遭受实际侵犯。蒋某所谓的“侵犯宪法的平等权”仅仅是理论层面的，并没有转化为现实生活中的法律关系，同时蒋某也不能作为法律关系主体参加诉讼法律关系。（7分）

5. （2006年法学综合一法理学分析题）德国人施米特今年某日持所购京剧票去北

京剧院观看京剧“空城计”，不料该剧几位主要演员在外地演出未能返京，北京剧院被迫安排一场交响乐，施米特以剧院违约为由向北京某区人民法院提起诉讼。请回答下列问题：

（1）施米特与剧院先后形成几种法律关系？（2 分）

（2）施米特购买京剧票与剧院形成的法律关系的客体及内容是什么？（4 分）

【命题考点】 法律关系、法律关系的客体和内容

【参考答案及评分标准】（1）施米特与剧院先后形成三种法律关系：合同法律关系、违约法律关系和诉讼法律关系。（回答任意两种，得 2 分）

（2）施米特购买京剧票与剧院形成的法律关系是合同法律关系。该法律关系的客体是行为结果（非物化结果），即施米特购买京剧票后观看京剧演出获得的精神享受。（2 分）该法律关系的内容是施米特购买京剧票后享有观看京剧演出的权利，北京剧院则具有为施米特提供京剧演出的义务，否则构成违约。（2 分）

第九章　法律责任与法律制裁

一、名词解释

1.（2016 年法学综合课法理学名词解释第 1 题）法律责任（2 分）

【命题考点】 法律责任

【参考答案及评分标准】 法律责任，是指行为主体（0.5 分）因为违法行为或者违约行为，即没有履行法定义务或者约定义务，或者主体虽未违反法律义务，但仅由于法律规定（1 分）而应承担某种不利的法律后果（0.5 分）。

二、简答题

1.（2019 年法学综合课法理学简答题）简述法律责任的归责原则。（6 分）

【命题考点】 归责原则

【参考答案及评分标准】 法律责任的归责原则具体包括：

（1）责任法定原则。即对违法行为的责任主体，追究什么责任，追究多大责任，由谁追究，如何追究，都要求按照法律（实体法和程序法）的规定；（2 分）

（2）责任相称原则。要求法律责任的性质与违法行为的性质相适应，同时法律责任的轻重应当与违法行为的损害后果、行为人的主观过错程度和行为人的违法原因力相适应。（2 分）

（3）责任自负原则。谁违法，谁负责，违法行为人应当对自己的违法行为负责，承担相应的法律责任；不违法不负责，不能让没有违法行为的人承担法律责任。（2分）

2.（2011年法学综合一简答第1题）简述私法上意定免责的条件。（5分）

【命题考点】法律责任的免除

【参考答案及评分标准】私法上意定免责的条件包括：

（1）自愿协议，在法律允许的范围内，双方当事人可以协商同意，免除责任；（1.5分）

（2）受害人放弃，受害人不起诉，责任人的责任则相应予以免除；（1.5分）

（3）有效补救，责任人实施违法行为造成损害后果，但是在国家机关追究责任之前，主动采取有效补救措施，可以免除其法律责任，这属于法律责任的主动实现。（2分）

3.（2010年法学综合一简答第2题）简述法律责任的免除。（5分）

【命题考点】法律责任的免除

【参考答案及评分标准】免责，也称为法律责任的免除，是指由于出现法定条件，法律责任被部分或者全部免除。从我国的立法规定和司法实践看，主要包括以下几种免责形式：

（1）时效免责，即法律责任超过法定期限后而免除其法律责任。时效免责的意义是保障当事人的合法权益，督促法律关系主体及时行使权利和提高司法机关的工作效率。（1分）

（2）不诉免责，即如果受害人或者有关当事人不向人民法院起诉要求追究行为人的法律责任，则行为人的法律责任实际上被免除，或者受害人与加害人在法律允许的范围内协商同意免除加害人的法律责任。（1分）

（3）自首、立功免责，即对于违法后具有自首或者立功表现的人，免除其部分或者全部的法律责任，属于“将功补过”的免责形式。（1分）

（4）补救免责，即对于那些实施违法行为并且造成一定损害，在国家机关追究其责任前采取补救措施的人，免除其部分或者全部的法律责任。（1分）

（5）人道主义免责，即在责任人没有能力履行全部或者部分责任的情况下，有关国家机关或者权利主体出于人道主义考虑而免除其部分或者全部的法律责任。（1分）

三、案例分析题

1.（2017年法学综合课案例分析题）案例：张某与王某发生口角，王某辱骂张某畜生，张某感受极大侮辱遂寻机报复王某。某日，张某携带尖刀到王某住所将其刺成重伤。经司法鉴定，张某作案时辨认和控制能力存在，具有完全刑事责任能力。《刑法》第234条：故意伤害他人身体，致人重伤的，处三年以上十年以下有期徒刑。人民法院判处张某有期徒刑九年。请回答下列问题：

（1）根据主观过错在法律责任中的地位，张某承担何种责任？（1分）为什么？（2分）

【命题考点】法律责任的分类

【参考答案及评分标准】（1）张某应当承担过错责任。（2分）因为其实施故意伤害行为是故意为之，积极追求被害人王某伤害结果的发生，其以存在主观过错为必要条件。（2分）

2.（2011年法学综合一法理学分析题）A案中，甲有一马，乙偷窃获得，卖给不知情的丙，甲向法院起诉要求丙返还，法院不支持其请求。B案中，甲有一马，乙欺诈获得，卖给不知情的丙，甲向法院起诉要求丙返还，法院不支持其请求。请回答下列问题：

（1）在AB案件中，按照法律责任的分类，乙的偷窃行为和欺诈行为分别应当承担什么法律责任？（4分）

【命题考点】法律责任的分类

【参考答案及评分标准】（1）按照不同的分类标准，乙的行为分别承担不同的法律责任：

①根据责任行为所违反的法律性质，法律责任分为民事责任、刑事责任、行政责任和违宪责任。乙的偷窃行为构成盗窃罪，应当承担刑事责任，乙的欺诈行为应当承担民事责任。（2分）

②根据主观过错在法律责任中的地位，法律责任分为过错责任和无过错责任。乙的偷窃行为和欺诈行为都应当承担过错责任。（1分）

③根据行为主体的名义，法律责任分为职务责任和个人责任。乙的偷窃行为和欺诈行为都应当承担个人责任。（1分）

第十章　立　法

一、名词解释

1.（2017年法学综合课法理学名词解释第3题）规范性法律文件（3分）

【命题考点】规范性文件

【参考答案及评分标准】规范性法律文件，简称规范性文件，是指有权制定法律规范的国家机关（1 分）所发布的具有普遍约束力（1 分）的法律文件（1 分）。

二、案例分析题

1.（2014 年法学综合一法理学分析题）案情：1997 年 8 月，陈某与苏某签订一份《买卖房屋合约书》，向对方购买位于福建泉州市区的一处 87 平方米的拆迁安置房以及 12 平方米的储藏间。购房总价 35 万元。合同还约定苏某应协助陈某办理产权过户。合同订立后，陈某依照约定向被告支付购房款 33 万元并承诺剩余的 2 万元办理产权过户后再支付，但是在陈某人住在该房十年的时间里，泉州房价飞涨。苏某却一直不答应为陈某办理产权过户，且有毁约之意。陈某一气之下将苏某告上法庭。在法院审理过程中，苏某向法院辩解称，该房产权本来属于其母亲，当年其为取得该房产产权，伪造了母亲死亡的证明骗了房管部门，将房子产权办在自己名下。因此他主张本案的房屋买卖合同是无效的，愿意将所得房款悉数退还。对于苏某的说法，陈某难掩愤怒："不是钱的问题，总该讲个信誉。"他解释称："房子一住十几年，都有感情了，说啥都不能退。"一审法院法官审理认为，本案的房屋买卖合同是双方真实意思的表示，判决合同有效。问题：

（1）从法理学上看，陈某与苏某签订的《房屋买卖合约书》属于什么类型的法律文件？（4 分）

【命题考点】非规范性文件

【参考答案和评分标准】（1）陈某与苏某签订的《房屋买卖合约书》是一种合同，属于非规范性法律文件。（2 分）非规范性法律文件，是指没有普遍约束力，仅针对个别人、个别事项具有约束力的法律文件。（2 分）

第十一章　法的实施

一、简答题

1.（2013 年法学综合一简答第 1 题）执法上的合理性原则包含哪些内容？（5 分）

【命题考点】执法的合理性原则

【参考答案及评分标准】合理性原则是合法性原则的补充和发展，是指执法主体在执法活动中，特别是在行使自由裁量权时，必须客观适度、合乎理性。（1 分）主要包括以下内容：

（1）公平公正原则，我国在很多法律中都提出公平、公正的要求；（1 分）

(2) 平等原则，指公民在法律面前一律平等，基本内涵是相同案件相同处理，不同案件不同处理，不能因为当事人的社会地位、经济状况或者性别等原因而区别对待；(1分)

(3) 正当裁量原则，是指行政机关在作出行政裁量决定的时候应该考虑相关因素，不能考虑不相关因素；(1分)

(4) 比例原则，是指执法主体在从事侵害公民权利的行为时不仅要有法律的依据，而且必须选择对公民权利侵害最小的方式，行政行为应该是合乎比例的、是恰当的。(1分)

第十二章 法律推理

一、简答题

1. (2016年法学综合课法理学简答第1题) 简述法律推理的含义? (5分)

【参考答案及评分标准】法律推理主要是指狭义的法律推理，即司法判决推理，也就是法律适用推理，具体是指以确认的具体案件事实和援用的法律规范这两个已知判断为前提运用推理规则为司法判断提供正当理由。(1分) 法律推理的特征包括:

(1) 法律推理是一种寻求正当性证明的活动，遵循着"理由优先于结论"的规则；

(2) 法律推理必须遵循推理规则。(2分) 演绎推理是指适用于大陆法系国家和地区，从大前提和小前提推导案件结论，强调从法律规范到案件的三段论推演的法律推理形式。类比推理是指适用于英美法系国家和地区，坚持从案件到案件，同样的案件适用同样的判决的法律推理形式。(2分)

2. (2009年法学综合一简答第1题) 简述法律推理与法治的联系。(6分)

【命题考点】法律推理与法治

【参考答案及评分标准】我们在假设法治的积极价值前提下，论述法律推理与法治原则的密切联系，由此肯定法律推理的价值。

(1) 法律推理的逻辑推导功能是法治原则的要求。法律同等对待是法治的核心，不管是演绎法律推理还是类比法律推理都具有上述功能；(1.5分)

(2) 法律推理的逻辑推导功能使得社会和当事人对法律问题的预测成为可能。可预期性是支撑法治价值的一个较为关键的要素，从某种意义上讲，法治的要义是保证可预期性或者可预期性的实现；(1.5分)

(3) 法律推理或者法律论证为司法实践中的法律问题提供必要而充分的理由；

(1.5 分)

(4) 法律推理为立法、司法提供正当性证明。法律推理是程序正义的体现和实现法治的手段，从这个意义上说，法治要依靠法律推理来实现。(1.5 分)

二、分析题

1. (2017 年法学综合课案例分析题) 案例：张某与王某发生口角，王某辱骂张某畜生，张某感受极大侮辱遂寻机报复王某。某日，张某携带尖刀到王某住所将其刺成重伤。经司法鉴定，张某作案时辨认和控制能力存在，具有完全刑事责任能力。《刑法》第 234 条：故意伤害他人身体，致人重伤的，处三年以上十年以下有期徒刑。人民法院判处张某有期徒刑九年。请回答下列问题：

(3) 本案中法院采用了何种法律推理的方式？(2 分) 写出推理结构。(3 分)

【命题考点】演绎推理及其结构

【参考答案及评分标准】(3) 采用的是演绎推理 (2 分)。推理结构如下：(3 分)

①大前提：法律规范即《刑法》第 234 条：故意伤害他人身体的，处三年以下有期徒刑、拘役或者管制，犯前款罪致人重伤的，处三年以上十年以下有期徒刑。

②小前提：案件事实即张某持刀将王某扎成重伤。

③结论：人民法院判决张某犯故意伤害罪，判处有期徒刑九年。

2. (2016 年法学综合课法理学分析题) 霍姆斯在其论著《普通法》中阐述："法律的生命不在于逻辑，而在于经验。"试结合中外具体实践来阐释如何理解这句话并说明理由。(14 分)

【参考答案及评分标准】这句话主要阐释的是法律中的逻辑与经验的关系问题。(2 分)

一方面，严格的法律形式主义要求人工法律概念体系、法律公理体系以及案件与法律规则 (规范) 的完全对应，这是无法实现的。首先，人工法律概念体系要求初始概念和明确的新概念形成规则。由于受到实体法规则的约束，实体法规则又是在不同历史背景下通过系列零碎的、暂时的决定形成的，故法律工作者无法自由选择确定含义的初始概念。例如，大陆法系大规模法典化实现了法律规则的简化和协调，英美法系的法律重述强调对法律概念进行系统的逻辑分析，但法典化及法律重述均是不完善的和暂时的，故而法律概念部分是实体法规则强加的，不能构成形式系统要求的人工符号体系。(2 分) 其次，人工法律概念体系不成立，则利用法律概念作出判断的法律命题组成的法律公理体系也自然不可能。如果创立一个法律公理体系，则体系内并不包含所有"真"的法律规则。即使法律公理体系建立了，总会存在某些案件超出法律公理体系的法律规则，出现无法直接依据法律作出裁判的情形。(2 分)

另一方面，不能因为严格的法律形式主义存在不足而否认法律推理在法律适用中的价值。首先，法律推理仅仅是法律的形式要件。美国学者塔麦洛强调逻辑学只会有助于法律内容的处理。真正的逻辑学从来就不能成为法律的来源，而只能当作从公认的各种法律来源中获取包含在其之中的东西的一种工具。霍姆斯也说过，为了表达普通法的一般观念，除了逻辑以外其他工具也是需要的。(2 分) 其次，法律推理需要采用包括演绎推理、类比推理、归纳推理、回溯推理等在内的广义法律推理观。(2 分) 最后，法治即规则之治的前提是社会的相对稳定性。法律工作者的思维应该像是在科学的常规时期那样，在特定的法律逻辑范式内工作，按照法律形式主义的观念行事。法律工作者必须在既定的法律规则下，追求法律确定性目标，同样案件同样处理。(2 分)

总之，从某种意义上说，法治预设了相对稳定的社会，也成为社会的常态，此时社会福利函数是相对稳定的。在每一个法律范式的发展与完善中，法律推理是基本的。法律的生命在于社会福利，法律的成长在于逻辑。也可以说，法律的生命不是逻辑，而是由逻辑构造的经验。(2 分)

3.（2014 年法学综合一法理学分析题）案情：1997 年 8 月陈某与苏某签订一份《买卖房屋合约书》，向对方购买位于福建泉州市区的一处 87 平方米的拆迁安置房以及 12 平方米的储藏间。购房总价 35 万元。合同还约定苏某应协助陈某办理产权过户。合同订立后，陈某依照约定向被告支付购房款 33 万元并承诺剩余的 2 万元办理产权过户后再支付，但是在陈某人住在该房十年的时间里，泉州房价飞涨。苏某却一直不答应为陈某办理产权过户，且有毁约之意。陈某一气之下将苏某告上法庭。在法院审理过程中，苏某向法院辩解称，该房产权本来属于其母亲，当年其为取得该房产产权，伪造了母亲死亡的证明骗了房管部门，将房子产权办在自己名下。因此他主张本案的房屋买卖合同是无效的，愿意将所得房款悉数退还。对于苏某的说法，陈某难掩愤怒：“不是钱的问题，总该讲个信誉。”他解释称：“房子一住十几年，都有感情了，说啥都不能退。”一审法院法官审理认为，本案的房屋买卖合同是双方真实意思的表示，判决合同有效。问题：

（2）一审法院法官在判决中运用了什么推理？其推理大前提如何表述？(4 分)

【命题考点】演绎推理的结构

【参考答案和评分标准】（2）演绎推理。(2 分) 大前提是法律规范，即《合同法》第 8 条：“依法成立的合同，对当事人具有法律约束力。当事人应当按照约定履行自己的义务，不得擅自变更或者解除合同。依法成立的合同，受法律保护。”(2 分)

4.（2012 年法学综合一法理学分析题）汪某在上班期间突然发病，被诊断为脑出血。之后，汪某多次向 A 市劳动和社会保障局申请工伤认定，均被以超过受理时效为由而未予受理。汪某不服，依据《工伤认定办法》第 19 条向 A 市人民法院提起行政诉讼。A 市人民法院判令 A 市劳动和社会保障局受理并且认定汪某提出的工伤认定申请。

A市劳动局和社会保障局不服判决，向B市中级人民法院提起上诉，要求撤销A市人民法院的判决，原因是根据《工伤保险条例》第53条的规定，A市人民法院在汪某没有申请行政复议前无权受理该案。

参考法条：《工伤认定办法》（劳动和社会保障部第17号令）第19条："职工或者其直系亲属、用人单位对不予受理决定不服或者对工伤认定决定不服的，可以依法申请行政复试或者提起行政诉讼。"《工伤保险条例》（国务院第340号令）第53条："有下列情形之一的，有关单位和个人可以依法申请行政复议。对复议决定不服的，可以依法提起行政诉讼：（一）申请工伤认定的职工或者其直系亲属、该职工所在单位对工伤认定结论不服的；……"请回答：

（3）如果你是B市人民法院的法官，请写出规范推理的过程。（5分）

【命题考点】演绎推理的步骤

【参考答案及评分标准】（3）法官采用演绎法律推理，具体步骤如下：

①寻找适用于本案的大前提，即法律规范。根据上位法优先适用于下位法的原则，应当适用《工伤保险条例》的规定。援引《工伤保险条例》第53条的规定，即对于对工伤认定结论不服的，行政复议是行政诉讼的前置程序。（2分）

②寻找本案的小前提，即本案的案件事实。汪某对A市劳动和社会保障局作出的不予受理的决定不服，依据《工伤认定办法》第19条向A市人民法院提起行政诉讼。A市人民法院判令A市劳动和社会保障局应当受理并且认定汪某提出的工伤认定申请。（2分）

③根据大前提和小前提，推导出结论即撤销A市人民法院的判决，由于汪某没有申请行政复议，故而A市人民法院不能受理汪某的行政诉讼。（1分）

5.（2011年法学综合一法理学分析题）A案中，甲有一马，乙偷窃获得，卖给不知情的丙，甲向法院起诉要求丙返还，法院不支持其请求。B案中，甲有一马，乙欺诈获得，卖给不知情的丙，甲向法院起诉要求丙返还，法院不支持其请求。请回答下列问题：

（2）如果在C案中，法官参照AB案件中法官的判断依据，C案件中法官的法律推理的步骤是什么？（6分）

【命题考点】类比推理的步骤

【参考答案及评分标准】（2）如果在C案中，法官参照AB案件中法官的判断依据进行法律推理，则法官采用的是类比推理方式。（1分）类比推理的步骤包括：

①寻找判例即基点，法官寻找到AB案件及其判决作为类比推理的基点。（1分）

②比较案件的相同点和不同点，法官比较C案件与AB案件之间的相同点和不同点。（1分）

③判断相同点和不同点的重要程度，法官需要判断C案件与AB案件之间的相同点

更加重要，还是不同点更加重要。如果说相同点更加重要，则C案件可以适用AB判决进行裁判。如果说不同点更加重要，则C案件不能适用AB判决进行裁判。(3分)

6.（2007年法学综合一法理学分析题）2001年5月，某省甲县种子公司与该省乙县种子公司签订合同，约定由甲县种子公司代为培育玉米种子。2003年初，乙县种子公司以甲县种子公司没有履约为由诉至A市中级人民法院，请求赔偿。后来两公司因为赔偿价格问题发生争议。

参考法条：某省人大1989年出台的《省农作物种子管理条例》规定，相关争议应该适用政府指导价，全国人大2001年公布《中华人民共和国种子法》规定，有关价格的争议应该适用市场价。请回答下列问题：

（2）联系本案的事实，假如A市中级人民法院在适用法律时采用演绎法律推理，那么推理的结构应该如何表述？并且说明推理的步骤。(7分)

【命题考点】演绎法律推理

【参考答案及评分标准】（2）如果A市中级人民法院在适用法律时采用演绎法律推理，那么推理的结构应该是从大前提（即法律规范）和小前提（即案件事实），推导结论（即中级人民法院作出的判决）。(1分）演绎推理的步骤包括以下三个方面：

①寻找适用于本案的大前提，即能够适用于本案的法律规范。由于作为下位法的《省农作物种子管理条例》的规定“适用政府指导价”，与作为上位法的《种子法》的规定“适用市场价”相冲突，故而应当以上位法《种子法》作为适用的法律规范。(2分)

②寻找本案的小前提，即本案的案件事实。本案的案件事实如下：2001年5月某省甲县种子公司与该省乙县种子公司签订合同，约定由甲县种子公司代为培育玉米种子。2003年初，乙种子公司以甲县种子公司没有履约为由诉至A市中级人民法院请求赔偿，后来两公司因为赔偿价格问题发生争议。(2分)

③根据大前提和小前提，推导结论即判决。A市中级人民法院根据《种子法》的规定“适用市场价”，判决甲县种子公司赔偿乙县种子公司的经济损失。(2分)

第十三章　法律解释

一、名词解释

1.（2019年法学综合课名词解释第3题）法律解释客观说（3分）

【命题考点】法律解释的客观说

【参考答案及评分标准】法律解释客观说（文本说）认为，从法律颁布时起，就脱离原有的立法机关成为独立的客观存在物，具有自身的含义。(2 分) 法律解释目标就是探求这个法律意旨。(1 分)

二、简答题

1. (2008 年法学综合一简答第 2 题) 简述法律解释目标主观说的成立理由。(6 分)

【命题考点】法律解释目标的主观说

【参考答案及评分标准】法律解释目标的主观说（即原意说）认为，法律解释的目标应该是探求历史上的立法者事实上的意思，即立法者在制定法律时的意图和目的。理由如下:

(1) 法律语词中明确表达的含义就是立法者所要表达的意思，法律解释应当严格地将立法者所试图表达的真实意思揭示出来，回到立法者的本来目的；(2 分)

(2) 立法者真实原意的寻找是可能的，借助制定法律时依据的历史材料能够客观地回溯到立法时的意思本身，通过对立法文献的研究探求历史的事实；(2 分)

(3) 基于权力分立和制衡原则的坚持，必须回到法律制定者的本来意思表达中，因为立法者的意思是法律适用的决定性因素。(2 分)

三、案例分析题

1. (2015 年法学综合一法理学分析题) 案情：谢某患先天性心脏病，2004 年 7 月 15 日病发住院，出院时被嘱咐继续服药并且到上级医院进一步接受治疗。谢某出于生计，与某电器公司签订劳动合同，在该公司担任仓储保管员。谢某上班时身体不适，去医院就诊，在治疗过程中突然神志不清，经抢救无效于当日 12 时死亡。谢某的父母向区社会保障局提出要求认定谢某的死亡属于工伤。区社会保障局受理申请后，认为谢某的死亡不属于国务院颁布的《工伤保险条例》第 15 条第（一）项规定的“在工作时间和工作岗位，突发疾病死亡或者在 48 小时内经抢救无效死亡的，视同为工伤”的情形，认为该条中的“突发疾病”不包括先天疾病，故而不能认定为工伤。根据案情回答下列问题:

(5) 从法律解释方法的角度看，区社会保障局的解释属于哪一种解释？(4 分)

【命题考点】法律解释的分类

【参考答案及评分标准】(5) 从法律解释方法的角度，法律解释包括文义解释、历史解释、体系解释和目的解释。区社会保障局作出的“突发疾病”应当将先天性疾病排除在外的解释，属于文义解释和目的解释。(2 分) 一方面通过字面含义理解“突发性”疾病不包括先天性疾病，另一方面区社会保障局如此解释的目的是为了不认定谢

某属于工伤的情形。(2 分)

2. (2013 年法学综合一法理学分析题) 案例：2001 年，一家名为“思微尔”的企业委托上海华智地铁广告公司在该市地铁的 4 个站点发布品牌内衣广告，打出“玩美女人”的广告语。上海市工商局黄浦分局以广告内容违反《广告法》为由，责令“思微尔”停止发布广告，公开更正，并且罚款 10 多万元。“思微尔”不服，诉至法院。法庭上，“思微尔”认为“玩”有“做、追求、崇尚”的意思，“玩美女人”可以理解为“追求崇尚美好的女人”。工商部门则指出，“玩”有“戏弄、玩弄”的意思。上海市黄浦区人民法院判决，维持工商局黄浦分局对思微尔的处罚。

参考法条：《广告法》第 3 条：“广告应当真实、合法，以健康的表现形式表达广告内容，符合社会主义精神文明建设和弘扬中华民族优秀传统文化的要求。”第 9 条：“广告不得有下列情形：……（七）妨碍社会公共秩序或者违背社会良好风尚。”请问：

(2)“思微尔”和上海市工商局黄浦分局对广告语的解释分别使用了哪种解释方法？并且说明理由。(6 分)

(3) 从法学上看，上海市工商局黄浦分局对“思微尔”的处罚决定是否有理？参照案情和法条予以说明。(5 分)

【命题考点】 法律解释

【参考答案及评分标准】 (2)“思微尔”使用的是文义解释中的“扩大解释”和目的解释，因为“玩”很难被常人理解为“追求、崇尚”的意思，已经脱离了“玩”的本意。同时，“思微尔”将玩解释为“追求、崇尚”的目的是为了规避法律的制裁。(3 分) 上海市工商局黄浦分局使用的是文义解释中的“字面解释”，即严格按照“玩”的固有含义和具体使用的语境来进行解释。(3 分)

(3) 有理。(2 分)《广告法》第 3 条明确规定：“广告应当真实、合法，以健康的表现形式表达广告内容，符合社会主义精神文明建设和弘扬中华民族优秀传统文化的要求。”第 9 条：“广告不得有下列情形：(七) 妨碍社会公共秩序或者违背社会良好风尚。”而“思微尔”打出“玩美女人”的内衣广告语，显然让常人产生该广告语存在“玩弄、戏弄漂亮女人”的误解，可能对社会公共秩序和良好社会风尚产生不良影响，即该广告语违背了《广告法》的规定，故而上海市工商局黄浦分局对“思微尔”的处罚决定是正确的。(3 分)

3. (2010 年法学综合一法理学分析题) 2004 年 6 月，李某乘坐旅客列车期间与对面座位的旅客许某搭话相识。23 时许，许某去厕所方便，李某尾随其进入厕所抢得许某现金 990 元及价值 2300 余元的手机一部。事后许某向乘警报案，李某被抓获。甲法官认为：由于在列车上抢劫具有公然性，影响了公共安全，所以才会成为加重情节。但是李某在列车厕所内实施的抢劫不具备公然性，因此不适用加重处罚。乙法官认为：刑法只规定在公共交通工具上抢劫就是加重情节，即使是在列车厕所抢劫也适用这个规定。

参考法条：《刑法》第263条规定："以暴力、胁迫或者其他方法抢劫公私财物的，处三年以上十年以下有期徒刑，并处罚金；有下列情形之一的，处十年以上有期徒刑、无期徒刑或者死刑，并处罚金或者没收财产：……（二）在公共交通工具上抢劫的。"请回答下列问题：

（2）甲、乙法官的观点分别属于哪种解释？并且说明理由。(4分)

（3）你认为哪种观点更加具有合理性？并请说明理由。(3分)

【命题考点】 法律解释

【参考答案及评分标准】（2）甲法官的观点属于目的解释。(1分）因为其认为立法之所以设立"在公共交通工具上抢劫的"加重情节是由于在列车上抢劫具有公然性并且严重影响公共安全，故而将"在公共交通工具上抢劫的"行为规定为抢劫罪的加重情节。在列车的厕所内实施抢劫不具备公然性，因此不得适用加重情节进行处罚。(1分)

乙法官的观点属于字面解释。(1分）因为其严格按照"公共交通工具"的字面含义进行解释，列车上的厕所是列车的组成部分，列车属于公共交通工具，故而在列车上的厕所内实施抢劫也自然适用"在公共交通工具上抢劫的"加重情节的规定。(1分)

（3）（编者说明：本题第（3）问是开放式问题，只要考生能够自圆其说，无论认为谁的观点是更加适当的并且进行充分说理，都能够拿到分数。)

甲法官的观点更加具有合理性。(1分）因为适用刑事法律规范解决法律问题必须符合刑事立法目的，由于在列车上抢劫具有公然性并且严重影响公共安全，故而刑事立法设立"在公共交通工具上抢劫的"加重情节。而在列车的厕所内实施抢劫不具备公然性，因此不得适用加重情节进行处罚。(2分)

乙法官的观点更加具有合理性。(1分）因为列车属于公共交通工具，列车上的厕所是列车的组成部分，故而在列车上的厕所内实施抢劫也自然适用"在公共交通工具上抢劫的"加重情节的规定。同时由于列车上的厕所具有封闭性的特点，在厕所内实施抢劫给被害人造成心理侵害更大，也不利于被害人进行求助和实施自力救济，故而应当适用加重情节。(2分)

4.（2009年法学综合一法理学分析题）2001年6月16日傍晚，村民彭某在没有适航证的情况下，驾驶一条旧帆船搭载同村村民金某及其7岁的女儿过河。在帆船就要与水坝相撞时，金某抱着自己的女儿跳水求生。金某被救起，其女儿失踪，金某向人民法院提出宣告女儿死亡的申请，法院遂于2003年6月26日宣告其女儿死亡。随后，当地法院认定彭某的行为已经构成交通肇事罪，判处其1年有期徒刑。法官甲认为：由于刑法中的"死亡"可以通过扩大解释进而包括宣告死亡，因此法院判决是恰当的。法官乙认为：刑法中的“死亡”通常指自然死亡，因此彭某的行为不构成犯罪，将“死亡”扩展为包括宣告死亡的认识，是罪刑法定原则反对的类推。法官丙认为：宣告死亡只能引起民事法律关系上的变化，因此不适用于刑事领域。

参考法条：《中华人民共和国刑法》第133规定：违反交通运输管理法规，因而发生重大事故，致人重伤、死亡或者致使公司财产遭受重大损失的，处三年以下有期徒刑或者拘役。《中华人民共和国民法通则》第23条规定：公民有下列情形之一的，利害关系人可以向人民法院申请宣告他死亡：（一）下落不明满四年的；（二）因意外事故下落不明，从事故发生之日起满两年的。请回答下列问题：

（3）你认为甲、乙法官的观点哪个更恰当？并且说明理由。（5分）

【命题考点】 法律解释

【参考答案及评分标准】（编者说明：本题第（3）问是开放式问题，只要考生能够自圆其说，无论认为谁的观点是适当的并且进行充分说理，都能够拿到分数。）

（3）法官甲的观点更恰当。（1分）法官甲运用的是扩大解释的解释方法（1分），将刑法中的“死亡”扩大解释包括宣告死亡，二者作为结果在本质上是一致的。以宣告死亡作为交通肇事罪的法定后果从而认定彭某构成交通肇事罪，是其认定判决有效的法理依据。（3分）

法官乙的观点更恰当。（1分）法官乙运用的是字面解释的解释方法，按照字面意思将死亡界定为自然死亡，而不包括宣告死亡。（2分）法官乙同时采用学理解释的方法，认为将“死亡”扩展为包括宣告死亡是类推解释。根据罪刑法定原则，对于不利于被告人的类推解释和类推适用是禁止的，故而法官乙的解释具有合理性。（2分）

第十四章　法的实现与法律秩序

编者说明：本章的知识点在历年真题中都没有体现，不仅因为本章的知识点相对不重要，同时也表明命题人在命题时很少涉猎本章的内容，但建议考生也需要关注法的实现与法的实施的关系、法的实现与法的效果的关系等知识内容。

第十五章　法的产生和演进

一、简答题

1.（2014 年法学综合一简答第 2 题）简述法产生的标志。（5 分）

【命题考点】法产生的标志

【参考答案和评分标准】法产生的基本标志包括：

（1）国家的产生，国家的产生是法产生的前提和基础；（1 分）

（2）诉讼与审判的出现。通过特定机构行使审判权，通过特定程序处理纠纷为法的产生奠定现实的基础；（2 分）

（3）权利与义务的分离，法对行为的调控，必须以权利和义务分离为条件。（2 分）

2.（2006 年法学综合一简答第 1 题）简述法与原始社会习惯的区别。（6 分）

【命题考点】法与原始社会习惯

【参考答案及评分标准】法与原始氏族习惯的区别主要表现在以下方面：

（1）体现意志不同：法体现的是国家意志即统治阶级的意志，而氏族习惯体现的是氏族意志即氏族全体成员的共同意志；（1 分）

（2）产生方式不同：法是通过国家立法机关制定或者认可方式产生的，而氏族习惯是以传统方式自发形成和演变而来的；（1 分）

（3）实施方式不同：法依靠国家强制力保证实施，而氏族习惯依靠当事人自觉、社会舆论和氏族首领威望保证实施；（1 分）

（4）适用范围不同：法通常适用属地原则即在国家权力管辖范围内有效，而氏族习惯适用属人原则即对具有血缘关系的成员有效；（1 分）

（5）存在基础不同：法建立在阶级社会的经济基础上，而氏族习惯建立在原始社会的经济基础上；（1 分）

（6）根本目的不同：法的目的是维护统治阶级的社会关系和秩序，而氏族习惯的目的是维护共同利益和维系社会成员间平等关系。（1 分）

第十六章　法与其他社会现象

尽管本章的知识点没有在历年真题中出现，但是建议考生注意法与文化的关系、法与政治的关系，该知识点有可能作为简答题进行考查。

第十七章　法与其他社会规范

一、案例分析题

1.（2014 年法学综合一法理学分析题）案情：1997 年 8 月陈某与苏某签订一份《买卖房屋合约书》，向对方购买位于福建泉州市区的一处 87 平方米的拆迁安置房，以及 12 平方米的储藏间。购房总价 35 万元。合同还约定苏某应协助陈某办理产权过户。合同订立后，陈某依照约定向被告支付购房款 33 万元并承诺剩余的 2 万元，办理产权过户后再支付，但是在陈某入住在该房十年的时间里，泉州房价飞涨。苏某却一直不答应为陈某办理产权过户，且有毁约之意。陈某一气之下将苏某告上法庭。在法院审理过程中，苏某向法院辩解称，该房产权本来属于其母亲，当年其为取得该房产产权，伪造了母亲死亡的证明骗了房管部门，将房子产权办在自己名下。因此他主张本案的房屋买卖合同是无效的，愿意将所得房款悉数退还。对于苏某的说法，陈某难掩愤怒："不是钱的问题，总该讲个信誉。"他解释称："房子一住十几年，都有感情了，说啥都不能退。"一审法院法官审理认为，本案的房屋买卖合同是双方真实意思的表示，判决合同有效。问题：

（3）结合本案案情，从法与道德关系的角度谈谈对陈某行为的看法。（7 分）

【命题考点】 法与道德的关系

【参考答案和评分标准】（3）结合本案案情，法与道德的主要区别是调整范围不同：法调整的社会关系，道德也要调整，法不调整的社会关系，道德也会调整。道德比法律调整的范围更广、更加有深度、更加有高度。就本案而言，法律仅能调整二人之间存在的合同法律关系，而道德却还可以调整二人之间的"信誉""感情"和"良心"等。二者的实施方式也不同：法律依靠国家强制力保证实施，而道德依靠内心信念和社会舆论保证实施。苏某做出违法的事情，人民法院有权维护法律的尊严强制其履行义务，而其违反道德的行为则只能依靠社会舆论和其内心罪恶感去救赎。苏某的行为不仅违反合同法的相关规定，同时也违背做人的基本道德，有愧于自己的良心。(7分)

第十八章　法制与法治

一、简答题

1.（2016年法学综合课法理学简答第2题）简述中国社会主义法治的主要特点。(5分)

【命题考点】社会主义法治的主要特点

【参考答案及评分标准】社会主义法治的主要特点：(1) 具有完备的社会主义法律体系；(2) 具有健全的民主制度和监督制度；(3) 具有严格的行政执法制度和公正的司法制度；(4) 具有较高素质的执法队伍；(5) 全民具有较强的法治意识，即依法办事、依法行政、依法律己、依法行使权利和履行义务的意识。(每点1分，共计5分)

第十九章　法的价值

一、简答题

1.（2005年法学综合一简答第2题）从哪些角度看，平等是法的价值目标和制约因素？(6分)

【命题考点】法的平等价值

【参考答案及评分标准】所谓平等，就是指社会主体于相同的情况下在社会关系、社会生活中处于相同的地位、具有相同的资格、相同的发展机会和相同的待遇。从以下三个方面而言，平等是法的价值目标和制约因素：

(1) 从立法上看，平等是鉴别立法的进步与落后、区分民主与专制立法的显著标志；(2分)

(2) 从执法上看，平等是促进执法活动公正无私、提高执法质量的必要因素；(2分)

(3) 从守法上看，平等是人们自觉遵守法律、反对特权的力量来源。(2 分)

二、案例分析题

1. (2005 年法学综合一法理学分析题) 2001 年，广东省汕头市居民甲，从中国银行储蓄所提款后，没有点清钱数即回家。不一会儿，储蓄所经手人乙匆匆来到甲家中，说刚才多付给甲人民币 600 元。经查点后属实，于是甲退还乙 600 元，乙表示感谢后返回储蓄所。事后，甲想起储蓄所柜台前的告示“钱款当面点清，离柜概不负责”，觉得告示不公平并且表示异议。双方就上述问题发生争议。

参考法条：(1)《合同法》第 39 条：“采用格式条款订立合同的，提供格式条款的一方应当遵循公平原则确定当事人之间的权利和义务，并采取合理的方式提请对方注意免除或者限制其责任的条款，按照对方的要求，对该条款予以说明。格式条款是当事人为了重复使用而预先拟订，并在订立合同时未与对方协商的条款。”

(2)《合同法》第 40 条：“格式条款具有本法第 52 条和第 53 条规定情形的，或者提供格式条款一方免除其责任、加重对方责任、排除对方主要权利的，该条款无效。”

(3)《合同法》第 41 条：“对格式条款的理解发生争议的，应当按照通常理解予以解释。对格式条款有两种以上解释的，应当作出不利于提供格式条款一方的解释。格式条款和非格式条款不一致的，应当采用非格式条款。”

(4)《合同法》第 52 条：“有下列情形之一的，合同无效：(一) 一方以欺诈、胁迫的手段订立合同，损害国家利益；(二) 恶意串通，损害国家、集体或者第三人利益；(三) 以合法形式掩盖非法目的；(四) 损害社会公共利益；(五) 违反法律、行政法规的强制性规定。”

(5)《合同法》第 53 条：“合同中的下列免责条款无效：(一) 造成对方人身伤害的；(二) 因故意或者重大过失造成对方财产损失的。”

请回答下列问题（必要时可以联系参考法条）：

(1) 告示是一种格式条款，设立格式条款试图体现哪种法律价值？同时容易导致对哪些法律价值的限制或者损害？(3 分)

(2) 告示是否公平，或者是否有效？并且说明理由。(6 分)

(3) 抛开公平性或者有效性不谈，如果甲认为告示同时约束双方，不退还乙 600 元，甲对告示解释的合法性根据何在？(4 分)

【命题考点】 法的价值

【参考答案及评分标准】 (1) 法的价值包括自由、平等、效率和秩序，银行设立格式条款力图体现的是法的效率价值或者秩序价值。(1 分) 银行设立格式条款同时容易导致限制或者损害法的平等价值或者自由价值。(1 分) 因为银行设立格式条款的目的是为了对重复行为进行有效规范，从而提高银行的办事效率和确保银行交易秩序的稳定性。同时银行设立格式条款的目的是为了减轻银行的繁重任务，将法律责任单方面强加于顾客身上，必然体现不平等的待遇，对于公民的自由也进行了限制。(1 分)

（2）银行柜台的告示不公平（无效）。(2 分）具体理由如下：（回答任意 2 条，4 分）

①银行作为格式条款的提供方，并没有遵循公平原则确定当事人之间的权利和义务，而是单方面强加给对方义务和责任，违反《合同法》第 39 条的规定。

②银行作为格式条款的提供方，免除其自身责任同时加重顾客的责任，并且符合《合同法》第 52 条第（三）项“以合法形式掩盖非法目的”的规定。

③银行作为格式条款的提供方，并没有采取合理的方式提请对方注意免除或者限制其责任的条款，违反《合同法》第 39 条的规定。

（3）甲的合法性依据是《合同法》第 41 条的规定。《合同法》第 41 条：“对格式条款的理解发生争议的，应当按照通常理解予以解释。对格式条款有两种以上解释的，应当作出不利于提供格式条款一方的解释。”也就是说，银行作为格式条款的提供方，“钱款当面点清，离柜概不负责”应当合理解释为“即使银行多支付给客户现金，一旦客户离开银行柜台，银行也不得向客户讨要多支付的款项。”(4 分)

宪 法 学

第一章 宪法的基本理论（上）

一、名词解释

1. （2019 年法学综合课宪法学名词解释第 1 题）宪法性法律（3 分）

【命题考点】 宪法性法律

【参考答案及评分标准】 宪法性法律是由普通立法机关依照普通立法程序制定或者认可的，以宪法规范为内容的规范性文件。（2 分）具体包括两种情况：一种是带有宪法内容的普通法律，另一种是带有宪法内容而经国家立法机关赋予法律效力或者重新进行法律解释的政治性文件或者国际协议等。（1 分）

2. （2016 年法学综合课宪法学名词解释第 1 题）宪法的效力（2 分）

【命题考点】 宪法的效力

【参考答案及评分标准】 宪法的效力是宪政理论和宪政实践的核心问题，具体是指宪法作为国家根本法对整个国家生活和社会生活进行调整所具有的最高法律效力（1 分），体现为权威的最高性、覆盖面的广泛性和作用的原则性（1 分）。

二、简答题

1. （2006 年法学综合一简答第 4 题）比较刚性宪法和柔性宪法。（6 分）

【命题考点】 宪法的分类

【参考答案及评分标准】 依据宪法的法律效力和制定修改程序的不同，宪法分为刚性宪法和柔性宪法。刚性宪法，是指制定和修改宪法的程序比普通法律严格、具有最高法律效力的宪法。柔性宪法，是指制定和修改宪法的程序、法律效力与普通法律完全相同的宪法。（2 分）

（1）刚性宪法的制定和修改程序比普通法律严格，而柔性宪法的制定和修改程序与普通法律完全相同。（1 分）

（2）刚性宪法具有最高法律效力，而柔性宪法与普通法律的法律效力相同。（1 分）

（3）刚性宪法具有稳定性和权威性，而柔性宪法具有灵活性和适应性，容易适应

不断变化发展的社会环境。(1 分)

(4) 不成文宪法一般都属于柔性宪法，成文宪法未必都属于刚性宪法。(1 分)

三、分析论述题

1. (2018 年法学综合课宪法学分析题) 论宪法至上。(15 分)

【命题考点】 宪法的特征和效力、宪法的监督及违宪审查制度、宪法的制定和修改权

【参考答案及评分标准】 宪法是我国的根本大法，具有最高的法律效力，通过违宪审查及宪法监督维护宪法的权威性和最高效力。宪法至上具体含义是宪法作为根本大法构成国家制定法的基础和核心，在国家的整个法律体系中的层次、地位和效力最高，其他法律的制定都必须以宪法为依据，不能与宪法相抵触、相违背。(2 分) 包括以下内容:

(1) 宪法的特征包括宪法的形式特征和实质特征。宪法的形式特征包括两个方面:第一，宪法的制定、修改的机关和程序不同于普通法律。宪法是国家的根本法，与普通法律相比，宪法具有庄严性和更强的稳定性，宪法的制定、修改的机关和程序更加严格。宪法的修改，由全国人大常委会或者 1/5 以上的全国人大代表提议，并由全国人大以全体代表的 2/3 以上的多数通过。第二，宪法具有最高的法律效力。宪法是国家最高法律，在政治生活和社会生活中都具有最高法律效力：宪法的效力高于普通法律，(任何) 普通法律不得与宪法相抵触，否则无效，宪法是其他规范性法律文件的制定依据和上位法。宪法是一切国家机关、社会团体和公民的根本行为准则。宪法的实质特征包括两个方面：对基本权利的保障，在宪法中居于核心的支配地位；对国家权力的限制，出发点和落脚点是保障公民权利。(5 分)

(2) 为确保宪法的最高权威及至高无上的法律地位，必须通过违宪审查制度或宪法监督方式保证宪法的实施。我国的宪法监督权由全国人大及其常委会共同行使，监督的对象包括法律、行政法规、地方性法规、自治条例和单行条例、规章及两高司法解释等规范性文件，通过事前批准生效和事后审查备案两种方式，审查发现与宪法或者上位法相抵触者，有权要求制定机关进行修改或者直接予以撤销。(4 分)

(3) 为确保宪法至上的最高权威和地位，有关宪法的权利均由最高国家权力机关及其常设机关行使。我国为制定宪法专门成立“宪法起草委员会”并由全国人大通过，我国修改宪法的机关是全国人大，修改宪法的提案权归全国人大常委会或者 1/5 以上的全国人大代表行使；全国人大及其常委会有权监督宪法的实施，全国人大常委会有权解释宪法。(3 分)

综上，宪法是我国法律体系的核心和生命，必须坚持宪法至上的地位，坚持宪法的最高权威和最高法律效力，是进行社会主义法治建设的根本保证。(1 分)

2.（2017 年法学综合课宪法学分析题）《宪法》第 2 条："中华人民共和国的一切权力属于人民。人民行使国家权力的机关是全国人民代表大会和地方各级人民代表大会。人民依照法律规定，通过各种途径和形式，管理国家事务，管理经济和文化事业，管理社会事务。"试分析该法条。(15 分)

【命题考点】 人民主权原则、人民代表大会制度

【参考答案及评分标准】 宪法第 2 条主要明确的是我国国家权力的归属、人民行使国家权力的方式以及依法管理国家事务的手段和方式。主要体现了以下方面的内容：

(1) 该条规定是人民主权原则在我国宪法中的最直接体现。(2 分) 人民主权原则在理论上主要解决的是国家权力即主权的归属问题，我国不仅明确规定了人民主权原则，同时明确规定了确保人民主权原则得以真正实现的具体制度。首先，我国将国家权力行使归属于全体人民，人民行使国家权力的方式是通过全国人大及地方各级人大代为行使，人民行使国家权力及管理国家事务、经济文化事业和社会事务需要遵照法律规定，严格依法履职履责。(3 分)

(2) 该条规定体现出我国确立的政体即人民代表大会制度的优越性。(2 分) 人民代表大会制度的核心是一切权力属于人民，人民代表大会制度是我国的根本政治制度。其具有很多优越性：人民代表大会制度是一种社会主义代议制民主共和政体，坚持贯彻民主集中制，实行"议政合一"，实行"一院制"，设立常委会作为常设机关，实现权力行使的"统一性"和"经常性"的兼顾。(3 分)

(3) 该条规定反映出人大的性质。(2 分) 全国人大及地方各级人大是人民民主选举产生的国家权力机关，依法代表全国人民行使国家权力，对人民负责、受人民监督。我国公民依照宪法赋予的广泛公民权利，通过全国人大及地方各级人大并通过多种途径，管理国家事务，管理经济和文化事业，管理社会事务。(3 分)

3.（2016 年法学综合课宪法分析题）《宪法》第 5 条第 2 款规定：国家维护社会主义法制的统一和尊严。试分析该法条。(14 分)

【命题考点】 法制统一和尊严

【参考答案及评分标准】 该法条主要阐述的是宪法的最高效力和最高权威，以及如何维护宪法的最高权威以维护社会主义法制统一。(2 分)

(1) 宪法的最高效力和最高权威

①宪法作为根本大法，其制定、修改的机关和程序不同于普通法律。宪法的修改，由全国人大常委会或者 1/5 以上的全国人大代表提议，并由全国人大以全体代表的 2/3 以上的多数通过。(2 分)

②宪法作为根本大法，其在政治生活和社会生活中都具有最高法律效力：其一，宪法的效力高于普通法律，一切法律、行政法规和地方性法规都不得同宪法相抵触；其二，宪法是一切国家机关和武装力量、各政党和各社会团体、各企业事业组织的根

本行为准则。一切违反宪法和法律的行为，必须予以追究。任何组织或者个人都不得有超越宪法和法律的特权。(2 分)

(2) 确保宪法最高效力及维护法制统一和权威的途径

①宪法监督权。全国人大及其常委会有权监督宪法的实施，全国人大各专门委员会及特定问题调查委员会可以协助全国人大及其常委会行使该权力。国务院、中央军委、最高人民法院、最高人民检察院和各省、自治区、直辖市的人大常委会认为行政法规、地方性法规、自治条例和单行条例同宪法或者法律相抵触的，可以向全国人大常委会书面提出进行审查的要求；其他国家机关和社会团体、企业事业组织以及公民认为行政法规、地方性法规、自治条例和单行条例同宪法或者法律相抵触的，可以向全国人大常委会书面提出进行审查的建议。(2 分)

②宪法的修改权。宪法的修改权归全国人大行使。宪法的修改，由全国人大常委会或者1/5 以上的全国人大代表提议，并由全国人大以全体代表的2/3 以上的多数通过。(2 分)

③宪法的解释权。宪法的解释权归全国人大常委会专门行使，国务院、中央军委、最高人民法院、最高人民检察院和全国人大各专门委员会以及省、自治区、直辖市的人大常委会可以向全国人大常委会提出法律解释要求。(2 分)

④国家立法权。全国人大及其常委会，共同行使国家立法权。全国人大有权制定和修改刑事、民事、国家机构的和其他的基本法律；全国人大常委会有权制定和修改除应当由全国人大制定的法律以外的其他法律，并且在全国人大闭会期间，对全国人大制定的法律进行部分补充和修改，但不得同该法律的基本原则相抵触。(2 分)

4. (2011 年法学综合一宪法学分析题) 分析权力分立与制衡的宪法原则。(10 分)

【命题考点】权力分立与制衡原则

【参考答案及评分标准】权力分立与制衡原则又称分权原则，是指国家权力的各部分之间相互监督、彼此牵制以保障公民权利的原则。在国家权力对国家权力的制约下，深层次体现公民权利对国家权力的制约。权力分立与制衡原则是人权保障的具体制度和辅助机制，通过权力之间的分立与制衡来防止国家权力的不当行使，从而确保人权的具体实现。(2 分)

(1) 权力分立与制衡学说的历史发展。为了确保人权的彻底实现，资产阶级采纳权力分立与制衡的思想，作为政权机构组织和运行的指导原则。权力分立与制衡是指国家权力按照性质分为三种：即立法权、行政权和司法权，三权由三种机构分别行使，彼此之间相互制约并且最终达到平衡。古希腊、古罗马的思想家最早阐述分权的必要性，近代思想家在古希腊、古罗马分权制衡思想的基础上进一步发展分权理论。英国洛克提出分权理论，其认为国家包括三种权力，即立法权、行政权和对外权。系统阐述分权制衡理论的法学家是法国的孟德斯鸠，其认为国家权力包括三种，即立法权、司法权和行政权，三权分别由三种机构行使。孙中山提出五权宪法思想，认为国家权力包括立法权、司法权、行政权、考试权和监察权。(2 分)

(2) 权力分立与制衡原则在各国宪法中的体现。权力分立与制衡原则是 17、18 世纪欧美资产阶级革命时期，资产阶级根据近代分权思想确立的，他们在革命成功后建立国家、制定宪法的过程中，将其表现为宪法的基本原则。1787 年《美国宪法》就按照典型的分权、制衡原则，确立了国家的职权体制。美国是典型的三权分立国家，立法权属于国会，行政权属于总统，司法权属于法院。法国《人权宣言》称“凡权利无保障和分权未确立的社会，就没有宪法”。其他资本主义国家的宪法受到美国、法国等国家的影响以不同形式确认分权原则。《日本宪法》的相关条文体现出权力分立与制衡的思想，《德国基本法》也存在相应的规定。社会主义国家原则上不承认权力分立与制衡理论，而实行监督原则，此原则由第一个无产阶级专政政权巴黎公社所首创。(2 分)

(3) 我国关于权力分立与制衡原则的体现。我国作为社会主义国家，我国宪法明确规定民主集中制原则，并且规定全国人民代表大会是国家最高权力机关。《宪法》第 3 条明确规定：“中华人民共和国的国家机构实行民主集中制的原则。全国人民代表大会和地方各级人民代表大会都由民主选举产生，对人民负责，受人民监督。国家行政机关、监察机关、审判机关、检察机关都由人民代表大会产生，对它负责，受它监督。中央和地方的国家机构职权的划分，遵循在中央的统一领导下，充分发挥地方的主动性、积极性的原则。”第 57 条规定：“中华人民共和国全国人民代表大会是最高国家权力机关。它的常设机关是全国人民代表大会常务委员会。”第 58 条规定：“全国人民代表大会和全国人民代表大会常务委员会行使国家立法权。”(4 分)

5. (2006 年法学综合一宪法学分析题) 分析宪法的人民主权原则。(13 分)

【命题考点】人民主权原则

【参考答案及评分标准】人民主权原则又称“主权在民”原则、国民主权原则，在理论上主要解决的是国家权力即主权的归属问题。人民主权来源于资产阶级启蒙思想家率先倡导的“主权在民”学说，认为国家是由人民根据自由意志缔结契约的产物，因此国家的最高权力应该属于人民。(2 分)

(1) 主权学说的提出和历史发展。最早提出“主权”概念的是法国的布丹，他认为，主权就是“不受法约束、统辖公民和臣民的最高权力”。资产阶级在主权理论的基础上进一步提出人民主权的思想，将主权的归属由君主转向社会全体 (国民)。开始从理论上阐释人民主权的是英国著名的思想家洛克，明确提出人民主权并且系统阐述人民主权理论的是法国著名的思想家卢梭；美国《独立宣言》和法国《人权宣言》都吸收了人民主权理论，马克思主义经典作家将人民主权思想进一步阐发，作为反对封建专制主义的理论武器。(2 分)

（2）人民主权原则的制度体现。人民主权学说、思想和原则的制度化体现为代议制，议会至上和议会主权是人民主权原则的制度体现。1791 年法国宪法将《人权宣言》作为序言记载下来以后，人民主权原则成为资产阶级宪法的最一般原则。从世界各国的宪法内容上看，一般从三个方面体现人民主权原则：第一，明确规定人民主权原则；第二，通过规定人民行使国家权力的形式来保障人民主权；第三，通过规定公民广泛的权利和自由来体现人民主权。(3 分)

（3）人民主权原则在我国宪法中的体现。《宪法》第 2 条规定，中华人民共和国的一切权力属于人民。人民行使国家权力的机关是全国人民代表大会和地方各级人民代表大会。人民依照法律规定，通过各种途径和形式，管理国家事务，管理经济和文化事业，管理社会事务。《宪法》第 3 条规定，中华人民共和国的国家机构实行民主集中制的原则。全国人民代表大会和地方各级人民代表大会都由民主选举产生，对人民负责，受人民监督。国家行政机关、监察机关、审判机关、检察机关都由人民代表大会产生，对它负责，受它监督。(6 分)

第二章　宪法的基本理论（下）

一、简答题

1. （2014 年法学综合一简答第 3 题）简述美国式的普通司法机关进行违宪审查的主要特点。(5 分)

【命题考点】 普通司法机关进行违宪审查的特点

【参考答案和评分标准】 美国式的普通司法机关进行违宪审查的特点如下：

（1）只能在具体案件中对立法的合宪性进行附带性审查；(1 分)

（2）对违宪立法的裁决产生具体而并非普遍的效力。即经普通法院审查并且裁定为违宪的立法只是在具体案件中失去其法律效力，然而普通法法系“遵从先例”的司法传统通常导致违宪的立法永远失效；(3 分)

（3）联邦法院存在纵向和横向两种违宪审查方式。(1 分)

第三章　宪法的历史

编者说明：历年真题中没有涉及本章的知识点，需要提醒考生注意的是宪法的发展趋势可能作为简答题进行考查。

第四章　国家性质

一、简答题

1.（2019 年法学综合一宪法学简答题）简述我国宪法对非公有制经济的保障。（6 分）

【命题考点】我国宪法对非公有制经济的保障

【参考答案及评分标准】我国宪法对非公有制经济的保障主要包括如下方面：

（1）在法律规定范围内的个体经济、私营经济等非公有制经济是社会主义市场经济的重要组成部分。（2 分）

（2）国家保护个体经济、私营经济等非公有制经济的合法的权利和利益；（2 分）

（3）国家鼓励、支持和引导非公有制经济的发展，并且对非公有制经济依法实行监督和管理。（2 分）

2.（2011 年法学综合一简答第 3 题）简述我国宪法中关于公共财产的规定。（5 分）

【命题考点】我国宪法对公共财产的规定

【参考答案及评分标准】社会主义公共财产包括全民所有制经济的财产和集体所有制经济的财产，是我国社会主义经济制度的基础。我国《宪法》对公共财产作出以下规定：

（1）中华人民共和国的社会主义经济制度的基础是生产资料的社会主义公有制，即全民所有制和劳动群众集体所有制。（1 分）

（2）国有经济，即社会主义全民所有制经济，是国民经济中的主导力量。（1 分）

（3）农村集体经济组织实行家庭承包经营为基础、统分结合的双层经营体制。农村中的生产、供销、信用、消费等各种形式的合作经济，是社会主义劳动群众集体所有制经济。（1 分）

（4）社会主义的公共财产神圣不可侵犯。国家保护社会主义的公共财产，禁止任何组织或者个人用任何手段侵占或者破坏国家的和集体的财产。（1 分）

（5）中华人民共和国公民必须遵守宪法和法律，保守国家秘密，爱护公共财产，遵守劳动纪律，遵守公共秩序，尊重社会公德。（1 分）

3.（2007 年法学综合一简答第 4 题）简述我国宪法对土地所有权及其政策是如何

规定的。(6 分)

【命题考点】 我国宪法对土地所有权的规定

【参考答案及评分标准】 我国《宪法》第 10 条对土地所有权及其政策作出如下规定:

(1) 城市的土地属于国家所有。农村和城市郊区的土地，除由法律规定属于国家所有的以外，属于集体所有。宅基地和自留地、自留山，也属于集体所有。(2 分)

(2) 国家为了公共利益的需要，可以依照法律规定对土地实行征收或者征用并给予补偿。(2 分)

(3) 任何组织或者个人不得侵占、买卖或者以其他形式非法转让土地。土地的使用权可以依照法律的规定转让。一切使用土地的组织和个人必须合理地利用土地。(2 分)

二、分析题

1. (2005 年法学综合一宪法分析题) 分析公民私有财产权入宪的意义。(13 分)

【命题考点】 私有财产权入宪的意义

【参考答案及评分标准】 2004 年《宪法修正案》将宪法第 13 条修改为:“公民的合法的私有财产不受侵犯。国家依照法律规定保护公民的私有财产权和继承权。国家为了公共利益的需要，可以依照法律规定对公民的私有财产实行征收或者征用并给予补偿。”(3 分) 公民私有财产权入宪具有重要意义，具体表现在以下方面:

(1) 扩大了公民财产权的保护范围。修改后的宪法没有使用“所有权”一词，而是使用“财产权”一词，“财产权”的外延比“所有权”的外延更加宽广。同时，修改后的宪法采取概括式的表述方式，表明只要是经济学意义上的“财产”都在受保护的范围内。(3 分)

(2) 加强了对公民财产权的保护力度。宪法修正后，在规定“国家依法保护公民的私有财产权和继承权”之前，规定“公民的合法的私有财产不受侵犯”，上述规定为防止国家权力对公民财产权的侵害提供了宪法依据，对公民财产权的保护更加有效。(3 分)

(3) 建立了对私有财产征收和征用补偿制度。《宪法》第 13 条规定:公民的合法的私有财产不受侵犯。国家依照法律规定保护公民的私有财产权和继承权。国家为了公共利益的需要，可以依照法律规定对公民的私有财产实行征收或者征用并给予补偿。上述规定体现如下涵义:对公民私有财产的征收或者征用必须是为了公共利益的需要;对公民私有财产的征收或者征用必须按照法律规定进行;对公民私有财产的征收或者征用必须对公民进行经济补偿。(4 分)

第五章　国家形式

一、名词解释

1.（2019年法学综合课宪法学名词解释第2题）联邦制（3分）

【命题考点】联邦制

【参考答案及评分标准】联邦制，是指两个或者多个成员国（邦、州、共和国）组成的统一联盟国家所采取（2分）的国家结构形式。(1分)

2.（2017年法学综合课宪法学名词解释第1题）总统制（3分）

【命题考点】总统制

【参考答案及评分标准】总统制是资本主义国家采用的由选民分别选举总统和议会（1分），由总统担任国家元首、组织和领导政府（1分）并直接对选民负责的一种政权组织形式（1分）。

3.（2016年法学综合课宪法学名词解释第2题）行政区划（2分）

【命题考点】行政区划

【参考答案及评分标准】行政区划是指国家根据行政管理和经济发展的需要，把国家领土划分为大小不同、层次不等的行政单位（1分），在此基础上设立相应的地方国家机关，在中央领导下实行分级管理的制度。(1分)。

二、简答题

1.（2018年法学综合课宪法学简答题）简述行政区划的划分？(6分)

【命题考点】行政区划的划分

【参考答案及评分标准】我国的行政区域划分如下：

（1）全国分为省、自治区、直辖市；(1分)

（2）省、自治区分为自治州、县、自治县、市；(1分)

（3）县、自治县分为乡、民族乡、镇。(1分)

（4）直辖市和较大的市分为区、县。自治州分为县、自治县、市。(2分)

（5）自治区、自治州、自治县都是民族自治地方。(1分)

2.（2016年法学综合课宪法学简答第2题）简述单一制国家结构形式的特点。(5分)

【命题考点】单一制的特点

【参考答案及评分标准】单一制，是指由若干不具有独立性的行政区域单位或自治单位组成的单一主权国家所采取的国家结构形式。（1 分）单一制的特点包括以下方面：

（1）从权力划分上，地方服从中央的统一管理，地方权力来源于中央授权；（1 分）

（2）从形式上只有一部统一的宪法，全国只有一套立法、司法和行政体制；（1 分）

（3）从对外关系上，只有国家才是国际法主体，只有中央政府才享有外交权，公民具有统一的国籍。(2 分)

3.（2015 年法学综合一宪法学简答第 2 题）简述香港特别行政区基本法的解释权。(5 分)

【命题考点】特别行政区基本法的解释权

【参考答案及评分标准】特别行政区基本法的解释权包括以下内容：

（1）香港特别行政区基本法的解释权属于全国人大常委会。(1 分)

（2）全国人大常委会授权香港特别行政区法院在审理案件时对本法关于香港特别行政区自治范围内的条款自行解释。(1 分)

（3）香港特别行政区法院在审理案件时对本法的其他条款也可解释。但如香港特别行政区法院在审理案件时需要对本法关于中央人民政府管理的事务或中央和香港特别行政区关系的条款进行解释，而该条款的解释又影响到案件的判决，在对该案件作出不可上诉的终局判决前，应由香港特别行政区终审法院提请全国人大常委会对有关条款作出解释，如全国人大常委会作出解释，香港特别行政区法院在引用该条款时，应当以全国人大常委会的解释为准。(2 分)

（4）全国人大常委会在对《香港特别行政区基本法》进行解释前，征询其所属的香港特别行政区基本法委员会的意见。(1 分)

第六章　选举制度

一、名词解释

1.（2017 年法学综合课宪法学名词解释第 2 题）选举委员会（3 分）

【命题考点】选举委员会

【参考答案及评分标准】选举委员会是指接受县级人大常委会的领导和省级、地市级人大常委会的指导（1分），组成人员由县级人大常委会任命（1分），具体负责县乡两级基层人大代表选举工作而临时组成的选举机构。(1分)。

二、简答题

1.（2016年法学综合课宪法学简答第1题）简述选举权的平等性原则主要表现？(5分)

【命题考点】 选举权的平等性原则

【参考答案及评分标准】 选举权的平等性原则主要表现在以下方面：

（1）除法律规定当选人应当具备的条件外，选民平等地享有选举权和被选举权；(1分)

（2）在一次选举中选民平等地拥有相同的投票权；(1分)

（3）每一个代表所代表的选民数相同；(1分)

（4）一切代表在代议机关中具有平等的法律地位；(1分)

（5）对于在选举中处于弱势地位的选民给予特殊保护。(1分)

第七章　政党制度

编者说明：历年真题中没有涉及本章的知识点，通常不适合作为考点进行命题考查。

第八章　公民基本权利的一般原理

一、简答题

1.（2013年法学综合一简答第4题）简述我国国籍的取得。(5分)

【命题考点】 国籍的取得

【参考答案及评分标准】 我国国籍的取得包括以下内容：

（1）我国不承认中国公民具有双重国籍；(1分)

（2）父母双方或一方为中国公民，本人出生在中国，具有中国国籍；(1分)

（3）父母双方或一方为中国公民，本人出生在外国，具有中国国籍；(1分)

（4）父母双方或一方为中国公民并定居在外国，本人出生时即具有外国国籍的，不具有中国国籍；（1 分）

（5）父母无国籍或国籍不明，定居在中国，本人出生在中国，具有中国国籍。（1 分）

第九章　我国公民的基本权利和义务

一、名词解释

1. （2018 年法学综合课宪法学名词解释第 3 题）宗教信仰自由（3 分）

【命题考点】 宗教信仰自由

【参考答案及评分标准】 中国公民有宗教信仰自由（0.5 分），具体包括以下内容：公民有信仰宗教的自由，也有不信仰宗教的自由（0.5 分）；公民有信仰这种宗教的自由，也有信仰那种宗教的自由（0.5 分）；在同一宗教里，公民有信仰这个教派的自由，也有信仰那个教派的自由（0.5 分）；公民有过去信现在不信的自由，也有过去不信现在信的自由（0.5 分）；公民有参加宗教仪式或活动的自由，也有不参加宗教仪式或活动的自由（0.5 分）。

2. （2017 年法学综合课宪法学名词解释第 3 题）政治权利（3 分）

【命题考点】 政治权利

【参考答案及评分标准】 政治权利又称参政权，是指依照宪法规定，公民参加政治生活的民主权利和政治上享有的表达个人见解和意愿的自由权。（2 分）政治权利包括选举权和被选举权以及言论、出版、集会、结社、游行、示威的自由。（1 分）

二、简答题

1. （2015 年法学综合一简答第 3 题）简述我国宪法对公民宗教信仰自由是如何规定的。（5 分）

【命题考点】 宗教信仰自由

【参考答案及评分标准】 我国宪法对公民宗教信仰自由作出如下规定：

（1）中国公民有宗教信仰自由。（1 分）

（2）任何国家机关、社会团体和个人不得强制公民信仰宗教或者不信仰宗教，不得歧视信仰宗教的公民和不信仰宗教的公民。（1.5 分）

（3）国家保护正常的宗教活动。任何人不得利用宗教进行破坏社会秩序、损害公

民身体健康、妨碍国家教育制度的活动。(1.5 分)

(4) 宗教团体和宗教事务不受外国势力的支配。(1 分)

2. (2012 年法学综合一简答第 3 题) 简述我国宪法中公民平等权保障的主要内容。(5 分)

【命题考点】 公民的平等权

【参考答案及评分标准】 我国宪法关于平等权规定的主要内容包括:

(1)《宪法》第 33 条规定:中华人民共和国公民在法律面前一律平等。任何公民享有宪法和法律规定的权利,同时必须履行宪法和法律规定的义务。(1 分)

(2)《宪法》第 5 条第 5 款规定:任何组织或者个人都不得有超越宪法和法律的特权。(1 分)

(3)《宪法》第 4 条第 1 款规定:中华人民共和国各民族一律平等。禁止对任何民族的歧视和压迫,禁止破坏民族团结和制造民族分裂的行为。(1 分)

(4)《宪法》第 48 条规定:中华人民共和国妇女在政治的、经济的、文化的、社会的和家庭的生活等各方面享有同男子平等的权利。国家保护妇女的权利和利益,实行男女同工同酬,培养和选拔妇女干部。(1 分)

(5)《宪法》第 36 条第 2 款规定:任何国家机关、社会团体和个人不得强制公民信仰宗教或者不信仰宗教,不得歧视信仰宗教的公民和不信仰宗教的公民。(1 分)

3. (2012 年法学综合一简答第 4 题) 简述我国宪法对公民财产权的保障制度。(5 分)

【命题考点】 公民的财产权

【参考答案及评分标准】 我国《宪法》第 13 条规定:"公民的合法的私有财产不受侵犯。国家依照法律规定保护公民的私有财产权和继承权。国家为了公共利益的需要,可以依照法律规定对公民的私有财产实行征收或者征用并给予补偿。"(3 分)

《宪法》第 13 条的规定确认公民财产权的内容包括:公民合法财产的所有权和私有财产的继承权,故而我国法律所保障的个人财产所有权主要是生活资料和生产资料。(1 分)

依照我国法律规定,保护公民的合法财产权主要包括三种方式:一是通过刑事法律制裁侵犯公民合法财产所有权的犯罪行为,并可在刑事附带民事诉讼中获得赔偿;二是通过民事诉讼,以确定产权、返还原物、排除妨碍、赔偿损失等;三是通过行政诉讼,对因国家机关及其工作人员的行为造成侵权的要求给予赔偿。(1 分)

4. (2011 年法学综合一简答第 4 题) 简述我国公民的劳动权利。(5 分)

【命题考点】 公民的劳动权

【参考答案及评分标准】《宪法》第 42 条第 1 款规定:"中华人民共和国公民有劳动的权利和义务。"劳动权是指一切有劳动能力的公民,有获得工作和取得劳动报酬的

权利。劳动权是公民赖以生存的基础，是行使其他权利的物质前提。(1 分)

（1）劳动权具有以下特征：①劳动权的平等性。凡是具有劳动能力的公民，都有权平等地参加社会劳动，享有平等的就业机会。②参加社会劳动的公民有权根据所提供的劳动数量和质量获得相应的报酬。③劳动权具有双重性，劳动权既是权利，又是义务。同时，劳动也是一切有劳动能力的公民的光荣职责。(2 分)

（2）劳动权的内容主要包括劳动就业权和取得报酬权。①劳动就业权是劳动权的核心内容，是公民行使劳动权的前提。国家通过各种途径，创造劳动就业条件，加强劳动保护，改善劳动条件，并在发展生产的基础上，提高劳动报酬和福利待遇。②劳动报酬是劳动者付出特定劳动后所获得的物质补偿。同时，我国《宪法》还规定：我国劳动者享有休息的权利。(2 分)

5.（2010 年法学综合一简答第 4 题）简述公民批评建议权与申诉控告权的异同。(5 分)

【命题考点】批评建议权与申诉控告权

【参考答案及评分标准】批评权是公民对于国家机关及其工作人员的缺点和错误，有权提出要求克服改正的意见。建议权是公民对国家机关的工作，有权提出自己的主张和建议。申诉权，是指公民对国家机关作出的决定不服，可以向有关国家机关提出请求，要求重新处理的权利。控告权，是指公民对违法失职的国家机关及其工作人员的侵权行为提出指控，请求有关机关对违法失职者给予制裁的权利。

批评建议权与申诉控告权的相同点：二者都属于我国宪法规定的监督权的范畴，二者都是针对国家机关及其工作人员提出的权利。(2 分)

批评建议权与申诉控告权的不同点：

（1）提起条件不同：公民对于任何国家机关及其工作人员都有权提出批评和建议，而公民只能对于违法失职的国家机关及其工作人员有权提出申诉和控告。(1 分)

（2）权利的行使限制不同：批评和建议的权利没有限制性规定，而申诉控告权的行使存在“不得捏造或者歪曲事实进行诬告陷害”的限制性规定。(1 分)

（3）处理结果不同：对于批评建议权，只要国家机关及其工作人员接受即可。而对于申诉控告权，则有关国家机关必须查清事实，负责处理，同时任何人不得压制和打击报复。(1 分)

6.（2009 年法学综合一简答第 3 题）简述我国剥夺政治权利的依据和范围。(6 分)

【命题考点】政治权利

【参考答案及评分标准】剥夺政治权利的依据：我国《刑法》规定：“对于危害国家安全的犯罪分子和被判处死刑、无期徒刑的犯罪分子，应当附加剥夺政治权利。对于故意杀人、强奸、放火、爆炸、投毒、抢劫等严重破坏社会秩序的犯罪分子，可以

附加剥夺政治权利。”（2 分）

剥夺政治权利的范围：《宪法》规定的政治权利包括选举权和被选举权，言论、出版、集会、结社、游行、示威的自由。（2 分）《刑法》规定的政治权利包括：①选举权和被选举权；②言论、出版、集会、结社、游行、示威自由的权利；③担任国家机关职务的权利；④担任国有公司、企业、事业单位和人民团体领导职务的权利。（2 分）

7.（2006 年法学综合一简答第 3 题）简述宗教信仰自由的宪法涵义。（6 分）

【命题考点】宗教信仰自由

【参考答案及评分标准】《宪法》第 36 条第 1 款：“中华人民共和国公民有宗教信仰自由。”（1 分）宗教信仰自由的宪法涵义主要包括以下内容：

（1）公民有信仰宗教的自由，也有不信仰宗教的自由；（1 分）

（2）公民有信仰这种宗教的自由，也有信仰那种宗教的自由；（1 分）

（3）在同一宗教里，公民有信仰这个教派的自由，也有信仰那个教派的自由；（1 分）

（4）公民有过去信现在不信的自由，也有过去不信现在信的自由；（1 分）

（5）公民有参加宗教仪式或活动的自由，也有不参加宗教仪式或活动的自由。（1 分）

8.（2005 年法学综合一简答第 3 题）简述人身权利的宪法涵义。（6 分）

【命题考点】人身权利

【参考答案及评分标准】公民的人身权利，是指公民的人身自由和与人身有关的其他权利和自由受法律保护，不受非法侵犯的权利。其范围包括公民的人身自由不受侵犯、公民的人格尊严不受侵犯、公民的住宅不受侵犯和公民的通信自由和通信秘密受法律保护。（2 分）

（1）《宪法》第 37 条：中华人民共和国公民的人身自由不受侵犯。任何公民，非经人民检察院批准或者决定或者人民法院决定，并由公安机关执行，不受逮捕。禁止非法拘禁和以其他方法非法剥夺或者限制公民的人身自由，禁止非法搜查公民的身体。（1 分）

（2）《宪法》第 38 条：中华人民共和国公民的人格尊严不受侵犯。禁止用任何方法对公民进行侮辱、诽谤和诬告陷害。（1 分）

（3）《宪法》第 39 条：中华人民共和国公民的住宅不受侵犯。禁止非法搜查或者非法侵入公民的住宅。（1 分）

（4）《宪法》第 40 条：中华人民共和国公民的通信自由和通信秘密受法律的保护。除因国家安全或者追查刑事犯罪的需要，由公安机关或者检察机关依照法定程序对通信进行检查外，任何组织或者个人不得以任何理由侵犯公民的通信自由和通信秘密。

(1 分)

三、分析论述题

1. (2019 年法学综合科宪法学分析题) 试论我国宪法对广义人身自由的保障。(15 分)

【命题考点】 人身权利

【参考答案及评分标准】 广义的人身自由即人身权利,是公民一切权利的基础,是指公民的人身自由和与人身有关的其他权利和自由受法律保护,不得非法侵犯的权利。人身权利包括公民的人身自由不受侵犯、公民的人格尊严不受侵犯、公民的住宅不受侵犯、公民的通信自由和通信秘密受法律保护四个方面。(2 分)

(1) 公民的人身自由不受侵犯。《宪法》第 37 条:中国公民的人身自由不受侵犯。任何公民,非经人民检察院批准或者决定或者人民法院决定,并由公安机关执行,不受逮捕。禁止非法拘禁和以其他方法非法剥夺或者限制公民的人身自由,禁止非法搜查公民的身体。(2 分)

(2) 公民的人格尊严不受侵犯。《宪法》第 38 条:"中华人民共和国公民的人格尊严不受侵犯。禁止用任何方法对公民进行侮辱、诽谤和诬告陷害。"人格尊严的宪法保障的具体内容包括:第一,人格尊严不可侵犯是宪法规定的公民基本权利,是宪法关系存在的基础;第二,人格尊严不受侮辱,不得利用暴力或者其他方法公然贬低他人人格,破坏他人的名誉;第三,不得诽谤他人,即不得捏造虚构的事实,损害他人的人格;第四,不得对他人诬告陷害,即为达到陷害他人的目的,捏造事实向有关机关虚假告发。(3 分)

(3) 公民的住宅不受侵犯。《宪法》第 39 条:"中华人民共和国公民的住宅不受侵犯。禁止非法搜查或者非法侵入公民的住宅。"公民住宅不受非法侵犯的内容包括:任何公民的住宅不得非法侵入,任何公民的住宅不得随意查封,任何公民的住宅不得随意搜查。(3 分)

(4) 公民的通信自由和通信秘密受法律保护。通信自由,是指公民有根据自己意愿进行通信而不受他人干涉的自由。通信秘密,是指公民通信的内容受到国家法律保护,任何人不得非法私拆、毁弃、偷阅他人的信件。《宪法》第 40 条:中华人民共和国公民的通信自由和通信秘密受法律的保护。除因国家安全或者追查刑事犯罪的需要,由公安机关或者检察机关依照法定程序对通信进行检查外,任何组织或者个人不得以任何理由侵犯公民的通信自由和通信秘密。(3 分)

综上,我国宪法对于广义的人身自由规定了全面的保障,同时也规定了对公民人身权利的严苛限制条件。对公民人身权利的限制必须符合下列条件,由合法的国家机关作出,具有法律规定的事由并遵循合法的程序,否则就是对公民广义人身自由的侵

犯，依法应予追究和制裁。(2 分)

2. 请运用宪法学知识和原理分析下列事件。（15 分，可以但不限于从税收法定主义、公民权利保障中的法律保留、比例原则理论等角度切入）

2011 年 1 月 27 日，作为国家首批个人住房房产税改革试点的两个城市重庆和上海同时宣布：自 1 月 28 日起试点征收房产税，并分别发布了《重庆市人民政府关于进行对部分个人住房征收房产税改革试点的暂行办法》和《上海市开展对部分个人住房征收房产税试点的暂行办法》，规定对符合条件的房屋所有权人征收一定比例的房产税。

两城市房产税试点政策的出台引发了社会的广泛关注和争议，形成了支持和反对两派观点。反对方主张，征收房产税违反了“税收法定原则”。支持方认为两个城市进行房产税改革是有合法依据的，重庆市、上海市的《暂行办法》本质上属于地方规章，其立法依据是国务院根据全国人民代表大会常务委员会授权制定的《房产税暂行条例》，上海、重庆作为直辖市可以根据《房产税暂行条例》制定规章作为征收房产税的法律依据。

【命题考点】税收法定主义、公民权利保障中的法律保留、比例原则

【参考答案和评分标准】(1) 上海市和重庆市制定地方政府规章违背了税收法定主义。《立法法》明确规定“基本经济制度以及财政、税收、海关、金融和外贸的基本制度”的事项只能制定法律，如果尚未制定法律，全国人大及其常委会可以授权国务院制定行政法规。显然“房产税”属于上述范围，地方政府不得通过制定政府规章来规定相关税收制度，这属于违法行为。(5 分)

(2) 上海市和重庆市制定地方政府规章对公民征收房产税，属于对公民合法的私有财产权的限制和侵犯，该行为也违背了公民权利保障的法律保留原则。公民权利保障的法律保留原则要求行政机关作出对公民个人的自由和合法财产的限制，必须得到行使国家立法权的全国人大及其常委会以法律形式予以的确认，而不能以行政机关制定的法规或者规章作为依据，这显然也是不符合法治理念的行为。(5 分)

(3) 宪法上的比例原则主要是针对立法者而言的，即只有在公共利益所必需的范围内才能限制公民的权利。《立法法》也明确规定，“立法应当从实际出发，科学合理地规定公民、法人和其他组织的权利与义务、国家机关的权力与责任”，立法者应当制定法律合理限制行政机关的行政自由裁量权，要求行政机关正确行使裁量权避免侵犯公民合法权益。(5 分)

3. (2008 年法学综合一宪法学分析题) 分析下列宪法规范的涵义：“国家建立健全同经济发展水平相适应的社会保障制度。”(13 分)

【命题考点】社会保障制度

【参考答案及评分标准】2004 年第十届全国人大二次会议对宪法进行修改，增加“国家建立健全同经济发展水平相适应的社会保障制度”，使得建立健全社会保障制度

成为国家在宪法上的义务。“国家建立健全同经济发展水平相适应的社会保障制度”入宪具有重要的意义，是深化经济体制改革、完善社会主义市场经济体制的重要内容，是发展社会主义市场经济的客观要求，也是社会稳定和国家长治久安的重要保证。(1分)

(1) 我国现行《宪法》中有关社会保障的规定。(8分) ①第42条：中华人民共和国公民有劳动的权利和义务。国家通过各种途径，创造劳动就业条件，加强劳动保护，改善劳动条件，并在发展生产的基础上，提高劳动报酬和福利待遇。②第43条：中华人民共和国劳动者有休息的权利。国家发展劳动者休息和休养的设施，规定职工的工作时间和休假制度。③第44条：国家依照法律规定实行企业事业组织的职工和国家机关工作人员的退休制度。退休人员的生活受到国家和社会的保障。④第45条：中华人民共和国公民在年老、疾病或者丧失劳动能力的情况下，有从国家和社会获得物质帮助的权利。国家发展为公民享受这些权利所需要的社会保险、社会救济和医疗卫生事业。国家和社会保障残废军人的生活，抚恤烈士家属，优待军人家属。国家和社会帮助安排盲、聋、哑和其他有残疾的公民的劳动、生活和教育。

(2) 社会保障制度的建立健全和完善。(4分) ①完善社会保险制度。社会保险是社会保障制度的重要组成部分，社会保险是政府实施的重要社会保障措施，与国计民生息息相关。从立法的角度看，需要逐渐完善基本医疗保险的立法，并且逐步拓宽社会保险保障的范围，逐步提高社会保障的水平等。②完善社会救济制度。社会救济主要是针对困难群众和弱势群体，全面开展基本生活、教育、住房、医疗、应急救助和就业援助，推进扶贫帮困。完善社会救济制度主要是加快社会救助体系建设，也就是完善以低保为主体、社会救助为辅助，临时救济为补充、优惠政策相配套，基层组织为依托的社会救助体系。③完善优抚安置制度。优抚安置是主要由国家财政支付资金，对军烈属、伤残军人、退伍军人等有功人员实施救助与保障的制度。④建立健全社会福利制度。社会福利是社会保障的重要组成部分，是国家和社会为保障社会成员的生活质量，满足其物质和精神的需要而采取的社会保障政策以及所提供的设施服务。

4. (2007年法学综合一宪法学分析题) 分析下列宪法规范的涵义：“中华人民共和国公民在法律面前一律平等。”(13分)

【命题考点】 公民的平等权

【参考答案及评分标准】《宪法》第33条：“中华人民共和国公民在法律面前一律平等。”公民的平等权具体包括以下涵义：①我国公民不分民族、种族、性别、职业、家庭出身、宗教信仰、教育程度、社会地位、财产状况因素，一律平等地享有宪法和法律规定的权利，平等地履行宪法和法律规定的义务。②国家对一切公民的合法权益依法平等地保护，对任何公民的违法犯罪行为平等地追究和制裁。③国家不允许任何组织和个人有超越宪法和法律的特权，任何人都必须严格遵守宪法和法律。(6分)

平等权具有以下基本特征：①平等权的主体是全体公民，意味着全体公民法律地位的平等；②平等权是公民的基本权利，是国家的基本义务；③平等权意味着公民平等地享有权利，平等地履行义务；④平等权是贯穿于公民其他权利中的一项权利；⑤平等权既是我国公民的一项基本权利，也是我国宪法的基本原则，保护公民的平等权是宪法的基本要求。(5分)

平等权的范围是指“公民在立法、司法和守法上的平等，还是仅包括在司法和守法上的平等，而不包括立法上的平等”，这是法学界存在争议的问题。平等权是一个具体的、相对的概念，而不是一个绝对的概念。平等权强调的是一种“机会的平等”，即相对的平等，也就是说平等承认人们之间“存在合理的差别”。(2分)

第十章　国家机构（上）

一、名词解释

1.（2018年法学综合课宪法学名词解释第2题）基本法律（3分）

【命题考点】基本法律

【参考答案及评分标准】基本法律，是指由全国人大制定和修改或者全国人大闭会期间由全国人大常委会在不与基本原则相抵触的情况下部分补充和修改的（2分），包括刑法、民法、诉讼法、国家机关组织法、选举法、民族区域自治法，特别行政区基本法等在内涉及国家重大事项的规范性法律文件（1分）。

2.（2016年法学综合课宪法学名词解释第3题）国家元首（2分）

【命题考点】国家元首

【参考答案及评分标准】国家元首是一国对内对外的最高代表（0.5分），是各国国家机构的重要组成部分（0.5分），代表国家进行国事活动（0.5分），享受最高国际礼遇（0.5分）。

二、简答题

1.（2017年法学综合课宪法学简答题）简述全国人大和全国人大常委会在立法权上的区别？(6分)

【参考答案及评分标准】全国人大及其常委会共同行使国家立法权，但二者行使的立法权具有以下不同：

（1）立法范围不同：全国人大有权修改宪法、制定和修改刑事、民事、国家机构的和其他的基本法律；全国人大常委会有权制定和修改除应当由全国人大制定的法律以外的其他法律，并且在全国人大闭会期间，对全国人大制定的法律进行部分补充和修改，但不得同该法律的基本原则相抵触；（1.5分）

（2）提案主体不同：全国人大主席团、全国人大常委会、国务院、中央军委、最高法、最高检、全国人大各专门委员会、一个代表团或者30名以上的代表联名，可以向全国人大提出法律案；委员长会议、国务院、中央军委、最高法、最高检、全国人大各专门委员会、常委会组成人员10人以上联名，可以向全国人大常委会提出法律案；（1.5分）

（3）审议程序不同：全国人大制定的法律，由全国人大会议审议，或者由主席团决定是否列入会议议程，或者先交有关的专门委员会审议、提出是否列入会议议程的意见，再决定是否列入会议议程；全国人大常委会制定的法律，由常委会会议审议，或者由委员长会议决定列入常务委员会会议议程，或者先交有关的专门委员会审议、提出报告，再决定列入常务委员会会议议程；（1.5分）

（4）表决程序不同：全国人大制定的法律，由全国人大全体代表的过半数通过；全国人大常委会制定的法律，由常委会全体组成人员的过半数通过。（1.5分）

2.（2014年法学综合一简答第4题）全国人民代表大会代表有哪些主要权利。（5分）

【命题考点】全国人大代表的权利

【参考答案和评分标准】全国人大代表享有下列权利：

（1）出席全国人民代表大会会议，参加审议各项议案、报告和其他议题，发表意见；（1分）

（2）依法联名提出议案、质询案、罢免案等；（1分）

（3）提出对各方面工作的建议、批评和意见；（1分）

（4）参加全国人民代表大会的各项选举；（1分）

（5）参加全国人民代表大会的各项表决。（1分）

3.（2010年法学综合一简答第3题）简述我国宪法规定的战争权与紧急状态权的行使程序。（5分）

【命题考点】战争权与紧急状态权的行使程序

【参考答案及评分标准】战争权的行使程序包括：

（1）全国人大决定战争与和平的问题。（1分）

（2）全国人大常委会在全国人民代表大会闭会期间，如果遇到国家遭受武装侵犯或者必须履行国际共同防止侵略的条约的情况，决定战争状态的宣布。（1分）

紧急状态权的行使程序包括：

（1）全国人大常委会有权决定全国或者个别省、自治区、直辖市进入紧急状态。

(1分)

(2)国务院有权依照法律规定决定省、自治区、直辖市的范围内部分地区进入紧急状态。(1分)

(3)国家主席有权根据全国人大常委会的决定,宣布进入紧急状态。(1分)

4.(2008年法学综合一简答第3题)简述国务院总理负责制的主要内容。(6分)

【命题考点】总理负责制

【参考答案及评分标准】总理负责制即行政首长负责制,是指国务院总理对其主持的国务院工作有完全的决定权并且承担全部责任。(2分)总理负责制主要包括以下内容:

(1)由总理提名组织国务院,总理有权向最高国家权力机关提出任免国务院组成人员议案;(1分)

(2)总理领导国务院工作,副总理、国务委员协助总理工作,国务院其他组成人员都是在总理领导下工作,对总理负责;(1分)

(3)总理主持召开常务会议和全体会议,总理拥有最后决定权,并且对决定的后果承担全部责任;(1分)

(4)国务院发布的决定、命令和行政法规,向全国人大及其常委会提出的议案,任免国务院有关人员的决定,都得由总理签署。(1分)

5.(2008年法学综合一简答第4题)试述全国人民代表大会会议的工作程序。(6分)

【命题考点】全国人民代表大会的会议制度

【参考答案及评分标准】全国人民代表大会会议的工作程序包括以下方面:

(1)提出议案。有权向全国人大提出议案的主体包括主席团、全国人大常务委员会、国务院、中央军事委员会、最高人民法院、最高人民检察院、全国人民代表大会专门委员会、一个代表团或者30名以上的代表联名。宪法修正案是全国人大常委会或者1/5以上全国人大代表联名提出。罢免案由主席团、3个以上代表团或者1/10以上全国代表联名提出。(2分)

(2)审议议案。对国家机关提出的议案,由主席团决定交各代表团审议,或者先交有关的专门委员会审议、提出报告,再由主席团审议决定提交大会表决。对代表团和代表提出的议案,由主席团决定是否列入大会议程,或者先交有关的专门委员会审议、提出是否列入大会议程的意见,再决定是否列入大会议程。(2分)

(3)表决议案。议案经审议后,由主席团决定提交大会表决,并且由主席团决定表决方式。宪法修正案需要全体代表的2/3以上的多数通过,其他法律和议案需要全体代表过半数赞成即通过。(1分)

(4)公布法律和决议。法律议案通过后,由国家主席以发布主席令的方式予以公

布。选举结果和重要议案，由全国人大主席团以公告公布或者由国家主席以命令的形式公布。(1分)

6.（2007年法学综合一简答第3题）简述全国人民代表大会专门委员会的主要职责。(6分)

【命题考点】全国人民代表大会专门委员会的职责

【参考答案及评分标准】全国人民代表大会专门委员会的职责主要包括：

(1) 审议全国人民代表大会主席团或者全国人民代表大会常务委员会交付的议案；(1分)

(2) 向全国人民代表大会主席团或者全国人民代表大会常务委员会提出属于全国人民代表大会或者全国人民代表大会常务委员会职权范围内同本委员会有关的议案；(1分)

(3) 审议全国人民代表大会常务委员会交付的被认为同宪法、法律相抵触的国务院的行政法规、决定和命令，国务院各部、各委员会的命令、指示和规章，省、自治区、直辖市的人民代表大会和它的常务委员会的地方性法规和决议，以及省、自治区、直辖市的人民政府的决定、命令和规章，提出报告；(2分)

(4) 审议全国人民代表大会主席团或者全国人民代表大会常务委员会交付的质询案，听取受质询机关对质询案的答复，必要的时候向全国人民代表大会主席团或者全国人民代表大会常务委员会提出报告；(1分)

(5) 对属于全国人民代表大会或者全国人民代表大会常务委员会职权范围内同本委员会有关的问题，进行调查研究，提出建议。(1分)

7.（2005年法学综合一简答第4题）简述我国宪法上行使紧急状态权的主体。(6分)

【命题考点】紧急状态权

【参考答案及评分标准】行使紧急状态权的主体主要包括以下三个：

(1) 全国人大常委会有权决定全国或者个别省、自治区、直辖市进入紧急状态。(2分)

(2) 国务院有权依照法律规定决定省、自治区、直辖市的范围内部分地区进入紧急状态。(2分)

(3) 国家主席有权根据全国人大常委会的决定，宣布进入紧急状态。(2分)

三、分析题

1.（2013年法学综合一宪法学分析题）阅读以下材料，分析杨达才事件的宪法学意义。

2012年8月26日凌晨，陕西延安境内发生重大车祸，陕西省安监局局长杨达才到车祸现场查看。有网友发现其在现场面露微笑，遂拍下照片放到互联网上，引发不满。网友对其进行人肉搜索，从他身上“搜”出各种名表，杨达才被戏称为“表哥”。还有网友整理出杨达才佩戴不同款式手表的照片共计11张。随后数日内，杨达才又被网友陆续挖出戴估价13万元的眼镜、腰系名牌皮带，被网友戏称“全身都是宝”。2012年8月30日，陕西省纪委对外称，已经安排人员对杨达才进行调查。2012年9月21日，陕西省纪委公布了初步调查结果，称杨达才存在严重违纪问题，撤销其陕西省第12届纪委委员、省安监局党组书记、局长职务。

【命题考点】国家机关及其公务人员与人民群众的关系、公民的监督权

【参考答案及评分标准】主要从以下三个角度分析杨达才事件：

（1）国家机关及其公务人员的工作责任制以及与人民群众的关系。《宪法》第3条第2款和第3款：“全国人民代表大会和地方各级人民代表大会都由民主选举产生，对人民负责，受人民监督。国家行政机关、审判机关、检察机关都由人民代表大会产生，对它负责，受它监督。”第27条：“一切国家机关实行精简的原则，实行工作责任制，实行工作人员的培训和考核制度，不断提高工作质量和工作效率，反对官僚主义。一切国家机关和国家工作人员必须依靠人民的支持，经常保持同人民的密切联系，倾听人民的意见和建议，接受人民的监督，努力为人民服务。国家工作人员就职时应当依照法律规定公开进行宪法宣誓。”（3分）国家机关及其公务人员与人民群众的关系是被监督与监督的关系，人民群众有权通过人大代表或者自行对国家机关及其公务人员的行为进行监督，国家机关及其公务人员也需要倾听人民的意见和建议，自觉接受人民的监督。

（2）陕西延安境内发生车祸，陕西省安监局局长杨达才抵达车祸现场视察也体现了国家机关及其公务人员的工作责任制，安监局局长在现场指挥不仅有利于现场事故的处理，提高工作效率，而且有利于稳定人民群众情绪和化解矛盾。然而，杨达才抵达车祸现场后面露微笑，不仅没有起到应有的作用，相反还激化了与人民群众之间的关系，故而引发网友对其人肉搜索。作为官员，其这样做是不称职的，应当虚心接受人民群众的批评和相关部门的处罚。（3分）

（3）党的机关对于党员的监督和处罚。党的纪律检查委员会是监督党员干部的主要机关，通过网友提供的线索，陕西省纪委宣称已经对杨达才进行调查，这体现了党对于人民群众反映的情况的高度重视。陕西省纪委认为杨达才存在严重违纪问题，撤销其陕西省第12届纪委委员、省安监局党组书记、局长职务，表明了党和国家对于任用干部的态度和打击腐败的决心。同时，免除其局长职务应当是省级人大及其常委会的职权，纪委有无该权力值得商榷。（4分）

2.（2012年法学综合一宪法学分析题）河南省洛阳市中级人民法院法官李某在审理案件中发现河南省地方性法规《河南省农作物种子管理条例》的有关条款与《中华

人民共和国种子法》冲突，该法官在判决书中宣布：《河南省农作物种子管理条例》作为法律位阶较低的地方性法规，其与《中华人民共和国种子法》相冲突的条款自然无效。这一判决引起重大争议。

（1）根据我国宪法及有关法律中有关人民法院与权力机关关系的规定，分析李某行为的合法性。(6分)

（2）除直接宣告地方性法规无效外（不论其是否合法），我国《立法法》及其他法律为本案提供哪些处理规范冲突的方式？试分析各种方式的利弊并且说明理由。(9分)

【命题考点】全国人大的地位、国家立法权

【参考答案及评分标准】（1）法官李某的行为不具有合法性。(2分)《宪法》第133条规定："最高人民法院对全国人民代表大会和全国人民代表大会常务委员会负责。地方各级人民法院对产生它的国家权力机关负责。"根据宪法和相关法律规定，人民法院或者法官不具有审查法律（包括法规和规章等规范性法律文件）合宪性和合法性的权力，不能直接撤销规范性法律文件或者宣布规范性法律文件无效。法官李某根据《立法法》关于法律位阶的规定，可以在判决书中选择适用其认为适宜作为裁判依据的法律，而无权宣告地方性法规无效。(4分)

(2)《立法法》第99条："国务院、中央军事委员会、最高人民法院、最高人民检察院和各省、自治区、直辖市的人民代表大会常务委员会认为行政法规、地方性法规、自治条例和单行条例同宪法或者法律相抵触的，可以向全国人民代表大会常务委员会书面提出进行审查的要求，由常务委员会工作机构分送有关的专门委员会进行审查、提出意见。前款规定以外的其他国家机关和社会团体、企业事业组织以及公民认为行政法规、地方性法规、自治条例和单行条例同宪法或者法律相抵触的，可以向全国人民代表大会常务委员会书面提出进行审查的建议，由常务委员会工作机构进行研究，必要时，送有关的专门委员会进行审查、提出意见。"根据《立法法》第99条的规定：法官李某可以采取下列方式解决冲突：

①裁定中止审理，向洛阳市中级人民法院建议逐级上报提请最高人民法院（或者提请河南省人大常委会）向全国人大常委会书面提出审查《河南省农作物种子管理条例》是否与《种子法》相抵触的要求。利：最高人民法院（或者河南省人大常委会）作为国家机关提出审查法规的要求，通常能够引起全国人大常委会的足够重视，从而顺利解决该法律适用的冲突问题。弊：全国人大常委会工作机构进行审查程序繁琐复杂，可能导致案件的无限期拖延，降低司法诉讼效率，浪费司法资源。(3分)

②裁定中止审理，以公民名义向全国人大常委会书面提出审查《河南省农作物种子管理条例》是否与《种子法》相抵触的建议。利：通过法定程序解决法律冲突的适用问题，比直接在判决中宣布《河南省农作物种子管理条例》无效的做法具有合法性

和说服力。弊：公民提出审查的建议未必能够启动全国人大常委会进行审查的动议，同时可能导致案件审理的无限期拖延，降低司法诉讼效率。(3 分)

③直接适用《种子法》作出裁判，而不需要在判决中阐释《河南省农作物种子管理条例》是否具有法律效力的问题。利：在最短时间内依法作出裁判，提高司法诉讼效率。弊：依据《种子法》作出判决同样可能引发相关方对本案裁判依据的争议，同时也可能导致法官李某以及洛阳市人民法院承担相应的责任。(3 分)

3.（2009 年法学综合一宪法学分析题）试分析下列宪法规范的含义："中华人民共和国全国人民代表大会是最高国家权力机关。它的常设机关是全国人民代表大会常务委员会。""全国人民代表大会和全国人民代表大会常务委员会行使国家立法权。"(13 分)

【命题考点】全国人大的地位、国家立法权

【参考答案及评分标准】《宪法》第 57 条："中华人民共和国全国人民代表大会是最高国家权力机关。它的常设机关是全国人民代表大会常务委员会。"该宪法规范表述的是全国人大及其常委会的性质和地位。其含义有：(1 分)

(1) 全国人大是由全国人民在普选基础上产生的代表组成，代表全国人民的意志和利益，行使国家立法权和决定国家的一切重大问题，在整个国家范围内行使最高国家权力，在国家权力体系中地位最高。全国人大通过宪法、法律和形成的决议，任何政党、组织和个人都必须服从和遵守。其他中央国家机关都从属于全国人大，由其产生、对其负责并且受其监督。(3 分)

(2) 全国人大常委会是全国人大的常设机关，是全国人大闭会期间经常行使国家权力的机关，是最高国家权力机关的组成部分，其地位表现两个方面：第一，其与全国人大是隶属关系，由全国人大选举产生、对其负责并且受其监督。在全国人大开会期间，需要向全国人大汇报工作。全国人大有权改变或者撤销全国人大常委会作出的不适当的决定，有权罢免全国人大常委会的组成人员。第二，在全国人大闭会期间，全国人大常委会行使全国人大的部分职能，对国务院、最高人民法院和最高人民检察院进行监督，并且听取国务院、最高人民法院和最高人民检察院的工作报告。(3 分)

《宪法》第 58 条："全国人民代表大会和全国人民代表大会常务委员会行使国家立法权。"该宪法规范表述的是行使国家立法权的主体是全国人大及其常委会。(1 分)其含义有：

(1) 全国人大行使的国家立法权的具体内容包括修改宪法（全国人大常委会或者 1/5 以上的全国人大代表提议，由全国人大以全体代表的 2/3 以上的多数通过），制定和修改基本法律，监督宪法的实施。(2 分)

(2) 全国人大常委会行使的国家立法权的具体内容包括制定和修改除应当由全国人大制定的法律（基本法律）以外的其他法律。在全国人民代表大会闭会期间，对全

国人民代表大会制定的法律（基本法律）进行部分补充和修改，但是不得同该法律的基本原则相抵触。解释宪法和法律，监督宪法的实施。(3 分)

第十一章　国家机构（下）

一、名词解释

1.（2018 年法学综合课宪法学名词解释第 3 题）专门人民法院（3 分）

【命题考点】专门人民法院

【参考答案及评分标准】专门人民法院，是指设立在特定部门审理特定案件的人民法院。(1 分) 其特点是不按照行政区划设立，不受理普通刑事、民事案件，而主要审理具有专业性、机密性的专门案件。(2 分)

2.（2018 年法学综合课名词解释第 1 题）行政长官（3 分）

【命题考点】行政长官

【参考答案及评分标准】行政长官，是指在特别行政区通过选举或者协商产生并由国务院任命（1 分），对国务院、特别行政区及其立法会负责（1 分），领导特别行政区开展工作的特别行政区首脑和行政首长（1 分）。

二、简答题

1.（2013 年法学综合一简答第 4 题）试比较自治条例和地方性法规的审查程序。(5 分)

【命题考点】自治条例和地方性法规的审查程序

【参考答案及评分标准】自治条例和地方性法规的审查程序主要存在以下不同：

(1) 批准生效程序不同：较大的市的人民代表大会及其常务委员会制定地方性法规，报省、自治区的人民代表大会常务委员会批准后施行；自治区的自治条例，报全国人民代表大会常务委员会批准后生效。自治州、自治县的自治条例，报省、自治区、直辖市的人民代表大会常务委员会批准后生效。(2 分)

(2) 备案程序不同：省、自治区、直辖市的人民代表大会及其常务委员会制定的地方性法规，报全国人民代表大会常务委员会和国务院备案。较大的市的人民代表大会及其常务委员会制定的地方性法规，由省、自治区的人民代表大会常务委员会报全国人民代表大会常务委员会和国务院备案。自治州、自治县制定的自治条例，由省、自治区、直辖市的人民代表大会常务委员会报全国人民代表大会常务委员会和国务院

备案。(3 分)

2.（2009 年法学综合一简答第 4 题）简述地方性法规和民族自治地方的自治法规之间的区别。(6 分)

【命题考点】地方性法规和民族自治地方的自治法规的区别

【参考答案及评分标准】地方性法规和民族自治地方的自治法规之间具有以下区别：

(1) 制定主体不同。地方性法规的制定主体包括省级人大及其常委会、较大的市人大及其常委会，而民族自治地方的自治法规的制定主体是自治区、自治州和自治县的人大。(2 分)

(2) 备案审批程序不同。省、自治区和直辖市人大及常委会制定的地方性法规需要报请全国人大常委会和国务院备案，较大的市人大及常委会制定的地方性法规报请省级人大常委会批准后施行，并且由省级人大常委会报全国人大常委会和国务院备案。自治区人大制定的自治法规需要报请全国人民代表大会常务委员会批准后生效，自治州和自治县人大制定的自治法规报省、自治区、直辖市的人民代表大会常务委员会批准后生效，并且报全国人民代表大会常务委员会和国务院备案。(3 分)

(3) 地方性法规不具有变通规定，而自治条例和单行条例依法对法律、行政法规、地方性法规作变通规定的，在本自治地方适用自治条例和单行条例的规定。(1 分)

三、材料分析题

1.（2015 年法学综合一宪法学材料分析题）阅读下列材料并且回答问题：

材料一：2013 年 11 月 12 日中国共产党十八届三中全会通过的《中共中央关于全面深化改革若干重大问题的决定》指出：“确保依法独立公正行使审判权、检察权。改革司法管理体制，推动省以下地方法院、检察院人财物统一管理，探索建立与行政区划适当分离的司法管辖制度，保证国家法律统一正确实施。”

材料二：2014 年 10 月 23 日中国共产党十八届四中全会通过的《中共中央关于全面推进依法治国若干重大问题的决定》指出：“完善司法体制改革……最高人民法院设立巡回法庭，审理跨行政区域重大行政和民商案件。探索设立跨行政区划的人民法院和人民检察院，办理跨地区案件。”请从宪法的角度讨论以上《决定》内容的意义并且对其中涉及的宪法问题进行分析。(15 分)

【命题考点】依法治国、独立行使司法权原则

【参考答案及评分标准】(1) 该内容是贯彻落实依法治国基本方略的重大步骤，具有划时代的司法变革意义。“确保依法独立公正行使审判权、检察权”是我国宪法规定的独立行使司法权规范的具体落实和保障，“推动省以下地方法院、检察院人财物统一管理”的重要举措为确保司法权的真正独立奠定了坚实的物质基础。“探索建立与行政

区划适当分离的司法管辖制度”和“设立巡回法庭，审理跨行政区域重大行政和民商案件”等重要举措为实现司法权真正独立确立了制度保障，为司法权的跨地区办案积累了重要实践经验。(7分)

(2)《决定》的内容主要涉及的是我国司法机关和独立行使司法权的问题。《宪法》第129条第1款：“中华人民共和国设立最高人民法院、地方各级人民法院和军事法院等专门人民法院。”第131条：“人民法院依照法律规定独立行使审判权，不受行政机关、社会团体和个人的干涉。”第135条第1款：“中华人民共和国设立最高人民检察院、地方各级人民检察院和军事检察院等专门人民检察院。”第136条：“人民检察院依照法律规定独立行使检察权，不受行政机关、社会团体和个人的干涉。”独立行使司法权原则是我国宪法确立的一项基本原则，中共中央的两项重要决定是司法机关独立行使司法权原则的具体落实，有利于从国家制度和党的领导方面改革和完善独立行使司法权原则，并且积极探索跨行政区域的人民法院和人民检察院办理跨地区案件，也是国家司法体制改革的重要举措，具有划时代意义。(8分)

2.（2010年法学综合一宪法学分析题）试分析下列宪法规范的含义：“中华人民共和国人民检察院是国家的法律监督机关”。(10分)

【命题考点】人民检察院

【参考答案及评分标准】《宪法》第134条：“中华人民共和国人民检察院是国家的法律监督机关。”法律监督是国家为维护宪法和法律的统一实施而实行的一种专门监督，这种专门监督的权力称为检察权。人民检察院是专门行使法律监督的国家机关，通过行使检察权对各级国家机关、国家机关工作人员和公民是否遵守宪法和法律实施监督，以保障宪法和法律的正确和统一的实施。(2分)

(1) 我国设立最高人民检察院、地方各级人民检察院和军事检察院等专门人民检察院。最高人民检察院检察长每届任期同全国人民代表大会每届任期相同，连续任职不得超过两届。(2分)

(2) 人民检察院依照法律规定独立行使检察权，不受行政机关、社会团体和个人的干涉。(2分)

(3) 最高人民检察院是最高检察机关，最高人民检察院领导地方各级人民检察院和专门人民检察院的工作，上级人民检察院领导下级人民检察院的工作。人民检察院内部的领导关系是检察长统一领导人民检察院的工作。(2分)

(4) 最高人民检察院对全国人大及其常委会负责并且报告工作，地方各级人民检察院对同级人大及其常委会负责并且报告工作，同时地方各级人民检察院对上级人民检察院负责。(2分)

第十二章　基层群众自治制度

编者说明：历年真题中没有涉及本章的知识点。

民 法

第一章 民法概述

一、案例分析题

1. （2009年法学综合二民法学案例分析题）甲在国外出资委托朋友乙购置商品房一套，并告知以乙的名义登记为房屋所有权人，房屋由乙代为保管。甲在儿子结婚时，将该房赠给了儿子丙。两年后，丙与其妻丁离婚，约定住房归丁所有。乙得悉后将房屋转售给戊，且双方办理了房屋产权变更登记手续，戊购房后以自己为房屋产权人要求丁迁出。丁与戊形成诉讼纷争。请就本案分析以下问题：

（1）试分析本案当事人之间的法律关系。(5分)

【命题考点】民事法律关系

【参考答案及评分标准】（1）甲乙之间委托关系（1分）；甲丙之间赠与关系（未登记，丙不取得所有权）（1分）；丙丁之间婚姻关系及共有财产分割关系（1分）；乙戊之间房屋买卖关系（但没有处分权）（1分）；丁戊之间占有关系（1分）。

编者说明：关于乙有无处分权存在争议。

第二章 民法的基本原则

编者说明：历年真题中没有涉及本章的知识点。

第三章 民事权利通论

一、名词解释

1.（2019 年法学综合课民法学名词解释第 3 题）责任竞合（3 分）

【命题考点】 责任竞合

【参考答案及评分标准】 责任竞合，是指由于特定民事法律事实的出现（1 分），导致数个法律规范所调整的两种或两种以上民事责任（1 分）彼此之间相互冲突或矛盾的现象（1 分）。

2.（2017 年和 2016 年法学综合课民法学名词解释第 1 题）形成权（3 分）

【命题考点】 形成权

【参考答案及评分标准】 形成权是单方法律行为（1 分），是指仅凭当事人一方的意志（1 分）就能够使权利形成、变更或者消灭（1 分）的权利。

第四章 民事主体概述

编者说明：历年真题中没有涉及本章的知识点。

第五章 自然人

编者说明：历年真题中没有涉及本章的知识点。

第六章　法　人

一、简答题

1.（2017 年法学综合课民法学简答题）简述社团法人和财团法人的区别。（6 分）

【命题考点】法人的分类

【参考答案及评分标准】依据法人成立的基础不同，分为社团法人与财团法人。社团法人是指以人的集合为基础成立的法人，财团法人是指以财产为基础成立的法人。二者具有如下区别：（每一个区别得 1 分，全部答满得 6 分）

（1）成立的基础不同：社团法人是以人的集合为基础成立的法人，财团法人是以财产为基础成立的法人；

（2）设立人的地位不同：一般来说，社团法人的设立人在法人成立后能够成为该法人的成员。财团法人因其没有社员，故设立人在设立社团后不能成为法人的成员；

（3）设立行为不同：社团法人的设立一般是双方或者多方的生前契约行为，财团法人的设立可以是单方行为，也可以遗嘱的方式设立；

（4）有无意思机关不同：社团法人必须有自己的意思机关（决策机关），财团法人没有意思机关；

（5）目的事业不同：社团法人的目的事业既可以是公益事业，也可以是营利性事业，而财团法人一般为公益事业；

（6）法律对其设立的要求不同：法律对财团法人比对社团法人设立的要求严格，社团法人的设立采用“准则主义”，财团法人的设立采用“许可主义”；

（7）解散的原因以及解散的后果不同：社团法人可以因成员自愿解散等多种原因解散，解散后经清算存在剩余财产的，分配给社员；财团法人则多因存在期间届满或者财产不足以支持目的事业解散，解散后财产归章程中指定的人，没有指定人的归国库。

二、分析论述题

1.（2018 年法学综合课民法学论述题）试述我国民法总则中的法人分类。（15 分）

【命题考点】法人的分类

【参考答案及评分标准】我国民法总则关于法人的分类主要包括营利法人、非营利法人和特别法人，具体内容如下：

（1）营利法人。营利法人，是指以取得利润并分配给股东等出资人为目的成立的法人，包括有限责任公司、股份有限公司和其他企业法人等。

①依法设立的营利法人，由登记机关发给营利法人营业执照。营业执照签发日期为营利法人的成立日期。设立营利法人应当依法制定法人章程；

②营利法人应当设权力机构、执行机构、监事会或者监事等监督机构。

（2）非营利法人。非营利法人，是指为公益目的或者其他非营利目的成立，不向出资人、设立人或者会员分配所取得利润的法人，包括事业单位、社会团体、基金会、社会服务机构等。非营利法人具体包括以下分类：

①事业单位法人。具备法人条件，为适应经济社会发展需要，提供公益服务设立的事业单位，经依法登记成立，取得事业单位法人资格；依法不需要办理法人登记的，从成立之日起，具有事业单位法人资格。

②社会团体法人。具备法人条件，基于会员共同意愿，为公益目的或者会员共同利益等非营利目的设立的社会团体，经依法登记成立，取得社会团体法人资格；依法不需要办理法人登记的，从成立之日起，具有社会团体法人资格。

③捐助法人。具备法人条件，为公益目的以捐助财产设立的基金会、社会服务机构等，经依法登记成立，取得捐助法人资格。

为公益目的成立的非营利法人终止时，不得向出资人、设立人或者会员分配剩余财产。剩余财产应当按照法人章程的规定或者权力机构的决议用于公益目的；无法按照法人章程的规定或者权力机构的决议处理的，由主管机关主持转给宗旨相同或者相近的法人，并向社会公告。

（3）特别法人

特别法人包括机关法人、农村集体经济组织法人、城镇农村的合作经济组织法人、基层群众性自治组织法人。

①机关法人。有独立经费的机关和承担行政职能的法定机构从成立之日起，具有机关法人资格，可以从事为履行职能所需要的民事活动。

②农村集体经济组织法人；

③城镇农村的合作经济组织法人；

④基层群众性自治组织法人。

第七章　无权利能力的社团与合伙

一、简答题

1.（2006年私法卷法学综合二简答题第1题）简述普通合伙与有限合伙的区别。（5分）

【命题考点】合伙的分类

【参考答案及评分标准】普通合伙与有限合伙的区别主要包括以下方面：（每点1分）

（1）有限合伙由有限责任人与无限责任人组成，而普通合伙全由无限责任人组成；

（2）有限合伙中有限合伙人不得以劳务出资，而普通合伙中合伙人则可用劳务出资；

（3）有限合伙中有限合伙人不得执行合伙事务，不得对外代表有限合伙企业，而普通合伙中合伙人对执行合伙事务享有同等的权利；

（4）除合伙协议另有约定，有限合伙人可以进行自我交易及不受竞业禁止的限制，而普通合伙中合伙人须受竞业禁止限制，且除协议另有约定或全体合伙人一致同意外，合伙人不得自我交易；

（5）有限合伙企业没有普通合伙人应当解散，而普通合伙企业在只有一个合伙人的情况下才解散。

第八章　法律事实概要

编者说明：历年真题中没有涉及本章的知识点。

第九章 法律行为

一、简答题

1. （2015 年法学综合二民法学简答第 2 题）简述虚假法律行为（《民法总则》第 146 条）与恶意串通损害他人行为（《民法总则》第 154 条）的差异。(6 分)

【命题考点】虚假法律行为与恶意串通损害他人行为

【参考答案及评分标准】虚假法律行为，是指双方当事人一致同意仅造成订立或者实施某项法律行为的表面的现象，实际上双方当事人并不想发生该法律行为的效果。也就是说双方当事人的表示意思和效果意思不一致，虚假法律行为因没有效果意思而无效。《民法总则》第 146 条："行为人与相对人以虚假的意思表示实施的民事法律行为无效。以虚假的意思表示隐藏的民事法律行为的效力，依照有关法律规定处理。"也就是说，隐藏的法律行为如果符合有效法律行为的构成要件就有效，不符合就无效。虚假法律行为是由两个行为构成的，一个表面的虚假的行为，一个表面行为隐藏的真实行为，表面的行为一定无效，而这个隐藏的行为是否有效，看他是否符合法律行为的有效要件。与恶意串通损害他人行为的区别：(2 分)

(1) 目的不同。虚假法律行为并不是以损害他人的合法利益为目的的，但恶意串通一定是损害了国家、集体、第三人的利益；(1 分)

(2) 意思表示是否真实不同。虚假法律行为的意思表示不真实，恶意串通的意思表示是真实的；(1 分)

(3) 表现形式不同。虚假法律行为的意思表示和真实意思不一致，恶意串通的表示和真实意思是一致的；(1 分)

(4) 效力不同。虚假法律行为中表面的行为无效，隐藏的行为可能有效。恶意串通行为无效。(1 分)

2. （2015 年法学综合二民法学简答第 2 题）请求债务人履行债务的行为能够引起诉讼时效的中断，该行为属于法律行为吗？并且阐述理由。(5 分)

【命题考点】准法律行为

【参考答案及评分标准】不属于法律行为，是准法律行为。(2 分) 法律行为的结果被法律允许预设在该行为的意思表示中，法律行为之所以能够产生法律效果，是因为行为人具有产生该法律效果的意愿，并且将该意愿表示出来。请求债务人履行债务的行为可以引起诉讼时效的中断，该行为虽然具有行为人的意思表示，但是行为的结

果是由法律直接规定的，故而行为人的意思表示中含有的行为效果并不为法律所认可，属于准法律行为。(3 分)

3. (2014 年法学综合二简答第 1 题) 法律行为与准法律行为的区别是什么？(5 分)

【命题考点】 法律行为和准法律行为

【参考答案及评分标准】 法律行为指以意思表示为核心要素，主体为追求该意思表示中所含效果在私法上的实现的行为。准法律行为是指由法律直接规定结果的当事人的意思表示行为。(2 分) 二者的区别如下：

(1) 二者的概念和性质不同：法律行为是符合民事法律规范的行为；而准法律行为完全不是法律行为，是当事人作出类似于法律行为并且可以准用法律行为规则的行为。(1 分)

(2) 二者的法律后果发生的根据不同：法律行为之所以能够产生法律后果，是因为法律行为的行为人具有产生该法律后果的愿望，并且将该愿望表达出来；准法律行为虽然具有意思表示行为，但是该后果不包含在意思表示中，而是由法律直接规定。(2 分)

4. (2012 年法学综合二简答题第 2 题) 简述可撤销法律行为与效力待定的法律行为的区别。(5 分)

【命题考点】 法律行为效力类型间的区别

【参考答案及评分标准】 可撤销法律行为与效力待定的法律行为的区别主要表现：

(1) 参与主体不同：可撤销反映了法律将法律行为的命运交给有撤销权的一方来决定，不涉及第三人；效力待定是当事人及第三人对法律行为的控制。(1 分)

(2) 原因不同：可撤销的原因多是发生在双方当事人之间，而且多与意思瑕疵有关；效力待定的原因多为当事人无代理权限、无相应行为能力、无处分权限。(2 分)

(3) 效果不同：可撤销最后的结果可能发生变更，可能有效，也可能无效；而效力待定最后的结果要么有效，要么无效。可撤销法律行为未撤销前有效；效力待定法律行为未追认前则处于未生效状态。(2 分)

5. (2008 年法学综合二简答题第 1 题) 简述可撤销法律行为与无效法律行为的区别。(4 分)

【命题考点】 法律行为效力类型间的区别

【参考答案及评分标准】 可撤销法律行为与无效法律行为的区别主要表现：

(1) 法律对待它们的态度不同：无效反映了法律的否定性态度；而可撤销则反映了法律将法律行为的命运交给有撤销权的一方来决定。(2 分)

(2) 适用的原因不同：总的来说，无效的原因多是因法律行为违反法律法规，违反社会利益、国家利益或者第三人利益；而可撤销的原因多是发生在双方当事人之间，

而且多与意思瑕疵有关。(2 分)

第十章　法律行为的代理

一、名词解释

1. （2019 年法学综合二民法学名词解释第 1 题）表见代理（3 分）

【命题考点】表见代理

【参考答案及评分标准】表见代理，是指被代理人因疏忽的表见行为（1 分）引起了善意第三人对无权代理人有代理权的合理信赖（1 分），为保护这种合理信赖而让无权代理产生如有权代理相同的结果。(1 分)

二、简答题

1. （2015 年法学综合二简答第 3 题）在我国民法上，代理权与其基础关系之关系如何？(5 分)

【命题考点】代理权及其基础关系

【参考答案及评分标准】代理权与其基础关系的关系具有以下三种类型：

（1）授权行为伴随有基础法律关系，既有基础关系，又有授权行为；(2 分)

（2）虽有基础关系而无授权行为；(2 分)

（3）仅有授权行为而无基础关系。(1 分)

2. （2009 年法学综合二简答题第 1 题）试举例说明什么是表见代理，并简要说明该制度的合理性。(4 分)

【命题考点】表见代理

【参考答案及评分标准】例如：一位公司职员负责与其他公司签订合同，其辞职后拿着印有该公司印章的合同与其他公司签订协议的行为就属于表见代理。

（1）表见代理的构成要件：

客观要件：表见代理必须要求代理人具有代理权的外观，而这些外观由一系列的情况构成，这些事实使一个正常人会毫不怀疑地信赖代理人具有代理权。(1 分)

主观要件：要求相对人善意而无过失即信赖的正当性；要求被代理人有可归责性。(1 分)

（2）表见代理的合理性：维护交易安全；对第三人合理信赖利益保护。(2 分)

第十一章　民法上的时间

一、简答题

1.（2018年法学综合二民法学简答题）简述诉讼时效期间届满的法律后果。（6分）

【命题考点】诉讼时效期间届满的法律后果

【参考答案及评分标准】诉讼时效完成后的效力即诉讼时效期间届满的法律后果具体包括以下方面的内容:

（1）学理与立法的主张。(3分)

其一，请求权实体权利消灭主义。

其二，诉权消灭主义。

其三，抗辩权发生模式，即诉讼时效完成后，债权人的债权实体权利不消灭，仅仅使债务人发生拒绝履行的抗辩权。

其四，胜诉权消灭主义。系我国学理之通说，《民法总则》第188条第1款规定:“向人民法院请求保护民事权利的诉讼时效期间为3年。法律另有规定的，依照其规定。”在司法实践中，经过诉讼时效期间的债权仍然可以起诉，只是不能获得胜诉。究其实质，因为我国司法实践中所采取的是德国式的“抗辩权发生主义”，比较符合市民社会时效的本质。

（2）受益人放弃及效果。诉讼时效期间届满后，债务人及受益人享有抗辩权但可以通过履行、以单方意思表示或协议表示放弃时效利益，或债务人为债权人提供担保的而放弃；(1分)

（3）抵销的允许。诉讼时效期间届满后，如果可以抵销的状态在届满前就已经形成，则依然可以抵销；(1分)

（4）时效期间届满不影响担保物权的实行。如果在请求权上设定有担保物权，则请求权虽已经罹于诉讼时效，但权利人仍得以实现其担保物权。(1分)

第十二章　物权概述

一、简答题

1. （2007 年法学综合二简答题第 1 题）货币作为民法上特殊的种类物，特殊之处有哪些？（4 分）

【命题考点】 货币特点

【参考答案及评分标准】 货币作为价值尺度、法定支付手段，是固定充当着一般等价物的特殊商品。货币作为权利客体，具有明显的法律特征：

（1）货币为种类物，可以相互替代，不具个性；（2 分）

（2）货币是典型的消耗物，不能为同一目的而反复使用，即货币经所有人使用后，流传至他人，所有人丧失所有权，他人则取得其所有权，原所有人不得再行使用。（2 分）

二、案例分析题

1. （2010 年法学综合二民法学案例分析题）甲乙二人订立书面租赁合同，甲将其所有的笔记本电脑一台出租于乙，租期 1 年。

（一）假设租赁合同订立半年后，甲欲收回电脑自用。问：甲能否以所有权人身份主张《物权法》第 34 条规定的返还原物请求权，为什么？（3 分）

（二）假设在租赁期间，乙到期未清偿对丁的债务，丁从乙手中强行夺取电脑用于抵债。问：

（1）丁是否有权以抵债为由要求取得乙手中的电脑？（1 分）

（2）电脑被丁夺去后，出租人甲能否向丁主张返还？其主张返还的请求权基础为何？（3 分）

（3）乙手中的电脑被丁夺去后，乙能否向丁主张返还？其主张返还的请求权基础为何？（3 分）

【命题考点】 物权与债权关系

【参考答案及评分标准】 第一部分，甲在租赁合同订立半年后，不能以所有权人身份主张返还原物请求权。甲乙二人订有书面租赁合同，且租期为 1 年，故在该租期 1 年内，乙对所租赁的甲的电脑属于有权占有，乙属于有权占有人。因此甲在租赁合同订立半年后，不能以所有权人身份主张返还原物请求权。（3 分）

第二部分（1）丁无权以抵债为由要求取得乙手中的电脑。因为乙对该电脑只有租赁权，并没有所有权。而对于“以物抵债”的“物”，债务人必须享有所有权。(1 分)

（2）出租人甲能向丁主张返还。(1 分）其主张返还的请求权基础是基于所有权的原物返还请求权。(2 分)

（3）乙能向丁主张返还。（1 分）其主张返还的请求权基础是占有人的占有请求权。(2 分)

第十三章　物权法及其基本原则

一、简答题

1.（2015 年法学综合二简答第 1 题）为什么《物权法》要求物权的客体必须特定？(5 分)

【命题考点】物权特定原则

【参考答案及评分标准】物权的客体必须是《物权法》规定的客体，应当系特定物。

（1）物权的客体特定，有利于基于法律规定明确其范围，具体包括“物”即动产和不动产，特殊情况下还有权利；(2 分)

（2）物权的客体特定，有利于权利人对于物权客体的支配、变动和占有等权益的行使；(2 分)

（3）物权的客体特定，有利于建立明确的物权关系，以维护交易安全和第三人的合法权益。(1 分)

二、分析论述题

1.（2019 年法学综合课民法学论述题）试述物权法中的公示公信原则。(15 分)

【命题考点】物权公示公信原则

【参考答案及评分标准】物权公示原则是关于物权变动的基本规则，主要适用于基于法律行为而发生物权变动的情况。非因法律行为而发生的物权变动适用法律的特殊规则。物权的公示，是指以公开的、外在的、易于查知的适当形式展示物权存在和变动的情况。物权公示原则，就是法律上要求当事人必须以法定的方式公开展现物权变动的事实，否则不能发生物权变动的效力和公信力的原则。(2 分)

（1）物权公式的方法，不动产物权采用登记，动产物权采用交付。我国《物权法》

第6条，“不动产物权的设立、变更、转让和消灭，应当依照法律规定登记。动产物权的设立和转让，应当依照法律规定交付。”（2分）

（2）物权公示的效力

其一，物权公示的形成力或对抗力（5分）

①公示对抗主义又称公示对抗要件主义，法日等国家采取，物权的公示并非物权变动的要件而仅为发生对抗力的要件。物权变动的效果仅依当事人的意思表示即为已足，但未经登记或交付的，不得对抗第三人或善意第三人。物权公示不具有形成力，仅具有对抗力。

②公示要件主义又称公示成立要件主义、公示生效要件主义，德国法系国家采用，物权的变动以完成公示为其生效要件（同时也是物权的成立要件），仅有当事人变动物权的意思而未依法予以公示的，不发生物权变动的法律效果。物权的公示具有形成力，即决定物权变动的效力。

③折中主义：兼采公示要件主义与公示对抗主义，为我国所采用，通常做法是以公示要件主义为原则，以公示对抗主义为例外。

其二，物权公示的公信力与公信原则（4分）

物权公示的公信力表现在两个方面：

①权利正确性推定效力。即依法定方法公示出来的物权，具有一种使人产生合理信赖的权利“外观”，具有使社会一般人信赖其为真实、正确的物权的效力。即便公示出来的权利与真实的物权不一致，对善意第三人而言也都应当被认为是正确的。

②善意保护效力。即法律对第三人因信赖公示而从公示的物权人处善意取得的物权，予以强制保护，使其免受任何人追夺的效力。公信力原则只适用于对善意第三人的保护，即法律只对不知真情且无重大过失而信赖公示的物权并与公示的物权人进行交易行为的人予以保护，不符合善意条件的行为人，则不具备受公信力保护的前提。

（3）理论上通常将公示原则与公信原则并列作为物权变动的原则。公信原则，就是依法定方式进行公示的物权，具有使社会一般人信赖其正确的效力，即使公示的物权状况与真实的权利状态不符，法律对信赖公示的善意第三人从公示的物权人处所取得的权利仍予以保护。公信原则就是赋予并确认物权公示以公信力的原则，公信原则与公示原则相辅相成，以不同的功能确保物权变动快捷、顺畅、安全地完成。公示原则的作用主要是在于使人“知”，公信原则的作用则主要是在于使人“信”。公信原则有力地保护了信赖公示而从事正常交易活动的善意行为人，体现了鼓励交易和维护交易安全的立法宗旨。

（4）物权变动与债权合同效力的区分。（2分）在物权公示原则的适用中，未经登记或交付，只是物权变动不能发生，但不能因此而否定合法订立的债权合同的约束力。物权变动与债权合同效力的区分原则，是指在发生物权变动时，物权变动的原因与结果作为两个法律事实，它们的成立生效应依据不同的法律根据的原则。区分原则的基本含义：

①物权变动的基础关系即原因行为（通常为合同行为）的成立，应当按照该行为成立的自身要件予以判断，而不能以物权的变动是否成就为判断标准；

②物权的变动，必须以动产的交付于不动产的登记为必要条件，而不能认为基础关系或原因行为的成立生效就必然发生物权变动的效果。

2.（2012 年法学综合二民法学案例分析题）《物权法》第 5 条：“物权的种类和内容，由法律规定。”请结合我国现行法及相关民法理论，谈谈你对此规定的理解。（20 分）

【命题考点】物权法定原则

【参考答案及评分标准】《物权法》第 5 条反映的是物权法定原则。(1 分) 物权法定原则又称物权法定主义，是指物权的种类及其内容等均由法律明确规定，当事人不得任意创设新物权或变更物权的法定内容之原则。(2 分)《物权法》上实行物权法定主义，主要系由于物权乃绝对权而得以对抗任何人，具有极强的效力，对他人利益和社会经济秩序都具有直接关系，以强行性规范规定物权的种类、内容、效力和变动等，确保了物权存在的明朗化、物权变动的公开化、从而确保物权人的利益，且不至于发生当事人任意创设新物权种类或滥用权利而损害第三人的利益、危害社会经济秩序的现象。实行物权法定主义，对物权类型进行体系整理，有利于维护国家的基本经济制度，促进物之效用的充分发挥。(3 分)

（1）物权法定的内容（6 分）

①物权的种类法定。理论上称为“类型强制”，即物权的种类由法律明确规定，当事人不得以协议的方式创设法律所不认可的物权类型。

②物权的内容法定。理论上称为“类型固定”“内容固定”，即物权的内容由法律明定，当事人不得创设与法定物权内容不符的物权。

（2）违反物权法定原则的后果（8 分）

①违反物权法定原则的，物权的设立应属无效，不能发生物权法上的效果。但其他法律上如有特别规定的，不属于违反物权法定原则，而应从其规定。

②部分违反物权法定原则，但不影响其他部分的效力的，其他部分仍可有效。

③物权法上无明确规定的事项，一般应推定为禁止。当事人约定的有关物权的事项在物权法上无明确规定时，往往视同违反法律的强制性或禁止性规定，并依相应的规则处理。

④物权虽然归于无效，但当事人的行为若符合其他法律行为（如合同行为）的生效要件的，仍可产生该法律行为的效力。

第十四章　物权的变动

一、简答题

1.（2014年法学综合二简答第2题）登记生效与登记对抗的区别是什么？根据我国《物权法》规定的物权种类各举一例说明之。（5分）

【命题考点】登记生效主义和登记对抗主义

【参考答案及评分标准】登记生效主义和登记对抗主义二者的区别：登记生效主义是指在不动产物权依照法律行为变动时，不仅需要当事人具备变动物权的合意，同时必须将该合意予以登记，未经登记则物权不发生变动。而登记对抗主义是指不动产物权依照法律行为变动时，一经当事人合意即可成立，未经登记不得对抗善意第三人。（3分）例如：建设用地使用权采用的是登记生效主义，土地承包经营权的互换和转让采用的是登记对抗主义。（2分）

2.（2013年法学综合二简答第1题）简述物权法上的异议登记。（5分）

【命题考点】异议登记

【参考答案及评分标准】异议登记，是指对现实登记的权利的正确性提出异议而进行的登记。（1分）《物权法》第19条第2款规定："不动产登记簿记载的权利人不同意更正的，利害关系人可以申请异议登记。登记机构予以异议登记的，申请人在异议登记之日起15日内不起诉，异议登记失效。异议登记不当，造成权利人损害的，权利人可以向申请人请求损害赔偿。"（3分）异议登记主要是作为一种临时性保护措施，目的在于阻止登记权利人对不动产的现时处分或者能够进行事后追索。（1分）

二、分析题

1.（2017年法学综合课民法学分析论述题）从物权变动模式角度分析我国《物权法》上的物权变动模式。（15分）

【命题考点】物权变动模式

【参考答案及评分标准】物权的变动，就物权自身而言，是指物权的发生、转移、变更和消灭的运动状态；就物权主体而言，是指物权的得丧变更；就物权法律关系而言，是指人与人之间对物之支配和归属关系的变化。（2分）

物权基于法律行为发生的变动称为物权变动模式（1分），主要存在三种不同学说主张和立法模式：（1）债权意思模式。又称债权合意主义或意思主义，以法国、日本民法为代表，具体是指物权因法律行为发生变动时，仅需由当事人订立债权合同即可，不须以登记或交付为其成立或生效要件；（2分）（2）物权形式主义。又称形式主义，以德国民法为典范，具体是指物权因法律行为发生变动时，除具有债权契约（原因行为）外，还须另有物权变动的意思表示一致（物权合意或物权契约）以及登记或交付的法定形式，才能成立或生效；（2分）（3）债权形式主义。又称折中主义、意思主义与登记或交付之结合，以奥地利民法为典型，具体是指物权因法律行为发生变动时，除当事人间须有债权合意外，还需另外践行登记或交付的法定方式始发生物权变动的效力。（2分）

我国《物权法》第6条规定："不动产物权的设立、变更、转让和消灭，应当依照法律规定登记。动产物权的设立和转让，应当依照法律规定交付。"第9条第1款规定："不动产物权的设立、变更、转让和消灭，经依法登记，发生效力；未经登记，不发生效力，但法律另有规定的除外。"第15条规定："当事人之间订立有关设立、变更、转让和消灭不动产物权的合同，除法律另有规定或者合同另有约定外，自合同成立时生效；未办理物权登记的，不影响合同效力。"第23条规定："动产物权的设立和转让，自交付时发生效力，但法律另有规定的除外。"（3分）以上规定表明我国不动产物权的变动采用登记，动产的变动采用交付。在我国立法上，既不要求物权变动需要有物权合意，也未承认物权变动的无因构成，又不能仅由当事人订立债权合同即发生物权变动，而是规定在物权因法律行为发生变动时，除了当事人间必须有债权合意外，还需要以登记或交付的法定方式才能发生物权变动的效力，故我国立法上采用的是意思主义与登记或交付相结合的模式。（3分）

三、案例分析题

1.（2011年法学综合二民法学案例分析题）法大三年级学生小李每天都要在老李的报刊亭买一份单价1元的北京日报。在承认物权行为理论的立场下，回答下列问题：（12分）

（1）一天，小李把一张5元纸币放在柜台，老李收下后，找回4枚1元硬币和一份北京日报，小李收起钱和报纸离去。小李和老李实施了哪几项法律行为？

（2）另一天，小李把一枚1元硬币放在柜台，老李收下后，误将售价3元的南方周末当成北京日报交给小李。小李收起报纸离去。事后，老李发现报纸给错了。老李如何主张救济？

（3）有一天，由于法大学生争相学习政府工作报告，小李到报刊亭购买北京日报。老李告知，当日的北京日报已经售完，但当天的北京晚报也登载了政府工作报告全文。小李遂买下北京晚报。小李回到教室打开报纸，发现该报纸只是刊登了政府工作报告的摘要，而不是如北京日报那样登载全文。小李如何主张救济？

（4）报亭新到一种时尚杂志，每本5.2元。为了让顾客周知，老李贴出海报。海报误将杂志价格写成2.5元。小李以2.5元买走杂志一本。事后老李发现价格写错。老李如何主张救济？

【命题考点】物权行为的概念及物权法基本原则

【参考答案及评分标准】（1）首先，老李与小李间存在买卖报纸的买卖合同；其次，小李给付老李一张5元纸币，此乃一个物权行为，其符合物权行为的要件；再次，老李给付报纸，同理，此为一个物权行为；最后，老李找零4个硬币给小李，根据一物一权原则即单一物上只能存在一个所有权，处分一个所有权须实施一次法律行为，则属于四个物权行为。因此共实施了七个法律行为。（3分）

（2）双方买卖合同有效，而物权行为因存在重大误解而属于可撤销的法律行为，老李可以行使撤销权，使得物权行为归属无效，然后再行使原物返还请求权。当然，老李还可以直接依据不当得利来获得救济。（3分）

（3）老李因实施欺诈使得买卖合同与物权行为均成为可撤销的法律行为。小李可以行使撤销权使得买卖合同与物权行为均归属于无效，要求老李返还价款，并可根据缔约过失责任要求老李赔偿相应的损失。（3分）

（4）买卖合同因存在重大误解而成为可撤销的法律行为，老李可以行使撤销权使得买卖合同归属无效。然而本案中物权行为当属有效的法律行为，小李获得了该本杂志的所有权。因此老李仅能依据不当得利来进行救济而不能行使原物返还请求权。（3分）

3.（2005年私法卷法学综合二案例分析题第1题）2003年10月1日村民甲、乙二人从北方汽车市场买了一辆二手卡车，准备一块儿跑长途货运业务，二人各自出资3万元，同年12月，甲驾驶这辆汽车外出联系业务时，遇到丙，丙表示愿意出8万元购买此车，甲随即把卡车卖给了丙，并办理了过户手续，事后，甲把卖车一事告知乙，乙要求分得一半款项。丙买到此车后年底又将这辆卡车以人民币9万元转手卖给丁。二人约定，买卖合同签订时，卡车即归丁所有，再由丁将车租给丙使用，租期为1年，租金1.5万元，二人签订协议后，到有关部门办理了过户登记手续。丁把车租赁给丙使用期间，由于运输缺乏货源，于是丙准备自己备货，遂向银行贷款人民币5万元，丙将这辆卡车作为抵押物向银行设定抵押，双方签订了抵押协议，但没有进行抵押登记。2004年11月丁把该车以人民币10万元的价格卖给了戊，丙不愿归还卡车，主张以人民币9万元买回此车。丁不同意便发生了纠纷。请问：

（1）丙与银行的抵押合同能否生效？为什么？（2分）

（2）丙主张买回卡车的主张能否得到支持？为什么？（2分）

（3）直到纠纷发生时，该卡车所有权归谁所有？为什么？（2分）

【命题考点】共有的认定

【参考答案及评分标准】(1) 丙与银行的抵押合同有效。是否进行抵押登记并不影响抵押合同的效力。(2 分)

(2) 丙的主张不能得到支持。因为丙与丁签订了有效的买卖合同，并通过占有改定进行了交付，卡车的所有权已属于丁。(2 分)

(3) 所有权归丁。因为丙与丁签订了有效的买卖合同，通过占有改定进行了交付，并已经办理了过户手续，卡车的所有权已属于丁。(2 分)

第十五章　物权法中的占有

一、名词解释

1. (2017 年法学综合课民法学名词解释第 3 题) 善意占有 (3 分)

【命题考点】善意占有

【参考答案及评分标准】善意占有，是指占有人不知道或者不应当知道 (1 分) 自己无占有的权利 (1 分) 而为的占有。只有不知道自己无占有的权利且无重大过失者，才构成善意占有。(1 分)

二、分析论述题

1. (2016 年法学综合课民法学分析题) 论占有的法律意义。(14 分)

【命题考点】占有的意义

【参考答案及评分标准】占有是指占有人对物有控制与支配的管领力的事实状态。占有是一种事实，能够产生占有权利的状态推定效力、动产物权的善意保护效力、占有人及恢复请求权人的权利和义务。(2 分)

(1) 占有 (事实的状态) 推定效力。占有的状态推定效力，是指为了更好地保护占有人的利益，实现占有制度设立之宗旨，在没有相反证明的情况下，法律推定占有人的占有为自主、善意、和平、公开的占有，以及在能证明前后两段为占有时推定为无间断的占有。换言之，法律上直接推定占有人的占有为无瑕疵的占有，但有相反证据证明的除外。(3 分) 占有的状态对取得实效具有直接且重大影响，各国民法均规定，占有人须以所有的意思为善意、和平、公然并继续占有标的物达到一定期间，才能因时效取得所有权，进而加强对占有人的保护。(1 分)

(2) 占有的权利推定效力。占有的权利推定效力，是指基于占有背后真实权利存在的盖然性，为保护占有人的权益，实现占有制度的立法宗旨，法律所作的占有人基于其占有而产生的各种权利具有真实的权利基础的推定。占有是权利推定，是占有最主要的效力。(2 分) 在现代民法中，占有是权利变动的要件，是权利的外观；占有存在时，通常均有实质或真实的权利为其基础。基于这种盖然性而赋予占有以权利推定的效力，体现了占有制度维护社会秩序、促进交易安全、贯彻经济效益原则的价值取向。(2 分)

(3) 占有人的权利和义务。第一，善意占有人的使用收益权。善意占有人按照权利推定规则，有权对占有物进行使用、收益，应以其权利推定的权利范围为限。(1 分) 第二，费用求偿权。即真正权利人请求占有人返还原物时，占有人享有的请求其偿还有关费用的权利。善意占有人对于占有物所支出的必要费用和有益费用均有权要求权利人偿还，如果占有人在占有期间已就占有物取得孳息的，则不再享有必要费用的求偿权，对有益费用的求偿权以原物返还当时仍然存在的增加价值为限。(1 分) 第三，返还占有物的义务。占有人需要对真正权利人履行返还原物的权利，善意占有人对占有物获取的孳息并没有返还义务，而恶意占有人应将收取的孳息返还给权利人，如孳息已因其过错而毁损灭失，则应偿还孳息的价金。(1 分) 第四，赔偿损失的义务。占有物因可归责于占有人的原因而毁损灭失的，占有人负有向权利人赔偿损失的责任。善意占有人因对占有物行使的权利被推定为合法，其对占有物的毁损灭失负有较轻的赔偿责任，适用不当得利返还原则；恶意占有人因无法律依据也缺乏道德正当性，其对占有物的毁损灭失负有较重的赔偿责任。可归责于恶意占有人的占有物毁损灭失，按照侵权行为原则处理，赔偿全部的损害责任。(1 分)

2. (2014 年法学综合二民法学分析题) 分析：我国《物权法》第 242 条规定："占有人因使用占有的不动产或者动产，致使该不动产或者动产受到损害的，恶意占有人应当承担赔偿责任。"第 244 条规定："占有的不动产或者动产毁损、灭失，该不动产或动产的权利人请求赔偿的，占有人应当因其毁损、灭失取得保险金、赔偿金或者补偿金等返还给权利人；权利人的损害未得到足够弥补的，恶意占有人还应当赔偿损失。"根据民法学原理分析。(20 分)

【命题考点】民法上的占有人的赔偿损失义务

【参考答案及评分标准】《物权法》第 242 条与第 244 条共同规定的是占有人的赔偿损失义务，主要适用于无权占有人。(2 分) 占有人的权利和义务，包括有权占有人的权利义务和无权占有人的权利义务。无权占有人的权利义务包括两个方面：其一是无权占有人基于占有物而发生的权利义务；其二是无权占有人对于真正占有人的权利义务。(4 分)

当占有物因可归责于占有人的原因而毁损灭失时，占有人负有向权利人赔偿损失的责任。但是这种赔偿责任也因占有的善意、恶意而有所不同：善意占有人因为对于占有物行使的权利被推定为合法，所以其对占有物的毁损灭失负有较轻的赔偿责任，适用不当得利的返还原则，善意占有人仅在其因占有物的毁损灭失所得到的利益范围内负赔偿责任。（4分）恶意占有人的占有既无法律上的根据，又缺乏道德上的正当性，在法律上没有保护的必要，因此各国法律均对其规定了较重的责任。对于可归责于恶意占有人的占有物的毁损灭失，按照侵权行为原则处理，应当负赔偿全部损害的责任。(4分)

具体而言，一种情况是占有人使用占有的不动产或者动产致使该不动产或者动产受到损害的，恶意占有人应当承担赔偿责任。另一种情况是占有的不动产或者动产在毁损或者灭失的情况下，不动产或动产的权利人请求赔偿的，首先应当将因毁损、灭失取得保险金、赔偿金或者补偿金等返还给权利人。如果权利人的损害未得到足够弥补的，恶意占有人应当补充赔偿责任。(6分)

第十六章　所有权通论

编者说明：历年真题中没有涉及本章的知识点。

第十七章　不动产所有权

编者说明：历年真题中没有涉及本章的知识点。

第十八章　共　有

一、案例分析题

1.（2005年私法卷法学综合二民法学案例分析题）2003年10月1日村民甲、乙二人从北方汽车市场买了一辆二手卡车，准备一块儿跑长途货运业务，二人各自出资3万元，同年12月，甲驾驶这辆汽车外出联系业务时，遇到丙，丙表示愿意出8万元购买此车，甲随即把卡车卖给了丙，并办理了过户手续，事后，甲把卖车一事告知乙，乙要求分得一半款项。丙买到此车后年底又将这辆卡车以人民币9万元转手卖给丁。

二人约定，买卖合同签订时，卡车即归丁所有，再由丁将车租给丙使用，租期为1年，租金1.5万元，二人签订协议后，到有关部门办理了过户登记手续。丁把车租赁给丙使用期间，由于运输缺乏货源，于是丙准备自己备货，遂向银行贷款人民币5万元，丙将这辆卡车作为抵押物向银行设定抵押，双方签订了抵押协议，但没有进行抵押登记。2004年11月丁把该车以人民币10万元的价格卖给了戊，丙不愿归还卡车，主张以人民币9万元买回此车。丁不同意便发生了纠纷。请问：

甲、乙对卡车是什么财产关系？(2分)

【命题考点】 共有的认定

【参考答案及评分标准】 甲、乙二人共同出资购买卡车，且无家庭关系，故二人对卡车属按份共有。(2分)

第十九章　所有权的取得方式

一、案例分析题

1.（2009年法学综合二案例分析第1题）甲在国外出资委托朋友乙购置商品房一套，并告知以乙的名义登记为房屋所有权人，房屋由乙代为保管。甲在儿子结婚时，将该房赠给了儿子丙。两年后，丙与其妻丁离婚，约定住房归丁所有。乙得悉后将房屋转售给戊，且双方办理了房屋产权变更登记手续，戊购房后以自己为房屋产权人要求丁迁出。丁与戊形成诉讼纷争。请就本案分析以下问题：(2) 本案房屋的所有权人是谁？为什么？(7分)

【命题考点】 善意取得制度

【参考答案及评分标准】 所有人是戊（3分）。乙实施的是无权处分行为，戊通过支付合理对价而善意取得该房屋所有权（4分）。

第二十章　用益物权总论

编者说明：历年真题中没有涉及本章的知识点。

第二十一章　土地承包经营权

编者说明：历年真题中没有涉及本章的知识点。

第二十二章　建设用地使用权

编者说明：历年真题中没有涉及本章的知识点。

第二十三章　宅基地使用权

编者说明：历年真题中没有涉及本章的知识点。

第二十四章　地役权

一、名词解释

1.（2016 年法学综合课民法学名词解释第 2 题）地役权（2 分）

【命题考点】地役权

【参考答案及评分标准】地役权，是指为了自己的不动产使用的便利和收益（1 分），按照合同约定而使用他人不动产（1 分）的权利。

第二十五章　担保物权总论

编者说明：历年真题中没有涉及本章的知识点。

第二十六章 抵押权

一、简答题

1.（2016年法学综合课简答第5题）简述《物权法》规定的抵押权设立规则。（5分）

【命题考点】抵押权设立规则

【参考答案及评分标准】设立抵押权，当事人应当采取书面形式订立抵押合同。（1分）抵押合同与抵押权生效的关系如下：

（1）如果以不动产或者权利为标的物抵押的，不仅需要签订抵押合同，还应当办理抵押登记，抵押权自登记时设立。对于不动产和权利设立的抵押权采用的是登记要件主义。（2分）

（2）如果以动产为标的物抵押的，抵押权自抵押合同生效时设立；未经登记，不得对抗善意第三人。对动产设立抵押权采用的是登记对抗主义。（2分）

2.（2011年法学综合二简答题第1题，2009年法学综合二简答题第2题）抵押与动产质押的区别。（4分）

【命题考点】抵押与质押

【参考答案及评分标准】（1）成立要件不同。抵押权的成立一般须登记，但无需将抵押物交付给债权人占有；而质押则以出质人将质物转移于债权人占有为必要，但某些质押设立需要登记。（1分）

（2）担保标的不尽相同。抵押权的标的为不动产、不动产用益物权及动产；而质押的标的则为动产和不动产用益物权以外的其他财产权利。（1分）

（3）担保的机能不同。抵押权为非占有性担保物权，以优先受偿效力来发挥作用。而质押除优先受偿外，尚具有对标的物或权利凭证的占有、留置效力。（1分）

（4）实现方式不同。抵押权人实现抵押权时，在达不成协议时一般需要通过司法程序来申请法院拍卖、变卖抵押财产并就其价款受偿。而质押权人于债权届期或约定事由发生而未受清偿时，因其已事先占有标的物，可不必经司法程序。（1分）

3.（2010年法学综合二简答题第1题，2009年法学综合二简答题第2题）简述我国《物权法》上的浮动抵押制度的特点。（4分）

【命题考点】浮动抵押制度

【参考答案及评分标准】（1）基本规则：经当事人书面协议，企业、个体工商户、农业生产经营者可以将现有的以及将有的生产设备、原材料、半成品、产品抵押，债务人不履行到期债务或者发生当事人约定的实现抵押权的情形，债权人有权就实现抵押权时的动产优先受偿。(2 分)

(2) 登记对抗：“抵押人住所地的工商行政管理部门”办理登记。(1 分)

(3) 登记对抗的限制，不得对抗正常经营活动中已支付合理价款并取得抵押财产的买受人。(1 分)

二、案例分析题

1.（2007 年法学综合二民法学案例分析题）甲系养鸡专业户，为改建鸡舍和引进良种需资金 10 万元。甲向乙借款 5 万元，以自己的一套价值 5 万元的音响设备作抵押，双方立有抵押字据，但未办理登记。甲又向丙借款 5 万元，又以该设备作质押，双方立有质押字据，并将设备交付丙占有。甲得款后，改造了鸡舍，且与丁签订了良种鸡引进合同。后来，甲预计的收入落空，因不能及时偿还借款和支付货款而与乙、丙及丁发生纠纷。诉到法院后，法院查证上述事实后又查明：丙在占有该设备期间，不慎将该设备损坏，送戊修理，丙无力交付修理费 1 万元，该设备现已被戊留置。现问：甲与乙之间的抵押关系是否有效？为什么？(4 分)

【命题考点】抵押权的成立要件

【参考答案及评分标准】有效。动产抵押的登记仅为对抗要件而非生效要件，动产抵押权在动产抵押合同成立生效时设立。(4 分)

第二十七章　质　权

一、名词解释

1.（2018 年法学综合课民法学名词解释第 3 题）权利质权（3 分）

【命题考点】权利质权

【参考答案及评分标准】权利质权，是指以所有权、用益物权以外（1 分）的可让与的财产权利为标的（1 分）而设立的质权（1 分）。

二、案例分析题

1.（2007 年法学综合二民法学案例分析题）甲系养鸡专业户，为改建鸡舍和引进良种需资金 10 万元。甲向乙借款 5 万元，以自己的一套价值 5 万元的音响设备作抵押，双方立有抵押字据，但未办理登记。甲又向丙借款 5 万元，又以该设备作质押，双方立有质押字据，并将设备交付丙占有。甲得款后，改造了鸡舍，且与丁签订了良种鸡引进合同。后来，甲预计的收入落空，因不能及时偿还借款和支付货款而与乙、丙及丁发生纠纷。诉到法院后，法院查证上述事实后又查明：丙在占有该设备期间，不慎将该设备损坏，送戊修理，丙无力交付修理费 1 万元，该设备现已被戊留置。现问：甲与丙之间的质押关系是否有效？为什么？（4 分）

【命题考点】质押权的成立要件

【参考答案及评分标准】有效。（1 分）动产抵押没有登记，则不具有对抗善意第三人的效力，因此动产抵押后仍然可以设立质押，且质押的效力大于未登记的抵押。（3 分）

第二十八章　留置权

一、案例分析题

1. （2007 年法学综合二案例分析题第 1 题）甲系养鸡专业户，为改建鸡舍和引进良种需资金 10 万元。甲向乙借款 5 万元，以自己的一套价值 5 万元的音响设备作抵押，双方立有抵押字据，但未办理登记。甲又向丙借款 5 万元，又以该设备作质押，双方立有质押字据，并将设备交付丙占有。甲得款后，改造了鸡舍，且与丁签订了良种鸡引进合同。后来，甲预计的收入落空，因不能及时偿还借款和支付货款而与乙、丙及丁发生纠纷。诉到法院后，法院查证上述事实后又查明：丙在占有该设备期间，不慎将该设备损坏，送戊修理，丙无力交付修理费 1 万元，该设备现已被戊留置。现问：（3）对该音响设备乙要求行使抵押权，戊要求行使留置权，应由谁优先行使其权利？为什么？（4 分）

【命题考点】担保物权的实现顺序

【参考答案及评分标准】（3）留置权优先。（1 分）因为留置权属法定担保物权，且留置权一般是因为维护物的价值和状态而产生的，属于物的维护费用，故优先于其他担保物权。（3 分）

第二十九章　债的概述

一、名词解释

1.（2016年法学综合课民法学名词解释第3题）选择之债（2分）

【命题考点】选择之债

【参考答案及评分标准】选择之债，是指在债成立之初存在数宗给付（1分），当事人须在数宗给付中选择其一作为债之标的（1分）的债。

二、简答题

1.（2010年法学综合二简答题第2题）简述选择之债与任意之债的区别。(4分)

【命题考点】债的分类

【参考答案及评分标准】选择之债是在数宗给付中，当事人选择其中之一的给付作为债的标的的债；任意之债是指债权人或债务人可以用原定给付以外的其他给付来代替原定给付的债。(2分)

（1）划分标准不同：选择之债对应简单之债，划分标准是根据给付是否可以由当事人选择来划分；任意之债对应限定之债，划分标准是根据给付是否可以允许当事人采用他种给付代替。(1分)

（2）履行方式不同：选择之债如果在选择的给付中发生给付不能，在其余的给付中再行选择，最后没有选定或者给付不能，都不能用其他代替；任意之债则是可以用其他给付方式代替原给付的债。(1分)

第三十章　债的一般效力

一、名词解释

1.（2018年法学综合课民法学名词解释第2题）随附义务（3分）

【命题考点】随附义务

【参考答案及评分标准】随附义务，是指在债的关系发生发展过程中（1分），依据诚实信用原则，根据债的性质、目的和交易习惯（1 分）产生的作为与不作为义务，或者说是附随于主从给付义务的补充性义务（1 分）。

第三十一章　债的保全

编者说明：历年真题中没有涉及本章的知识点。

第三十二章　债的债权性担保

一、简答题

1.（2008 年法学综合二简答题第 2 题）简述一般保证与连带责任保证的区别。（4 分）

【命题考点】连带保证与一般保证

【参考答案及评分标准】（1）产生的方式不同。一般保证须由当事人约定；连带保证可约定，也可推定。（1 分）

（2）连带保证中保证人不享有先诉抗辩权；而一般保证中保证人享有先诉抗辩权。（1 分）

（3）对保证人承担责任的要求不同。在连带保证中，只要债务人不履行债务，保证人就要承担保证责任；在一般保证中，需要债务人不能履行债务时，保证人才承担保证责任。（2 分）

第三十三章　债的转移

一、名词解释

1.（2017 年法学综合课民法学名词解释第 2 题）债务承担（3 分）

【命题考点】债务承担

【参考答案及评分标准】债务承担，是指不改变债的内容（1分），由第三人（受让人）（1分）承受债务人的部分或者全部债务（1分）的法律行为。

第三十四章　债的消灭

编者说明：历年真题中没有涉及本章的知识点。

第三十五章　侵权行为之债概述

编者说明：历年真题中没有涉及本章的知识点。

第三十六章　侵权行为的法律要件

一、简答题

1.（2012年法学综合二简答第1题）简述共同危险行为与共同侵权行为的异同（5分）。

【命题考点】共同侵权

【参考答案及评分标准】共同危险行为是指数人同时或者相继为危险行为并造成损害结果，实际侵权行为人无法确定的侵权行为。共同侵权行为是指数人基于共同过错而侵害他人的合法权益，依法应当承担连带赔偿责任的侵权行为。

（1）二者相同点：①两者的责任基础相同，都是侵权行为具有过错，存在共同过失；②行为人所实施的行为具有共同的危险，从结果而言都需要承担连带责任。（2分）

（2）区别点：①是否具有共同的意思联络。在共同侵权下，大多数情况需要意思联络，而在共同危险的情况下，是必须不具有意思联络。（1分）

②行为人是否确定。在共同侵权下，各侵权行为是确定、明确的，而在共同危险情况下，只是数人实施了危险行为，而真正的行为人是不确定的。（1分）

③因果关系是否明晰。从行为与损害后果的关系看，各个危险行为人的行为只是可能造成了损害后果，其行为与损害后果的因果关系是法律推定的，而在共同侵权情况下，因果关系是确定的。(1 分)

第三十七章　侵权行为的抗辩事由

一、简答题

1. （2011 年法学综合二简答题第 2 题）简述我国《侵权责任法》关于紧急避险的民事责任规则。(4 分)

【命题考点】紧急避险的法律效果

【参考答案及评分标准】(1) 因紧急避险造成损害的，由引起险情发生的人承担责任；(1 分)

(2) 如果危险是由自然原因引起的，紧急避险人不承担责任或者给予适当补偿；(1 分)

(3) 紧急避险采取措施不当或者超过必要的限度，造成不应有的损害的，紧急避险人应当承担适当的责任。(2 分)

第三十八章　一般侵权行为

编者说明：历年真题中没有涉及本章的知识点。

第三十九章　特殊侵权行为

一、简答题

1. （2013 年法学综合二简答题第 3 题）简述我国侵权责任法上的“替代责任”。(5 分)

【命题考点】侵权责任法的替代责任

【参考答案及评分标准】替代责任，也称对他人不当行为责任，是指责任人没有直接实施侵权行为，但是依法应当对他人的不当行为承担责任。(1分)

替代责任的基本特点如下：(1) 必须以他人具有不当行为作为条件。(2) 责任主体与行为主体相分离。(3) 责任人与实施侵权的人具有特定关系。(4) 此类侵权行为适用无过错归责原则。(3分)

我国《侵权责任法》对替代责任规定两种，即监护人对被监护人侵权行为的责任和雇主对雇员侵权行为的责任。(1分)

二、案例分析题

1. (2008年法学综合二民法学案例分析题) 2007年11月21日下午，孕妇李丽云因难产被肖志军送进北京朝阳医院京西分院，肖志军自称是孕妇的丈夫。孕妇被医院诊断为“孕足月、重症肺炎、急性呼吸衰竭、急性心功能衰竭”，需要立即进行剖腹产手术。面对生命垂危的孕妇，肖志军却拒绝在医院剖腹产手术上面签字。医院上报了北京市卫生系统的各级领导，得到的指示为：如果家属不签字，不得进行手术。尽管医院对病人进行心肺复苏抢救，但悲剧已经不可避免。在入院3个小时后，孕妇因抢救无效死亡。

事后，医院在接受记者采访时表示，在当时情形下，家属不同意手术，如果医院自作主张做了手术，万一出了事故，谁承担责任？即使不出事故，医院也面临被患者家属以违背患者选择权而起诉的风险。有些法学专家认为，现行规定使得一些特殊情况下，病人的生命权无法得到完备的保护，因此有必要采取一些救济措施。一个人的生命权不能像这起事件一样完全取决于另外一个人的签字。依据侵权行为法的原理，分析本案中的医方责任。(12分)

【命题考点】医疗损害特殊侵权责任

【参考答案及评分标准】在《侵权责任法》中，医疗损害责任采取了过错责任原则，即受害者必须证明医院方面具有过错。(4分)

在本案中，院方因为家属不签字而不进行手术，以致孕妇死亡。根据《侵权责任法》的规定，在实施手术、特殊检查、特殊治疗时，医院方面必须尽到向患者或家属通知并取得其同意的义务。若没有尽到此义务，造成患者损害的，医疗机构应当承担赔偿责任。但是如果尽到了此义务，医院是否可以免责，是一个实务中很棘手的问题。为此，《侵权责任法》专门规定了这一情况，即第56条规定：“因抢救生命垂危的患者等紧急情况，不能取得患者或者其近亲属意见的，经医疗机构负责人或者授权的负责人批准，可以立即实施相应的医疗措施。”但是这一条中，只是规定了医院“可以”立即实施相应的医疗措施，没有规定其“应当”。就是说，只是免除了医院在没有家属同意的情况下采取措施的后顾之忧，但是没有规定医院有采取措施的义务。医疗事故侵权之所以采取过错责任，主要是为了防止医院的责任过重。因为如果采取过错推定甚至无过错责任，医生可能就不敢采取医疗措施，或者会加大医疗成本。而这种责任的成本，到头来还是要普通患者承担。所以法律采取了过错责任原则。(4 分)

同理，法律规定了医院采取措施必须取得患者或近亲属的同意，是为了保障患者的知情权和选择权。但是，如果在紧急情况下，这种知情权和选择权就应当让位于生命健康权。第 56 条就是基于这样的理念而规定的。表面看这一条相当于是在紧急情况下医院的免责条款，实质上是为了保护患者的生命健康权不会因为医院害怕承担责任而受到损害，不会再发生本案中的悲剧。这样，根据法律的目的，应当认为，在紧急情况下，即使未取得患者或家属的同意，医院也应当采取必要的措施。如果没有采取必要的措施而造成患者死亡或重伤的，医院应当承担一定的责任。故本题中，医院应当承担一定责任。(4 分)

第四十章　侵权行为的效力

一、简答题

1. （2015 年法学综合二民法学论述题）按照规范的属性，阐述侵权责任法的救济措施。(20 分)

【命题考点】侵权责任法的救济措施

【参考答案及评分标准】侵权责任法的救济功能，是指受害人在遭受侵害以后通过侵权责任的承担从而使受害人所遭受损害的状态尽可能恢复到原有的状态。救济功能是《侵权责任法》的主要功能，故而也将《侵权责任法》称为救济法。侵权责任是对固有利益即对现有利益侵害的救济，赔偿的范围主要包括赔偿身体、健康、生命丧失等的损害或损失，而不同于违约责任是对履行利益侵害的救济。(4 分)

《侵权责任法》第 15 条规定：“承担侵权责任的方式主要有：（一）停止侵害；（二）排除妨碍；（三）消除危险；（四）返还财产；（五）恢复原状；（六）赔偿损失；（七）赔礼道歉；（八）消除影响、恢复名誉。以上承担侵权责任的方式，可以单独适用，也可以合并适用。”（4 分）从赔偿的意义上理解，都是损害赔偿的方式，侵权之债的效力之所以是赔偿，就是要使义务人通过给付填补损害。给付可以是排除妨碍、消除危险，也可以是赔礼道歉、恢复名誉，通过各种具体给付尽量恢复到侵害和损害发生前应有的状况。(4 分)

具体而言，赔偿方式基本上包括两大类：一类是恢复原状，另一类是金钱赔偿。民法传统的方式以恢复原状为首选，当恢复原状不能时，才采取赔偿损失的方法。当侵权行为发生后，具体履行损害赔偿义务时首选恢复原状，其次选择金钱赔偿。在请求恢复原状原则仍然存在价差时，可以再以金钱赔偿的方式请求赔偿价差，两者可以同时并用。从规范的角度而言，《侵权责任法》的救济措施首选停止侵害，这也是立法规范向侵权者提出的最低层次要求。停止侵害避免侵害后果的进一步蔓延而造成无法弥补的损失，在停止侵害的前提下再确定以恢复原状或者损害赔偿的方式进行救济。(4 分)

《侵权责任法》规定的救济方式，可以单独适用，也可以合并使用。当合并适用时则属于侵权赔偿方式的聚合，即因为同一个法律事实产生的多种赔偿方式，各种赔偿方式并存的现象。合并适用救济方式有利于确保受害者获得更加全面的救济，确保其被侵害或者遭受的利益损失获得完满的补偿。(4 分)

2. （2014 年法学综合二民法学简答第 3 题）合同法上违约责任的赔偿范围与侵权法上的赔偿范围的具体区别。(5 分)

【命题考点】违约责任的赔偿范围与侵权法上的赔偿范围

【参考答案及评分标准】违约责任的损失赔偿额可以由当事人在合同中约定，没有约定的则依照《合同法》的规定，赔偿损失额应当相当于受害人因违约而遭受的损失，一般只包括直接损失。合同的损害赔偿责任主要是财产损失的赔偿，不包括对人身伤害的赔偿和精神损害的赔偿责任。当事人一方未支付价款或者报酬的，对方可以要求其支付价款或者报酬。在履行义务或者采取补救措施后，对方还有其他损失的，应当赔偿损失。(3 分)

在侵权责任中，赔偿范围原则上包括直接损失和间接损失。侵害他人造成人身损害的，应当赔偿医疗费、护理费、交通费等为治疗和康复支出的合理费用，以及因误工减少的收入。造成残疾的，还应当赔偿残疾生活辅助具费和残疾赔偿金。造成死亡的，还应当赔偿丧葬费和死亡赔偿金。造成他人严重精神损害的，被侵权人可以请求精神损害赔偿。(2 分)

第四十一章　因无因管理所生之债

编者说明：历年真题中没有涉及本章的知识点。

第四十二章　因不当得利所生之债

编者说明：历年真题中没有涉及本章的知识点。

第四十三章　合同的一般原理

一、名词解释

1.（2019 年法学综合课民法学名词解释第 2 题）第三人利益合同（3 分）

【命题考点】第三人利益合同

【参考答案及评分标准】第三人利益合同，具体是指第三人可以依照该合同（1 分）而取得对债务人的直接请求权（1 分）的合同，即直接发生第三人享有独立债权效力的合同（1 分）。

二、简答题

1.（2016 年法学综合课简答第 6 题）简述《合同法》上规定的合同解除制度。（5 分）

【命题考点】合同的解除

【参考答案及评分标准】合同的解除，是指合同成立后，因当事人一方的意思表示或者双方协议，使基于合同而发生的债权债务关系归于消灭的行为。（1 分）合同的解除包括约定解除和法定解除两种。约定解除，是当事人通过行使约定的解除权或者双方协商决定而进行的合同解除。法定解除，是指出现法定的解除事由而由享有解除权的一方当事人解除合同。（1 分）

约定解除的条件：（1）须经当事人双方协商一致；（2）须不因解除而损害国家利益和社会公共利益。（1 分）

法定解除的条件：（1）因不可抗力致使不能实现合同目的，当事人双方均可以解除合同；（2）预期违约即在合同履行期限届满前，一方明确表示或者以自己的行为表明不履行主要债务的，对方当事人可以解除合同；（3）当事人一方迟延履行主要债务，经催告后在合理期限内仍未履行的，对方可以解除合同；（4）当事人一方迟延履行或

者具有其他违约行为致使合同目的不能实现的，对方可不经催告而解除合同。(2 分)

2.（2014 年法学综合二简答第 3 题）合同法上违约责任的赔偿范围与侵权法上的赔偿范围的具体区别？(5 分)

【命题考点】违约责任的赔偿范围与侵权法上的赔偿范围

【参考答案及评分标准】违约责任的损失赔偿额可以由当事人在合同中约定，没有约定的则依照《合同法》的规定，赔偿损失额应当相当于受害人因违约而遭受的损失，一般只包括直接损失。合同的损害赔偿责任主要是财产损失的赔偿，不包括对人身伤害的赔偿和精神损害的赔偿责任。当事人一方未支付价款或者报酬的，对方可以要求其支付价款或者报酬。在履行义务或者采取补救措施后，对方还有其他损失的，应当赔偿损失。(3 分)

在侵权责任中，赔偿范围原则上包括直接损失和间接损失。侵害他人造成人身损害的，应当赔偿医疗费、护理费、交通费等为治疗和康复支出的合理费用，以及因误工减少的收入。造成残疾的，还应当赔偿残疾生活辅助具费和残疾赔偿金。造成死亡的，还应当赔偿丧葬费和死亡赔偿金。造成他人严重精神损害的，被侵权人可以请求精神损害赔偿。(2 分)

3.（2013 年法学综合二简答第 2 题）简述我国民法上的情事变更。(5 分)

【命题考点】情事变更

【参考答案及评分标准】情事变更，是指合同成立之后、终止之前发生的不可归责于当事人的，促使订立合同的基础改变或者丧失，维持合同原来效力将显失公平或者导致合同目的落空的客观情况。(1 分)

情事变更的构成要件：客观情况的发生促使合同基础改变或者丧失的重大变化，该客观情况的重大变化是当事人在订立合同时无法预见、非不可抗力造成并且不属于商业风险，该客观情况的重大变化导致合同履行显失公平或者合同目的不能实现，该客观情况发生在合同成立之后、终止之前。(2 分)

情事变更的效力：当事人有权请求人民法院变更或者解除合同，因情事变更而导致解除或者变更合同，受到不利的一方当事人就此得到救济而对方受到损失的，应当给对方适当补偿。(2 分)

4.（2005 年私法卷法学综合二简答第 1 题）受欺诈合同当事人的撤销权和债权人撤销权的异同。(4 分)

【命题考点】可撤销合同中撤销权与债的保全中撤销权的理解

【参考答案及评分标准】(1) 债权人的撤销权，是指债权人对于债务人所为的有害债权的行为，得请求人民法院予以撤销的权利；受欺诈合同当事人的撤销权，是当事人由于受对方欺诈，在违背真实意思的情况下订立合同，有权请求人民法院或者仲裁机构变更或者撤销。(1 分)

（2）相同点：①都必须通过诉讼行使；②行使权利均有时间上的限制。（1 分）

（3）不同点：①行使撤销权的原因不同；②构成要件不同；③行使后的效力不同。（2 分）

5.（2005 年私法卷法学综合二简答第 2 题）预期违约和不安抗辩权在性质、效果方面的主要区别。（4 分）

【命题考点】预期违约与不安抗辩权

【参考答案及评分标准】预期违约是当事人一方在履行期限届满之前明确表示或者以自己的行为表明不履行合同义务的，对方可以在履行期限届满之前要求其承担违约责任；不安抗辩权是当事人一方应当向另一方为给付时，如他方的财产或者资力在订约后明显减少，在对方提出担保前，得拒绝自己给付的权利。（1 分）

（1）性质：预期违约是违反合同义务的一种情形，其性质是对合同义务违反的行为；不安抗辩权是一方当事人享有的抗辩权利。（1 分）

（2）效果：前者非违约方可要求对方承担责任；而后者是中止履行方应将中止履行的情况通知对方，对方提供适当担保的，应恢复履行；如果对方在合理期限内未恢复履行能力并且未提供适当担保的，中止履行方可解除合同。（2 分）

三、法条分析题

1.（2006 年私法卷法学综合二案例分析题第 1 题）我国《合同法》第 51 条规定："无处分权的人处分他人财产，经权利人追认或者无处分权的人订立合同后取得处分权的，该合同有效。"根据该条规定分析：（12 分）

（1）该条规定与善意取得的关系？

（2）该条规定与表见代理的关系？

【命题考点】无权处分的理解

【参考答案及评分标准】（1）①善意取得，是指无权处分人将其占有的他人动产或登记在其名下的他人不动产以合理的价格转让给第三人，且履行了法定公示手段，若第三人在交易时出于善意即可取得该财产的所有权，原所有权人不得追夺的法律制度。（3 分）

②不发生《合同法》第 51 条规定的无权处分，则绝对不构成善意取得，因为善意取得的前提乃是无权处分；发生了《合同法》第 51 条规定的无权处分，也不必然构成善意取得，因为无权处分仅仅是善意取得的一个要件，况且无权处分后，权利人追认或无权处分人嗣后取得所有权，那么合同变为有效，买受人对物的取得属于基于有效合同的继受取得，当然不构成善意取得。（3 分）

（2）①表见代理是指被代理人因疏忽的表见行为引起善意第三人对无权代理人有代理权的合理信赖，为保护这种合理信赖而让无权代理产生如有权代理相同的结果。

(3 分)

②当表见代理的对象为处分行为时，代理行为也是无权处分行为，表见代理人实乃无权处分人；当表见代理的对象为负担行为时，表见代理与无权处分不发生关系。(3 分)

第四十四章 转移标的物所有权的合同

编者说明：历年真题中并未涉及本章的知识点内容。

第四十五章 转移标的物用益权的合同

一、简答题

1.（2006 年私法卷法学综合二简答第 2 题）简述租赁合同与融资租赁合同的基本区别。(4 分)

【命题考点】 融资租赁合同的特点

【参考答案及评分标准】（1）融资租赁合同中出租人对租赁物不负维修义务，租赁合同中出租人负维修义务；(1 分)

（2）融资租赁合同中出租人不负租赁物侵权责任，租赁合同中出租人负租赁物侵权责任；(1 分)

（3）融资租赁合同中出租人对租赁物不负瑕疵担保责任，租赁合同中出租人负瑕疵担保责任；(1 分)

（4）融资租赁合同为要式合同，租赁合同中租期不满 6 个月的，则为不要式合同。(1 分)

二、案例分析题

1.（2010 年法学综合二案例分析题第 1 题）甲乙二人订立书面租赁合同，甲将其所有的笔记本电脑一台出租于乙，租期 1 年。假设租赁合同订立半年后，甲与丙达成初步买卖协议，甲以 5000 元价格向丙出卖电脑。请问：根据《合同法》，承租人乙如何维护自己的利益？(2 分)

【命题考点】租赁合同

【参考答案及评分标准】在租赁关系存续期间，出租人将租赁物出卖于第三人，租赁合同不受影响，对买受人继续有效。本案中甲将电脑卖给丙，租赁合同不受影响，对买受人继续有效。承租人乙可以向买受人丙主张租赁合同中对甲的权利，要求继续履行租赁合同。(2 分)

第四十六章 完成工作的合同

编者说明：历年真题中并未涉及本章的知识点内容。

第四十七章 给予信用的合同

编者说明：历年真题中并未涉及本章的知识点内容。

第四十八章 提供服务的合同

一、简答题

1. (2012 年法学综合二简答第 3 题，2007 年法学综合二简答第 2 题) 简述行纪合同与委托合同的区别。(4 分)

【命题考点】行纪合同与委托合同的特点

【参考答案及评分标准】(1) 是否为合同当事人：委托合同中，受托人非合同当事人，不得以自己的名义签订合同，法律规定除外；行纪合同中，行纪人乃合同当事人，以自己的名义签订合同。(1 分)

(2) 处理委托事务的费用：委托合同中委托人承担；行纪合同中行纪人自己承担。(1 分)

(3) 自卖与自买：委托合同中，属于自己代理行为，无效；行纪合同：有效，且可请求报酬，但委托人有相反意思表示的除外。(1 分)

（4）有偿与无偿：委托合同中可有偿，可无偿；行纪合同有偿。（1分）

第四十九章　提供智力成果的合同

编者说明：历年真题中并未涉及本章的知识点内容。

第五十章　合伙合同

编者说明：历年真题中并未涉及本章的知识点内容。

第五十一章　射幸合同

编者说明：历年真题中并未涉及本章的知识点内容。

刑 法 学

第一章　刑法概说

一、名词解释

1.（2016 年法学综合课刑法学名词解释第 1 题）附属刑法（2 分）

【命题考点】附属刑法

【参考答案及评分标准】附属刑法，是指规定于民法、经济法、行政法等非刑事法律中（1 分）的刑法规范（1 分）。

二、简答题

1.（2010 年法学综合二简答第 3 题）简述普通刑法与特别刑法的区别。(4 分)

【命题考点】普通刑法与特别刑法

【参考答案及评分标准】普通刑法，是指在一国范围内普遍适用的刑法规范的总称。特别刑法，是指适用于特别人、特别时间、特别地域或者特定事项的刑法。（2 分）

（1）二者的地位不同：普通刑法具有指导和主导地位，特别刑法具有从属地位，普通刑法指导特别刑法，二者是一般与特殊的关系。(1 分)

（2）二者的归类不同：刑法典属于普通刑法，而单行刑法和附属刑法属于特别刑法，国际刑法根据其内容或者属于普通刑法，或者属于特别刑法。(1 分)

2.（2009 年法学综合二简答第 3 题）简述刑法的功能。(4 分)

【命题考点】刑法的功能

【参考答案及评分标准】刑法的功能（机能），是指刑法作为一个有机整体能够起到的作用或者发生作用的能力。一般来说，刑法具有对立统一的两个基本功能：

（1）社会保护功能，即保护社会不受犯罪侵犯的机能。刑法通过规定什么样的行为是犯罪并且规定相应的刑罚，通过司法活动惩罚犯罪行为，保护国家、社会和个人的利益。(2 分)

（2）人权保障功能，即保障无罪的人不受刑事追究，保障有罪的人受到法律限度内的惩罚。刑罚权像其他国家权力一样，必须受到限制和制约，否则就会被滥用而侵害公民的基本权利。国家动用刑罚惩罚犯罪必须依法进行，严禁超越法律规定滥用刑罚权，侵害无辜的人或者犯罪人的合法权益。(2 分)

三、论述题

1.（2017 年法学综合课刑法学论述题）论刑法的目的。(15 分)

【参考答案及评分标准】各国刑法典一般不规定刑法的目的，我国《刑法》第 2 条关于刑法任务的规定，在一定程度上反映了我国刑法的社会主义特色，我国刑法是通过规定刑法的任务的方式间接规定了刑法的目的。但刑法的目的与刑法的任务不同，目的贯穿于人类实践活动的始终，是人的实践活动的根据。刑法目的不包括“惩罚犯罪”的内容，刑法目的的意义在于表明：包括刑法在内的法律是理性的实体，而不是政府为了维护秩序以及保护自身利益而加以利用的工具。对于刑法的目的包括法益保护说和规范保护说两种观点。(2 分)

(1) 关于法益保护说

①刑法的目的是为了保护法益。刑法是用来保护利益的法律，刑法的目的是保护国家、社会、个人的利益。犯罪人总是为了满足自己的某些需要，故意或过失地侵害或威胁个人、社会、国家的具体利益。刑法保护法益也就是国家制定和适用刑法所追求、希望的目标，并且只保护那些最重要的法益，即具有公共性质的个人利益及能够还原为个人利益的社会利益和国家利益，而不是保护所有的合法利益。刑法所保护的最重要的法益体现在宪法当中，大体上可以列出一个较为详细并且相对稳定的清单，即个人的生命、健康、人身自由、人格、名誉、尊严、隐私等，社会的公共安全与安宁、公共信用、公众福利、善良风俗、自然资源与环境、国家的主权、领土安全、国家统一、国家政权与职能、国有财产等。但是，侵害这些利益的具体行为是随着时代、政治、经济、文化、风俗及社会需要的变化而不断变化的。立法者通过刑法对上述具体行为加以规定，即将这种可变性固定化、定型化，使得犯罪行为具有确定的性质与形式。(3 分)

②刑法所保护的法益范围。生命、健康、人身自由、人格、名誉、尊严、隐私等利益，均属于个人利益。但是，上述个人利益均具有公共性，侵害个人的重要利益，不仅是对个人利益的侵害，还是对于人类整体利益的侵害，应当由相对中立的公共机构代表人类社会的整体追究加害者的责任。被害人以个人的力量合法地恢复被侵害的利益，一般是在民事法律或者社会层面上实现对于自己个人利益的保护，这种个人利益背后的整体利益即公共利益则由国家予以保护，也就构成了刑法的目的。一般来说，国家利益和社会利益就是公共利益，国家利益和社会利益本身即具有公共性，但是历史形成或者现实设置的被宣布为“国家利益”和“社会利益”的利益可能只是某些特权集团的私利，实质上不具有公共性。在刑法领域，应受刑法保护的国家利益和社会

利益必须能够还原为个人利益。(3 分)

③刑法所保护的法益具有宪法属性和宪法意义。刑法所保护的法益还必须具有宪法属性，依据宪法应当依法予以保护，所谓的重要利益是宪法明示或暗示的，暗示的宪法意义的利益需要依据法律精神通过解释的方式加以揭示。由宪法确认的个人利益、社会利益、国家利益，才能是一个社会中最基本的、最重要的公共利益，只有这些利益才具有公共性质，才能够成为刑法保护的对象，纳入刑法的保护范围。刑法目的是保护具有宪法意义的重要利益。一方面，超出宪法范围外的利益，不应成为刑法保护的对象，否则会造成刑法对个人自由的过度干预，过分地缩小公民自由的范围；另一方面，宪法意义上的法益一般是重要的利益，但并非所有宪法意义上的法益都应当纳入刑法的保护范围。纳入刑法范畴中的法益首先必须是在宪法的规定范围内，如若某法益未被列入宪法范畴内则也不宜作为刑法所保护的法益，道理很简单，宪法是刑法的制定根据。(3 分)

(2) 关于规范保护说。按照规范保护说，刑法的目的是为了维护刑法规范的有效性，以确立、巩固人们对于刑法规范的忠诚。刑法的特点是保守、谦抑、消极的，而不应该积极主动地干预公民的行动自由。规范保护说意味着刑法过早、过多地介入社会矛盾和纠纷的解决，将刑法的目的从“保护法益”换之以“调整社会关系”，从而将刑法的干预提早到行政、民事法律乃至于道德调整的范畴，容易造成道德与法律的混淆以及社会道德的一元化，同时也意味着政府运用刑罚权强制推行道德规范，以及政府运用刑罚权预防犯罪的成本大幅提高。我国刑法原则上处罚所有的犯罪预备、犯罪未遂，也在某种程度上表现了我国刑法维护规范有效性的特性。但实际上，正是法益保护说才在司法实践中构成对犯罪预备、犯罪未遂处罚范围的有效控制。(3 分)

综上所述，刑法以保护法益为目的，基于保护主义立场的刑法必须做到：第一，刑法保护最重要的利益，保护具有公共性质的个人利益及能够还原为个人利益的社会利益和国家利益；第二，刑法所保护的个人利益、社会利益和国家利益具有宪法属性，在宪法意义上具有公共性；第三，刑法以保护个人利益为首要任务。(1 分)

第二章　刑法的基本原则

编者说明：历年真题中未涉及本章的知识点内容。

第三章 刑法的适用范围

一、简答题

1. （2014 年法学综合二简答第 4 题）司法解释及其溯及力。（5 分）

【命题考点】 司法解释及其溯及力

【参考答案及评分标准】 司法解释是最高人民法院对审判工作中具体应用法律问题和最高人民检察院对检察工作中具体应用法律问题所作的具有法律效力的解释，自发布或者规定之日起施行，效力适用于法律的施行期间。(2 分)

（1）对于司法解释实施前发生的行为，行为时没有相关司法解释，司法解释施行后尚未处理或者正在处理的案件，依照司法解释的规定办理。(1 分)

（2）对于新的司法解释实施前发生的行为，行为时已有相关司法解释，依照行为时的司法解释办理，但适用新的司法解释对犯罪嫌疑人、被告人有利的，适用新的司法解释。(1 分)

（3）对于在司法解释实施前已办结的案件，按照当时的法律和司法解释，认定事实和适用法律没有错误的，不再变动。(1 分)

第四章 犯罪概述

一、名词解释

1. （2019 年法学综合课刑法学名词解释第 1 题）空白罪状（3 分）

【命题考点】 空白罪状

【参考答案及评分标准】 空白罪状又称参见罪状，具体是指仅规定某种犯罪行为(1 分)，但其具体特征需要参照其他法律法规来确定的罪状。(2 分)

第五章　犯罪构成

一、名词解释

1.（2019 年法学综合课刑法学名词解释第 3 题）规范性构成要件要素（3 分）

【命题考点】规范性构成要件要素

【参考答案及评分标准】规范性构成要件要素，是指那些需要进行价值判断（1 分）才能明确其含义的犯罪构成要素。(2 分)

二、简答题

1.（2014 年法学综合二简答第 5 题）简述记叙性构成要件要素和规范性构成要件要素的区别及其意义。(5 分)

【命题考点】记叙性构成要件要素和规范性构成要件要素

【参考答案及评分标准】(1) 记叙性构成要件要素和规范性构成要件要素的区别：记叙性要素，是指对实际存在的各种人、事、物所作的事实性描述，不需要价值判断就可以确定的事实因素。规范性要素，是指需要进行价值判断才能明确其含意的构成要素。区分记叙性要素与规范性要素的标准在于是否需要进行价值判断。二者之间的界限并不是绝对的，因为某些记叙性要素也会需要价值判断。犯罪构成要素有些记叙性程度高一些，有些规范性程度高一些。(3 分)

(2) 记叙性构成要件要素和规范性构成要件要素的区分，对于判断作为故意内容的认识程度具有实际意义。记叙性要素是犯罪故意的认识内容，只有对该要素有认识，才能认定成立故意；规范性要素不属于犯罪故意的认识内容，不论行为人是否具备认识，都不影响犯罪故意的成立。(2 分)

2.（2010 年法学综合二简答第 4 题）简述简单的犯罪构成与复杂的犯罪构成的区别。(4 分)

【命题考点】简单的犯罪构成与复杂的犯罪构成

【参考答案及评分标准】简单的犯罪构成又称单一的犯罪构成，是指犯罪构成仅仅包含单一的主体、单一的客体、单一的行为和单一的罪过形式。复杂的犯罪构成是指犯罪构成要件之间存在选择关系或者重叠关系的犯罪构成。(2 分)

二者的区别主要包括：

(1) 犯罪构成的性质不同：简单的犯罪构成都属于单一的犯罪构成，而复杂的犯

罪构成内部存在选择或者重叠关系。(1分)

(2) 相互关系不同：大多数犯罪属于单一的犯罪构成，复杂的犯罪构成可以分解为单一的犯罪构成。(1分)

第六章　犯罪客体

编者说明：历年真题中未涉及本章的知识点内容。

第七章　犯罪主体

一、简答题

1. (2005年法学综合二公法卷简答第1题) 简述单位犯罪的特征。(5分)

【命题考点】单位犯罪的特征

【参考答案及评分标准】单位犯罪是指依法成立并且具有合法经营资格，实施危害社会的行为和依法应受刑法处罚的公司、企业、事业单位、机关和团体。(1分) 单位犯罪的特征包括：(编者注：如下内容是按照2005年法大刑法学指定教材给出的答案)

(1) 单位犯罪是由单位决策机构按照决策程序决定，由直接责任人员实施的；(1分)

(2) 单位犯罪必须是我国刑法分则明确规定的行为；(1分)

(3) 单位犯罪必须是以单位名义实施的行为；(1分)

(4) 单位犯罪必须是为单位谋取非法利益或者违法所得大部分归全体成员或多数成员所有的行为。(1分)

第八章　犯罪客观方面

一、名词解释

1. (2017年法学综合课刑法学名词解释第2题) 作为 (3分)

【命题考点】作为

【参考答案及评分标准】作为，是指积极的行为，即行为人以积极的身体活动（1分）实施某种被刑法所禁止（1分）的危害行为（1分）。

二、简答题

1.（2009年法学综合二简答第4题）简述不作为的概念及不作为构成犯罪具备的条件。(4分)

【命题考点】不作为的概念以及构成犯罪的条件

【参考答案及评分标准】不作为，是指消极的行为，即行为人消极地不履行法律义务而危害社会的行为。(1分）不作为构成犯罪必须具备以下条件：

(1）行为人负有实施特定积极行为（作为）的义务；(1分)

(2）行为人能够履行特定义务；(1分)

(3）行为人没有履行特定义务的不作为，造成或者可能造成危害结果。(1分)

2.（2006年法学综合二公法卷简答第1题）简述不作为犯罪行为人积极作为的义务。(5分)

【命题考点】不作为犯罪行为人积极作为的义务

【参考答案及评分标准】不作为犯罪行为人积极作为的义务主要包括：(每点1分，全部答出得5分)

(1）法律、法规明文规定的积极作为义务；

(2）行为人职务上或者业务上要求履行的积极作为义务；

(3）法律地位或者法律行为引起的积极作为义务；

(4）先前行为引起的积极作为义务。

第九章　犯罪主观方面

一、名词解释

1.（2018年法学综合课刑法学名词解释第1题）罪过（3分）

【命题考点】罪过

【参考答案及评分标准】罪过是指犯罪人对自己的犯罪事实即犯罪行为及其危害结果的主观认识程度（2分），及犯罪人主观上的违法意志。(1分)

2.（2018年法学综合课刑法学名词解释第3题）目的犯（3分）

【命题考点】目的犯

【参考答案及评分标准】目的犯，是指根据刑法分则条文在犯罪主观要件的犯罪目的上（2分）规定特别要求的特定犯罪。（1分）

3.（2017年法学综合课刑法学名词解释第2题）犯罪故意（3分）

【命题考点】犯罪故意

【参考答案及评分标准】犯罪故意是指明知（1分）自己的行为会发生危害社会的结果（1分），并且希望或者放任结果发生（1分）的心理态度。

二、简答题

1.（2011年法学综合二简答第3题）简述间接故意与过于自信的过失的异同。（4分）

【命题考点】间接故意与过于自信的过失

【参考答案及评分标准】间接故意，是指明知自己的行为会发生危害社会的结果，并且放任这种危害结果发生的心理态度。过于自信的过失，是指行为人已经预见到自己的行为可能发生危害社会的结果，但是轻信能够避免，以致发生这种结果的心理态度。(1分)

（1）二者的相同点：都预见到危害结果可能发生。(1分)

（2）二者的不同点：①二者对危害结果发生的认识程度不同：过于自信的过失是已经预见到自己的行为可能发生危害社会的结果，而间接故意是明知自己的行为会发生危害社会的结果，后者认识程度更高。②二者对危害结果持有的态度不同：过于自信的过失对危害结果持有否定态度，间接故意对危害结果持有放任态度。(2分)

第十章　正当化事由

一、名词解释

1.（2017年法学综合课刑法学名词解释第3题）正当防卫（3分）

【命题考点】正当防卫

【参考答案及评分标准】正当防卫，是指为了使国家、集体、本人或者他人的人身、财产和其他权利（1分）免受正在进行的不法侵害（1分），而采取的制止不法侵害（1分）的行为。

二、简答题

1.（2014年法学综合二简答第6题）我国特殊防卫成立的要件。（5分）

【命题考点】特殊防卫的要件

【参考答案及评分标准】特殊防卫，是指在特定条件下允许使用杀伤不法侵害人的方法排除特定犯罪的危险性。特殊防卫的要件如下：

（1）防卫起因的特殊性。作为防卫起因的不法侵害行为必须是“行凶、杀人、抢劫、强奸、绑架以及其他严重危及人身安全的暴力犯罪”。（2分）

（2）防卫时间的特殊性。暴力犯罪必须具有紧迫性（正在进行），并且危及人身安全，即暴力犯罪对人身安全已经产生危险性和可能性，并不要求现实危险性。（2分）

（3）防卫结果的特殊性。即防卫人造成不法侵害人死亡或重伤的，不属于防卫过当，不负刑事责任。（1分）

2.（2008年法学综合二简答第3题）简述正当防卫的成立条件。（5分）

【命题考点】正当防卫的成立条件

【参考答案及评分标准】正当防卫是指为了使国家、公共利益、本人或者他人的人身、财产和其他权利免受正在进行的不法侵害，而采取的制止不法侵害的行为。正当防卫的构成要件主要包括：

（1）防卫意图。防卫人意识到正在进行的不法侵害，为了使国家、公共利益、本人或者他人的人身、财产和其他权利免受不法侵害而决意采取制止不法侵害的心理状态。（1分）

（2）防卫起因。必须存在具有社会危害性和侵害紧迫性的不法侵害。（1分）

（3）防卫对象。正当防卫只能针对正在进行侵害的不法侵害者实施。（1分）

（4）防卫时间。即不法侵害正在进行（已经发生并且尚未结束）。（1分）

（5）防卫限度。即正当防卫不能明显超过必要限度而造成重大损害。（1分）

第十一章　未完成罪

一、简答题

1.（2015年法学综合二简答第4题）简述犯罪未遂和犯罪中止的异同。（5分）

【命题考点】犯罪未遂和犯罪中止

【参考答案及评分标准】犯罪未遂是指已着手实行犯罪，由于犯罪分子意志以外的原因而未得逞的犯罪未完成形态；犯罪中止是指在犯罪过程中，自动放弃犯罪或自动有效地防止犯罪结果发生的犯罪未完成形态。

（1）犯罪未遂和犯罪中止的相同点：都属于犯罪的未完成形态。(1分)

（2）犯罪未遂和犯罪中止的不同点：

第一，时间性不同：犯罪未遂仅存在于实行阶段，犯罪中止存在于整个犯罪过程中；(1分)

第二，未完成的原因不同：犯罪未遂由于犯罪分子意志以外的原因，犯罪中止由于自动放弃犯罪或者有效防止结果发生；(1分)

第三，刑事责任不同：对于未遂犯，可以比照既遂犯从轻或减轻处罚；对于中止犯，没有造成损害的，应当免除处罚；造成损害的，应当减轻处罚。(2分)

2.（2007年法学综合二简答第3题）简述犯罪预备的概念与特征。(4分)

【命题考点】 犯罪预备的概念与特征

【参考答案及评分标准】 犯罪预备就是指行为人为了实施犯罪而准备工具和制造条件，但是由于行为人意志以外的原因而未能着手实行犯罪的犯罪停止形态。(1分) 犯罪预备主要包括以下特征：

（1）为了实行犯罪而已经实施犯罪的预备行为；(1分)

（2）行为人未能着手实行犯罪；(1分)

（3）行为人未能着手实行犯罪是由于犯罪分子意志以外的原因。(1分)

第十二章　共同犯罪

一、名词解释

1.（2019年法学综合课刑法学名词解释第2题）共犯从属性说（3分）

【命题考点】 共犯从属性说

【参考答案及评分标准】 共犯从属性说认为，共犯成立的前提是正犯人实施了特定的犯罪行为（2分），因此共犯的成立应当从属于正犯。(1分)

2.（2018年法学综合课刑法学名词解释第2题）主犯（3分）

【命题考点】 主犯

【参考答案及评分标准】 主犯，是指组织、领导犯罪集团进行犯罪活动的（2分）或者在共同犯罪中起主要作用（1分）的犯罪分子。

二、简答题

1. （2017年法学综合课刑法学简答题）简述教唆犯的处罚规则。（6分）

【参考答案及评分标准】教唆犯，是指以授意、劝说、鼓动、引诱等方法使没有犯罪意图的人产生犯意并决意实行犯罪的人。（2分）教唆犯的处罚规则包括以下方面：

（1）教唆他人犯罪的，应当按照他在共同犯罪中所起的作用处罚。一般来讲，教唆犯起主要作用。（1分）

（2）教唆不满18周岁的人犯罪的，应当从重处罚。（1分）

（3）如果被教唆的人没有犯被教唆的罪，对于教唆犯，可以从轻或者减轻处罚。（2分）

2. （2012年法学综合二简答第4题）简述共犯错误的形态及处理方法。（5分）

【命题考点】共犯错误的形态

【参考答案及评分标准】共犯的错误形态主要包括共同正犯的错误、教唆犯的错误和帮助犯的错误。

（1）共同正犯的错误，是指共同正犯人之间认识的事实与发生的事实不一致的情况。主要包括三种情形：①在同一犯罪构成内的错误，采取法定符合说解决。②不同犯罪构成的错误，依照部分犯罪共同说和法定符合说解决。③结果加重犯的错误，只要共犯人对基本犯的行为有认识，就应当对加重结果承担责任。（2分）

（2）教唆犯的错误：①教唆的内容与实行犯的行为存在错误；②被教唆人实行的行为超过教唆犯意图的范围；③行为人本来想实施教唆行为却实施了间接正犯的行为时，应当成立教唆犯，即“没有实行犯的教唆”。（2分）

（3）帮助犯的教唆：①帮助者所帮助的犯罪是重罪，而实行犯实行的犯罪是轻罪；或者帮助者所帮助的犯罪是轻罪，而实行犯实行的犯罪是重罪。帮助犯只能在轻罪的范围内成立。②结果加重犯的帮助，如果帮助者对加重结果的发生有过失，可以成立帮助犯。（1分）

3. （2006年法学综合二公法卷简答第2题）简述教唆犯的概念及处罚规则。（5分）

【命题考点】教唆犯的概念及处罚规则

【参考答案及评分标准】教唆犯，是指以劝说、利诱、怂恿、收买、威胁以及其他方法将自己的犯罪意图灌输给本来没有犯意的人，使他人决意实施自己所劝说或者授意的犯罪，以达到犯罪目的的人。（2分）教唆犯的处罚规则主要包括以下情形：

（1）教唆他人犯罪的，应当按照他在共同犯罪中所起的作用处罚。起主要作用的，按照主犯处罚；起次要作用的，按照从犯处罚。（1分）

（2）教唆不满18周岁的人犯罪的，应当从重处罚。（1分）

（3）如果被教唆人没有犯被教唆的罪，对于教唆犯，可以从轻或者减轻处罚。（1分）

第十三章 罪 数

一、简答题

1.（2019年法学综合课刑法学简答题）简述法条竞合与想象竞合的区别。（6分）

【命题考点】 法条竞合与想象竞合

【参考答案及评分标准】 法条竞合又称法规竞合，是指数个刑法条文所规定的数个犯罪构成之间存在包容或者重合关系，当一个犯罪行为同时符合数个法条规定的犯罪构成时，只能选择适用其一刑法条文而排斥其他刑法条文适用的情形。（1分）想象竞合犯，是指行为人实施一个犯罪行为，同时触犯数个罪名的犯罪形态。（1分）二者区别如下：

（1）研究领域不同：想象竞合犯是犯罪形态问题，是犯罪现象领域的问题，研究目的是为了解决犯罪的罪数问题；法条竞合所要解决的问题是法条关系问题，是法条错综复杂在法律上抽象存在的问题。（1分）

（2）结果不同：想象竞合犯造成数个危害结果，侵害数个法益；法条竞合犯仅侵犯了数个刑法条文的规定。（1分）

（3）法条关系不同：想象竞合犯所涉及的数个罪名及罪名所在法条之间不存在包容重叠或交叉重合关系，仅存在一般评价观念上的联系；法条竞合涉及的数个法条之间存在包容重叠或交叉重合关系。（1分）

（4）处罚原则不同：想象竞合犯的处罚原则是从一重罪论处，法条竞合则按照重法优于轻或特别法优于一般法的原则处理。（1分）

第十四章 刑事责任

编者说明：历年真题中未涉及本章的知识点内容。

第十五章　刑罚概说

一、简答题

1.（2012 年法学综合二简答第 5 题）简述刑罚对犯罪人的功能。（5 分）

【命题考点】刑罚对犯罪人的功能

【参考答案及评分标准】刑罚对犯罪人的功能主要包括：

（1）剥夺或者限制功能，具体表现为对犯罪人施加身体强制、权利限制和心理影响，促使其再犯能力受到剥夺或者限制；（1 分）

（2）个别威慑功能，具体是指在适用刑罚时对犯罪人产生的因畏惧再次遭受刑罚处罚而不敢再犯的心理效应；（1 分）

（3）感化功能，具体是指在适用刑罚时给予犯罪人宽大处理与人道待遇而产生的心理效应。不仅体现我国惩办与宽大相结合的刑事政策，同时在刑罚执行过程中对犯罪人进行教育感化和改造，促使其重新做人；（2 分）

（4）教育改造功能，具体是指在行刑过程中通过各种教育改造手段对犯罪人产生的教育改造效应。（1 分）

二、分析论述题

1.（2013 年法学综合二刑法学分析题）请阅读下列材料，谈谈你对刑罚目的的看法。

（《史记·孝文本纪》）五月，乔太仓令淳于公，为齐太仓令，故谓之仓公也。有罪当刑，诏狱逮徙系长安。太仓公无男，有女五人。太仓公将行会逮，骂其女曰："生子不生男，有缓急非有益也！"其少女缇萦自伤泣，乃随其父至长安，上书曰："妾父为吏，齐中皆称其廉平，今坐法当刑。妾伤夫死者不可复生，刑者不可复属，虽复欲改过自新，其道无由也。妾原没入为官婢，赎父刑罪，使得自新。"书奏天子，天子怜悲其意，乃下诏曰："……今法有肉刑三，而奸不止，其咎安在？……今人有过，教未施而刑加焉？或欲改行为善而道毋由也。朕甚怜之。夫刑至断支体，刻肌肤，终身不息，何其楚痛而不德也，岂称为民父母之意哉！其除肉刑。"（20 分）

【命题考点】刑罚目的

【参考答案及评分标准】我国刑罚的目的包括一般预防和特殊预防。特殊预防即通过适用刑罚，预防犯罪人重新犯罪。特殊预防的实现途径包括：①通过适用刑罚，剥夺犯罪人继续犯罪的能力和条件，使其无法再次犯罪。②通过适用刑罚，把犯罪人教育改造成为守法公民，不致再危害社会。

从对罪犯的心理效应而言，惩罚作为一种“教育”手段具有以下局限性：①不结合教育改造的惩罚只能起到制止犯罪的治标作用，而不能从内心深处破除罪犯的犯罪心理。②单纯的惩罚有可能使罪犯产生对立情绪而不利于矫正其主观恶性。

一般预防，即通过对犯罪人适用刑罚，运用刑罚威慑，预防尚未犯罪的人实施犯罪。一般预防的对象是尚未犯罪的人，其实现途径包括：①通过对犯罪人适用刑罚，向社会发出有罪必罚和刑罚不可避免的信息。②通过对犯罪人适用刑罚，可以使人民群众具体地认识到犯罪的社会危害性以及追究犯罪的必要性，从而增强同犯罪作斗争的积极性，自觉地防止和抵制犯罪的发生。(10 分)

缇萦上书废除肉刑前刑罚的主要目的是惩罚犯罪，符合报应刑论要求。罪犯实施了犯罪行为，根据因果报应必须对其科处刑罚，将刑罚的目的单纯地认定为是“为了惩罚而惩罚”，可能导致以下不利后果：①剥夺犯罪人重新做人、重返社会的机会，不利于犯罪人的改造和回归。②纯粹的报复性刑罚目的其实不利于减少或者遏制犯罪的发生，相反可能导致犯罪的增加。③只能起到制止犯罪的治标作用，而不能从内心深处破除罪犯的犯罪心理。④单纯的惩罚有可能使罪犯产生对立情绪而不利于矫正其主观恶性。故而废除肉刑具有积极的进步意义，不仅有利于减少犯罪人的肉体和精神痛苦而达到惩罚效果，也有利于全方位改造和教育罪犯，给其重新做人和回归社会的机会，同样赋予罪犯以人格权利。刑罚的最终目的是消除犯罪，那么需要将刑罚的一般预防和特殊预防有效结合起来，从而达到刑罚目的的最终实现。(10 分)

第十六章　刑罚的体系与种类

一、简答题

1. (2018 年法学综合课刑法学简答题) 简述我国死刑适用的限制条件。(6 分)

【命题考点】死刑的限制

【参考答案及评分标准】我国刑法对适用死刑进行严格控制主要表现在以下方面：

(1) 死刑的适用必须受到罪刑法定原则的制约。适用死刑必须严格遵守罪刑法定原则，只有刑法分则明确规定死刑的犯罪，才能判处死刑；(1 分)

(2) 刑法总则规定死刑只适用于罪行极其严重的犯罪分子；(1 分)

(3) 犯罪主体上的限制。犯罪的时候不满 18 周岁的人和审判时怀孕的妇女不适用

死刑。审判的时候已满75周岁的人，不适用死刑，但以特别残忍手段致人死亡的除外。(1分)

(4) 死刑适用在法定程序上的限制。死刑案件只能由中级以上人民法院进行一审，除依法由最高人民法院判决的外，应当报请最高人民法院核准，必须严格遵守法定程序。(1分)

(5) 保留死刑缓期执行制度，以控制死刑立即执行的实际范围。(1分)

(6) 必须按照我国刑事诉讼法的有关程序规定和方法执行死刑。(1分)

2. (2017年法学综合课刑法学简答题) 简述我国刑法的从业禁止制度。(5分)

【命题考点】 从业禁止制度

【参考答案及评分标准】 从业禁止制度，是指对因利用职业便利实施犯罪或者实施违背职业要求的特定义务的犯罪而被判处刑罚的犯罪分子，人民法院根据犯罪情况及预防再犯的需要，自刑罚执行完毕之日或者假释之日起禁止其在一定期限内从事相关职业的非刑罚处理方法。(1分) 主要内容体现在以下方面：

(1) 从业禁止的适用对象是因利用职业便利实施犯罪或者实施违背职业要求的特定义务的犯罪而被判处刑罚的犯罪分子；(1分)

(2) 从业禁止的目的和意义是预防犯罪分子再次利用从事相关职业的便利实施犯罪；(1分)

(3) 从业禁止从刑罚执行完毕之日或者假释之日起开始执行，期限是3年至5年；(1分)

(4) 从业禁止由人民法院以判决或裁定的形式宣告，由公安机关负责监督执行。被禁止从事相关职业的犯罪分子违反从业禁止决定情节严重的，依照拒不执行判决裁定罪定罪处罚。(1分)

三、分析题

1. (2016年法学综合课刑法学分析题) 试述我国刑法分则中死刑罪名的消减过程。(14分)

【命题考点】 死刑罪名的演变过程

【参考答案及评分标准】 我国是世界上死刑罪名最多的国家，2007年1月1日最高人民法院统一收回死刑核准权后，开始从司法上限制死刑适用，实际上起到有效削减死刑的效果。2011年《刑法修正案（八）》首次从立法上废除死刑罪名，开启了我国立法削减死刑的实践，《刑法修正案（九）》进一步削减了死刑罪名，使得我国在削减死刑的立法和司法实践中取得巨大进步。(1分) 具体过程概括如下：

(1) 立法上废除死刑罪名。《刑法修正案（八）》废除了盗窃罪、票据诈骗罪、信用证诈骗罪等13个经济性、非暴力性犯罪的死刑。《刑法修正案（九）》废除了走私武器、弹药罪、走私核材料罪、走私假币罪、伪造货币罪、组织卖淫罪、强迫卖淫罪等9个罪名的死刑。由此可见，立法上废除死刑罪名已经不限于非暴力性犯罪，标志着我国削减死刑罪名进入新阶段。(2分)

(2) 从适用对象上限制死刑的适用。《刑法修正案（八)》新增对老年人不适用死刑的规定，即审判时已满75周岁的人，不适用死刑，但以特别残忍的手段致人死亡的除外，体现了从刑法总则上严格控制死刑的刑事政策精神。(2分)

(3) 提高“死缓转死刑”的门槛，增设死缓执行期间重新计算制度。《刑法修正案（九)》对死缓执行死刑的规定作出修改，提高“死缓转死刑”的门槛，将死缓执行期间“故意犯罪，查证属实的，由最高人民法院核准，执行死刑”修改为“故意犯罪，情节恶劣的，报请最高人民法院核准后执行死刑；对故意犯罪未执行死刑的，死刑缓期执行的期间重新计算，报最高人民法院备案。”(2分)

(4) 取消了三个罪名的绝对确定死刑。由于刑法分则中确定的死刑规定没有司法裁量的余地，有违罪刑法定原则，不利于司法人员在具体案件中对某些案件限制适用死刑进而达到减少死刑的目的。《刑法修正案（九)》将绑架罪、贪污罪和受贿罪的绝对确定死刑修改为相对确定死刑，客观上起到削减死刑的效果。(2分)

(5) 完善削减死刑后的相关配套措施。刑法修正案特别注重死刑废除后配套制度的完善，首要任务是解决原有刑法中无期徒刑、有期徒刑等生刑和死刑之间的衔接不均衡的问题，因此《刑法修正案（八)》《刑法修正案（九)》分别规定以下三个配套制度：(1分)

第一，新增死缓犯限制减刑的规定。被判处死缓的犯罪分子如果有重大立功表现的，二年期满后减为25年有期徒刑。同时，对累犯以及因故意杀人、强奸、抢劫、绑架、放火、爆炸、投放危险物质或者有组织的暴力性犯罪被判处死刑缓期执行的犯罪分子，人民法院可以根据犯罪情节等情况对其作出限制减刑的决定。(1分)

第二，延长无期徒刑和有期徒刑的实际执行刑期。1997年《刑法》规定，被判处无期徒刑的，经减刑后实际执行的刑期不得少于10年。《刑法修正案（八)》明确规定，判处无期徒刑的，经减刑后实际执行的刑期不得少于13年。如果属于限制减刑的死缓犯，死缓期满后减为无期徒刑，实际执行的刑期不得少于25年；死缓期满后减为25年有期徒刑的，实际执行的刑期不得少于20年。(2分)

第三，增设终身监禁的规定。《刑法修正案（九)》为避免限制死刑适用后刑罚威慑力下降的问题，对贪污罪及受贿罪规定了终身监禁制度。对数额特别巨大，并使国家和人民利益遭受特别重大损失因而被判处死缓的贪污受贿犯，法院根据犯罪情节等情况可以同时决定在其死缓执行二年期满依法减为无期徒刑后，终身监禁，不得减刑、假释。(1分)

第十七章 刑罚裁量

一、简答题

1. （2008 年法学综合二简答第 4 题）简述一般自首的成立要件。（4 分）

【命题考点】一般自首的成立要件

【参考答案及评分标准】一般自首，是指犯罪分子犯罪以后自动投案、如实供述自己的罪行的行为。一般自首的成立要件包括：

（1）自动投案。所谓自动投案，就是指犯罪事实或者犯罪嫌疑人尚未被司法机关发觉，或者虽被发觉，但犯罪嫌疑人尚未受到讯问、未被采取强制措施时，主动、直接向公安机关、人民检察院或者人民法院投案。下列两种情形不能认定是自动投案：①犯罪嫌疑人自动投案后又逃跑的；②以不署名或者化名将非法所得寄给司法机关或者报刊杂志社的。（2 分）

（2）如实供述自己的罪行。所谓如实供述自己的罪行，是指犯罪嫌疑人自动投案后，如实交代自己的主要犯罪事实。主要包括：①一人犯数罪的犯罪嫌疑人若仅如实供述所犯数罪中部分犯罪的，只对如实供述部分犯罪的行为，认定为自首；对于其他没有供述的犯罪，不能认定为自首。②共同犯罪案件中的犯罪嫌疑人，不仅应当如实供述自己的罪行，还应当供述所知的同案犯的罪行，共同犯罪的主犯应当供述所知其他所有同案犯的共同犯罪事实。（2 分）

二、案例分析题

1. （2019 年法学综合课刑法学案例分析题）2015 年，谈某以 195 元的价格购买了一张一人次的梦幻谷原始电子门票卡，由赵某侵入检售票系统，根据卡号将人数修改为 6 – 8 人，再由谈某组织客源进入景区，以每人 170 元的价格出售给游客，二人获利 40 余万元。2016 年 2 月 1 日，谈某驾驶赵某购买的二手摩托车并搭载赵某沿公路行驶，行驶到某网通营业厅门前时撞倒行人徐某，摩托车倒地，谈某当场昏迷。赵某拨打了 120 急救电话后又将徐某拽入到路边沟中，驾驶摩托车搭载谈某逃离现场。后来抢救人员抵达现场后，因未发现被害人遂又拨打了赵某报警的手机号码，赵某明知可能是医生打电话而未接听。经鉴定，徐某因交通事故所致颅脑损伤死亡。赵某将昏迷的谈某送至医院，次日向公安机关投案。公安机关到医院找到已经苏醒的谈某调查情况，谈某因害怕遂趁公安人员不备逃离医院。2016 年 3 月 1 日，谈某化名刘三在某地打工，某日谈某驾驶摩托车外出。当晚 10 时 40 分许，在某中学附近看到被害人李某（女，殁年 17 岁）独行，即上前搭讪，后将李某强行带至某桥洞下斜坡处，并采用语言威胁、拳打、卡喉咙等暴力手段欲对李某实施强奸，因遭到李某反抗未果。李某在逃离过程中滑落河中。谈某看到李某在水中挣扎，明知李某处于危险状态但置之不理，并逃离现场。后李某溺水死亡。谈某知道自己迟早会被抓，但觉得自己已经走投无路，遂决定再次改名换姓远走他乡。在搭乘火车时因神色慌张被警察盘查，谈某交待了自己实施强奸的事实，但拒绝认为自己对死亡要承担刑事责任，同时也交待了和赵某肇事的行为。请问：谈某的交待行为应如何处理并说明理由。(3 分)

【命题考点】 自首

【参考答案及评分标准】 谈某对强奸罪成立自首，对交通肇事罪成立坦白。(2 分) 谈某对强奸的主要犯罪事实主动供认，故成立了自首。由于此前赵某已经向公安机关主动投案，并供述了该交通肇事的事实，故属于公安机关已掌握的犯罪事实，谈某的供认仅成立坦白。(1 分)

2. （2007 年法学综合二刑法学分析题）刘宝瑞、刘军、林建华曾经在同一个监狱服刑而相识，1999 年先后刑满释放。2002 年 4 月，刘宝瑞与在广东的刘军联系，要求其搞海洛因来北京贩卖。2002 年 5 月上旬，刘军伙同林建华携带海洛因 1000 克从广州来到北京、天津贩卖。三人在天津贩卖海洛因期间，从他人处购得小口径手枪 2 支、子弹 80 余发。刘宝瑞、刘军在案发后被抓获，林建华在归案途中被公安机关抓获。请问：对刘宝瑞、刘军、林建华的行为应该如何认定？(12 分)

【命题考点】 贩卖毒品罪、共同犯罪、量刑情节

【参考答案及评分标准】 本案应当从定罪量刑角度进行回答：

（1）定罪问题：刘宝瑞、刘军、林建华三人构成贩卖、运输毒品罪（2 分）和非法买卖枪支、弹药罪（2 分）的共同犯罪（2 分）。刘宝瑞、刘军、林建华三人系主犯，应当以贩卖、运输毒品罪和非法买卖枪支、弹药罪实行数罪并罚。(2 分)

（2）量刑问题：刘宝瑞、刘军、林建华在同一个监狱服刑，表明其三人之前的刑罚系有期徒刑以上刑罚（拘役在拘役所执行），其三人在刑罚执行完毕 5 年以内又犯应当判处有期徒刑以上刑罚的故意犯罪，构成累犯而应当依法从重处罚。(2 分) 林建华在归案途中被公安机关捕获，应当视为自动投案，如果其能够如实供述自己的罪行，应当认定具有自首情节，可以从轻或者减轻处罚，如果其犯罪较轻的，可以免除处罚。(2 分)

第十八章　刑罚执行

一、简答题

1.（2015 年法学综合二简答第 5 题、2007 年法学综合二简答第 4 题、2005 年法学综合二公法卷简答第 2 题）简述假释的适用条件。（5 分）

【命题考点】假释的条件

【参考答案及评分标准】假释是指被判处剥夺自由刑的罪犯，在服刑一段时间后，按照一定程序附条件的提前释放制度。如果没有撤销假释的情形，假释期满后认为原判刑罚已经执行完毕。（1 分）假释的适用条件主要包括以下方面：

（1）假释只能适用于判处有期徒刑和无期徒刑的犯罪分子；（1 分）

（2）假释只能适用于已经执行部分刑罚的犯罪分子，有期徒刑实际执行原判刑罚 1/2 以上，无期徒刑实际执行 13 年以上，才可以适用假释；（1 分）

（3）假释只能适用于在执行刑罚期间，认真遵守监规，接受教育改造，确有悔改表现，没有再犯罪危险的犯罪分子；（1 分）

（4）对累犯以及因故意杀人、强奸、抢劫、绑架、放火、爆炸、投放危险物质或者有组织的暴力性犯罪被判处 10 年以上有期徒刑、无期徒刑的犯罪分子，不得假释。（1 分）

第十九章　刑罚消灭

编者说明：历年真题中未涉及本章的知识点内容。

第二十章　危害国家安全罪

编者说明：历年真题中未涉及本章的知识点内容。

第二十一章　危害公共安全罪

一、案例分析题

1.（2019 年法学综合课刑法学案例分析题）2016 年 2 月 1 日，谈某驾驶赵某购买的二手摩托车并搭载赵某沿公路行驶，行驶到某网通营业厅门前时撞倒行人徐某，摩托车倒地，谈某当场昏迷。赵某拨打了 120 急救电话后又将徐某拽入到路边沟中，驾驶摩托车搭载谈某逃离现场。后来抢救人员抵达现场后，因未发现被害人遂又拨打了赵某报警的手机号码，赵某明知可能是医生打电话而未接听。经鉴定，徐某因交通事故所致颅脑损伤死亡。赵某将昏迷的谈某送至医院，次日向公安机关投案。公安机关到医院找到已经苏醒的谈某调查情况，谈某因害怕遂趁公安人员不备逃离医院。

请问：谈某和赵某的肇事行为应如何处理并说明理由。(4 分)

【命题考点】交通肇事罪和故意杀人罪

【参考答案及评分标准】谈某的行为构成交通肇事罪，因为其行为撞伤徐某并最终导致其死亡结果。(1 分）赵某的行为构成故意杀人罪并成立自首。因为赵某在交通肇事后为逃避法律追究，将被害人遗弃并致使被害人无法得到救助而死亡，根据司法解释规定成立故意杀人罪。(3 分)

2.（2009 年法学综合二刑法学分析题）2001 年 3 月 30 日上午 7 时许，被告人张某某（男，1959 年 8 月出生）在一辆无人售票的公交车上与驾驶员陆某某发生口角。张某某以陆某某出言不逊为由，挥拳殴打正在驾车行驶的陆某某，击中陆某某的脸部。陆某某被殴后，置行驶中的车辆于不顾，离开驾驶座位，与张某某扭打在一起。这时公交车因无人控制偏离行驶路线，撞倒一个相向行驶的骑自行车者，撞坏一辆出租车，撞毁附近住宅小区的一段围墙，造成骑自行车的被害人因严重颅脑损伤导致中枢神经功能衰竭而当场死亡，撞毁车辆及围墙造成物质损失人民币 21 288 元。请回答下列问题：(12 分)

（1）被告人张某某的行为是否构成犯罪？构成何罪？说明理由。

（2）驾驶员陆某某的行为是否构成犯罪？构成何罪？说明理由。

【命题考点】交通肇事罪和以危险方法危害公共安全罪

【参考答案及评分标准】（1）被告人张某某构成犯罪（1 分），构成交通肇事罪。(2 分）因为张某某行为时已经 42 岁，具有相当丰富的生活经验和社会常识，其应当预料到殴打客车司机的行为可能造成交通事故的后果，然而其因当时怒气冲天而没有预料到，张某某主观上属于疏忽大意的过失，客观上其违反交通运输法规的行为即在司机驾驶客车过程中干扰司机驾驶，造成严重的损害后果，故而张某某构成交通肇事罪。(3分)

(2) 陆某某构成犯罪（1分），构成以危险方法危害公共安全罪。(2分）因为陆某某在驾驶客车过程中遭受到张某某的袭击，其作为司机应当明知此时放任汽车不管将造成不可预料的严重后果，陆某某并没有将客车停向路边而是置行驶中的车辆于不顾，直接与张某某进行厮打。陆某某放任客车随意行驶的行为导致极其严重的后果，其主观上是明知可能导致事故发生而采取放任态度，属于间接故意。陆某某的行为构成以危险方法危害公共安全罪。(3分)

3. （2006年公法卷法学综合二刑法学分析题）孙某，男，1987年6月20日生。经常在某车站附近做些小偷小摸。2004年7月20日下午，孙某又在火车站附近转悠，看见一名军人走进候车室，孙某便尾随其后进入候车室，趁其不备，将其所携带的一个黑色包偷走。孙某走出候车室，打开发现包内有现金2000余元、一把五四式手枪、15发子弹以及三份国家机密文件。孙某非常紧张，回家后即把手枪、子弹以及三份国家机密文件藏在衣柜里。数日后，孙某以800元的价格将手枪、子弹卖给顾某。案发后，孙某坦白其所犯罪行，三份国家机密文件被查获。请问：本案应当如何定性处理？(10分)

【命题考点】 盗窃罪，非法持有枪支、弹药罪，非法买卖枪支、弹药罪和非法持有国家机密文件罪，刑事责任年龄和量刑情节

【参考答案及评分标准】 对于本案，应当从定罪量刑的角度进行回答：

(1) 定罪部分（7分）

①孙某构成盗窃罪。孙某主观上没有盗窃枪支、弹药和国家机密文件的故意，根据主客观相统一的原则，只能认定其构成盗窃罪。

②孙某构成非法持有枪支、弹药罪。孙某本身没有持枪权，将偷来的枪支、弹药藏在家中的行为构成非法持有枪支、弹药罪。

③孙某构成非法买卖枪支、弹药罪。孙某以800元的价格将手枪、子弹卖给顾某，构成非法买卖枪支、弹药罪。

④孙某构成非法持有国家机密文件罪，其将盗窃所得的机密文件藏在家里的行为构成非法持有国家机密文件罪。

综上所述，对于孙某应当以盗窃罪，非法持有枪支、弹药罪，非法买卖枪支、弹药罪和非法持有国家机密文件罪实行数罪并罚。

(2) 量刑部分（3分）

①孙某犯罪时不满18周岁，应当从轻或者减轻处罚。

②孙某判案后坦白全部罪行，坦白属于法定量刑情节，可以酌情从轻处罚。

③孙某经常在车站附近进行小偷小摸行为，属于行为人的一贯表现，属于犯罪的酌定量刑情节，量刑时应当予以考虑。

4.（2005 年公法卷法学综合二刑法学分析题）《刑法》第 133 条规定：“违反交通运输管理法规，因而发生重大事故，致人重伤、死亡或者使公私财产遭受重大损失的，处三年以下有期徒刑或者拘役；交通运输肇事后逃逸或者有其他特别恶劣情节的，处三年以上七年以下有期徒刑；因逃逸致人死亡的处七年以上有期徒刑。”试分析该法条。(10 分)

【命题考点】交通肇事罪

【参考答案及评分标准】《刑法》第 133 条规定的是交通肇事罪。交通肇事罪，是指违反交通运输管理法规，因而发生重大事故，致人重伤、死亡或者使公私财产遭受重大损失的行为。

（1）交通肇事罪的犯罪构成（5 分）

①犯罪客体：交通运输安全。

②客观方面：具体表现为行为人违反交通运输管理法规，因而发生重大交通事故，致人重伤、死亡或者使公私财产遭受重大损失的行为。行为人必须处于从事交通运输活动的过程中或者与正在进行的交通运输活动存在着直接关系；行为人必须在交通运输活动中违反交通运输管理法规；必须实际发生重大事故，造成他人重伤、死亡或者公私财产遭受重大损失的严重后果；造成的严重后果和行为人违反交通运输管理法规的行为必须具有因果关系。

③犯罪主体：自然人一般主体，主要是交通运输人员，也可以是其他人。

④主观方面：过失。行为人应当预见自己的行为可能发生重大交通事故的危险，但由于疏忽大意而没有预见，或者虽然已经预见但轻信能够避免，以致造成严重后果。

（2）交通肇事罪的认定（3 分）

“交通运输肇事后逃逸的”属于情节加重犯，“因为逃逸致人死亡”属于本罪的结果加重犯。构成要件主要包括：①被害人受伤当场没有死亡。②行为人具有逃逸行为，即发生交通事故后，为了逃避法律追究而逃跑。③逃逸行为延误救治与死亡结果存在因果关系。④行为人主观上至少具有过失。行为人在交通肇事后为逃避法律追究，将被害人带离事故现场后隐藏或者遗弃，致使被害人无法得到救助而死亡或者严重残疾的，应当分别依照故意杀人罪或者故意伤害罪定罪处罚。

（3）交通肇事罪的刑事责任（2 分）

根据本条规定，犯本罪的，处 3 年以下有期徒刑或者拘役；交通运输肇事后逃逸或者具有其他特别恶劣情节的，处 3 年以上 7 年以下有期徒刑；因逃逸致人死亡的处 7 年以上有期徒刑。

第二十二章　破坏社会主义市场经济秩序罪

一、简答题

1.（2012 年法学综合二简答第 6 题）简述贷款诈骗罪的构成要素。(5 分)

【命题考点】贷款诈骗罪

【参考答案及评分标准】贷款诈骗罪，是指以非法占有为目的，诈骗银行或者其他金融机构的贷款，数额较大的行为。贷款诈骗罪的构成要素主要包括：

（1）犯罪客体：金融管理秩序。(1 分)

（2）犯罪主体：自然人一般主体。(1 分)

（3）客观方面：表现为诈骗银行或者其他金融机构贷款的行为，即采取编造事实或者隐瞒事实的欺骗手段，使银行或其他金融机构误以为符合贷款条件而将款项贷出，从而骗取贷款的行为。主要表现为以下几种方法：①编造引进资金、项目等虚假理由的；②使用虚假的经济合同的；③使用虚假的证明文件的；④使用虚假的产权证明作担保或者超出抵押物价值重复担保的；⑤以其他方法诈骗贷款的。(2 分)

（4）主观方面：故意并以非法占有为目的。(1 分)

二、案例分析题

1.（2019 年法学综合课刑法学案例分析题）2015 年，谈某以 195 元的价格购买了一张一人次的梦幻谷原始电子门票卡，由赵某侵入检售票系统，根据卡号将人数修改为 6～8 人，再由谈某组织客源进入景区，以每人 170 元的价格出售给游客，二人获利 40 余万元。请问：谈某和赵某的行为构成何罪并说明理由？(4 分)

【命题考点】非法经营罪和破坏计算机信息系统罪

【参考答案及评分标准】谈某和赵某的行为构成破坏计算机信息系统罪和非法经营罪，二者成立共同犯罪。(2 分) 赵某侵入检售票系统，对系统中存储、处理或者传输的数据和应用程序进行修改操作，故成立破坏计算机信息系统罪。由于售票应由梦幻谷专门享有，其二人并没有售票权而卖票给游客并实际获利，应构成非法经营罪。二者事前有合谋，故成立共同犯罪。(2 分)

第二十三章 侵犯公民人身权利、民主权利罪

一、名词解释

1.（2016 年法学综合课刑法学名词解释第 3 题）强迫劳动罪（2 分）

【命题考点】强迫劳动罪

【参考答案及评分标准】强迫劳动罪，是指以暴力、威胁或者限制人身自由的方法（1 分）强迫他人进行劳动（1 分）的行为。

二、案例分析题

1.（2019 年法学综合课刑法学案例分析题）2016 年 3 月 1 日，谈某化名刘三在某地打工，某日谈某驾驶摩托车外出。当晚 10 时 40 分许，在某中学附近看到被害人李某（女，殁年 17 岁）独行，即上前搭讪，后将李某强行带至某桥洞下斜坡处，并采用语言威胁、拳打、卡喉咙等暴力手段欲对李某实施强奸，因遭到李某反抗未果。李某在逃离过程中滑落河中。谈某看到李某在水中挣扎，明知李某处于危险状态但置之不理，并逃离现场。后李某溺水死亡。请问：谈某的行为应如何处理并说明理由。(4 分)

【命题考点】强奸罪和故意杀人罪

【参考答案及评分标准】谈某的行为构成强奸罪（未遂）和故意杀人罪（既遂）。(2 分）因为谈某采用语言威胁、拳打、卡喉咙等暴力手段欲对李某实施强奸，因遭到李某反抗未果，故成立强奸罪（未遂）。后李某在逃离过程中滑落河中，该事件是由谈某先前的行为导致的，故谈某对李某具有救助义务但未救助导致李某死亡，故谈某构成故意杀人罪。(2 分)

2.（2015 年法学综合二刑法学案例分析题）案情：2013 年 10 月 26 日，无业男子甲某（1995 年 3 月 5 日出生）、乙某（1996 年 8 月 20 日出生）、丙某（1998 年 9 月 7 日出生）驾车将女青年陈某劫持到车上，蒙面持刀威胁陈某迫使其交出铂金手链一条、铂金戒指、黄金戒指各一枚（共价值人民币 25 000 元）、建行卡一张、人民币 1 000 余元。甲某等人逼迫陈某说出银行卡密码后，将其带至甲某的租住处。当晚，三人相继强行与陈某发生性关系。次日上午，甲某私自给陈某的男友吴某打电话索要赎金 5 万元。10 月 28 日上午，吴某向陈某的建行卡上存入人民币 1 万元，甲某取出并告知其他两人。10 月 29 日，甲某、乙某预谋杀害陈某，并告知丙某。三人驾车将陈某带到郊外一空地处，乙某用绳子绕在陈某的颈部并捂住陈某的口鼻，甲某、丙某猛勒绳子致陈

某昏迷后拖下车，甲某又用军刺猛刺陈某的颈部一刀。丙某再与乙某将陈某扔进下水道竖井前，背着乙某将陈某佩戴的一枚钻戒摘下据为己有（价值人民币2万元）。10月30日凌晨，陈某苏醒后求助，被他人送往医院，陈某向公安机关报案后甲某被抓获，乙某得知后投案自首，并且协助警方抓获丙某。分析甲、乙、丙的刑事责任。(20分)

【命题考点】责任年龄、共同犯罪、强奸罪、绑架罪、故意杀人罪等

【参考答案及评分标准】(1) 甲某、乙某和丙某构成抢劫罪的共同犯罪。犯罪行为发生时，其三人均已满14周岁，故而对抢劫罪均应负刑事责任。(2分)

(2) 甲某、乙某和丙某构成强奸罪的共同犯罪。犯罪行为发生时，其三人均已满14周岁，故而对强奸行为均应负刑事责任。其三人相继强行与陈某发生性关系，属于“轮奸”行为，应按照强奸罪的加重情节处罚。(2分)

(3) 甲某非法拘禁陈某后向其亲属索要钱财，构成绑架罪。由于乙某和丙某对于索要钱财的情节不知情，故而对于绑架行为不负刑事责任。(2分)

(4) 甲某、乙某和丙某构成故意杀人罪的共同犯罪。犯罪行为发生时，其三人均已满14周岁，故而对故意杀人罪均应负刑事责任。甲某和乙某系策划者和实施者，系主犯，丙某系从犯。(2分)

(5) 丙某不构成盗窃罪，因为丙某案发时未满16周岁。(2分)

综上，甲某构成抢劫罪、强奸罪、绑架罪和故意杀人罪（未遂）数罪并罚，甲某系主犯应当对全部罪行承担刑事责任。(3分) 乙某构成抢劫罪、强奸罪和故意杀人罪（未遂）数罪并罚，乙某成立自首和重大立功，可以减轻或者免除处罚。(4分) 乙某未满18周岁，应当从轻或者减轻处罚。丙某构成抢劫罪、强奸罪和故意杀人罪（未遂）数罪并罚，丙某系从犯，丙某未满18周岁，应当从轻或者减轻处罚。(3分)

3. (2014年法学综合二刑法学案例分析题) 宿某、吕某原系某市铁路公安处车站派出所民警。宿某在某日当班时发现有3人私自往列车的行李车上送东西，即上前询问。其中1人陈某自称与吕某相识，这次是帮朋友送点货。宿某随机登上该行李车，查验了4个皮箱，发现装有文物。宿某将文物携带下车，说：“是谁的货，叫谁来找我。”尔后，宿某打电话通知吕某，讲了查扣文物一事，说他怀疑这批文物是吕某的朋友陈某的，要吕某与陈某联系。吕某与陈某联系后，陈某告知不是陈某本人的货，而是帮朋友送的货。几天后，该批文物的货主委托关某找到宿某要文物，宿某提出货主必须先交20万元人民币才能取货。经讨价还价，最后达成协议：货主给宿某6万元人民币，宿某让关某将4箱文物提走。吕某后来听说此事，即采取要挟的方法向宿某索要了1万元。问：对宿某、吕某的行为如何定性？请说明理由。(20分)

【命题考点】受贿罪、敲诈勒索罪

【参考答案及评分标准】(1) 宿某的行为构成受贿罪，应当从重处罚。(4分) 理由如下：受贿罪是指国家工作人员利用职务上的便利，索取他人财物，或者非法收受

他人财物，为他人谋取利益的行为。宿某作为国家工作人员，利用其查扣违规运输文物的便利，向他人勒索财物，并且将查扣的文物私自放行，属于索贿行为，故而宿某的行为构成受贿罪并且应从重处罚。宿某明知国家文物禁止在私人领域流通，在收受钱财后故意将文物退还给货主而不是按照相关规定采取措施，由于没有造成严重后果或者重大损失，故而不构成滥用职权罪。(6分)

(2) 吕某的行为构成敲诈勒索罪。(4分) 理由如下：敲诈勒索罪是指以非法占有为目的，对公私财物的所有人，管理人实施威胁或要挟的方法，强行索取数额较大的公私财物，或者多次敲诈勒索他人财物的行为。吕某对宿某采取要挟的手段，索取1万元的行为符合敲诈勒索罪的构成要件。尽管吕某作为国家工作人员，其并没有利用其职权便利向宿某索取财物，故而其行为不属于索贿，也当然不成立受贿罪。(6分)

4. (2011年法学综合二刑法学分析题) 被告人甲某因盗窃罪服刑4年后于2005年8月25日刑满释放。因没有正当工作，一直想谋划件“大事”。2009年12月，他盯上了一位开店的女老板，于是打电话将朋友乙和丙找来：“我发现有个女老板很有钱，开个跑车上下班，自己有好几个店！绑了她能要个50万元!”乙、丙立即答应下来，三人分头去买刀、租车、跟踪。28日晚上九点多，他们开着车子等在女老板赵某的必经之路上，赵某经过时，甲立即开车将赵某的车逼停，几人下车冲上去打开车门。赵某早就见势不妙把车锁好，正在打电话报警，三人见状只好谎称问路后逃跑。到甲的住处后，乙说杀个人沾点血就能顺利，甲提出他认识一个女孩于某，三人开车到了于某楼下由甲打电话将于某约出，于某上车后，三人立即将于某眼睛蒙住商量如何杀她。于某听到赶紧求饶，三人考虑到车上杀人不太吉利，于是相继强行与于某发生了性关系，之后将于某带到乙家，由乙看管，寻机杀掉。甲丙离开后，于某苦苦哀求并答应回去准备10 000元送给乙某，乙某放了于某，事后告知甲、丙说已将于某杀死沉到河里。在放于某之前，乙拍了于某的裸照，说如果于某不付钱，就将裸照发到互联网上。于某出门后直接到派出所报案，甲某三人被抓。问题：请分析三人的刑事责任。(12分)

【命题考点】故意杀人、强奸、敲诈勒索、抢劫

【参考答案及评分标准】甲、乙、丙三人的刑事责任具体如下：

(1) 甲构成抢劫罪(未遂)并且在抢劫的共同犯罪中起主要作用，系主犯。甲构成累犯，有期徒刑刑满释放后第4年又实施故意犯罪，应当依法从重处罚。甲构成强奸罪(既遂)并且符合强奸罪的加重情节(多人轮奸)，同时构成故意杀人罪(未遂)。对于甲，应当以抢劫罪、强奸罪和故意杀人罪实行数罪并罚。(5分)

(2) 乙构成抢劫罪(未遂)，强奸罪(既遂)并且符合强奸罪的加重情节(多人轮奸)，故意杀人罪(犯罪中止)和敲诈勒索罪(未遂)，实行数罪并罚。(4分)

(3) 丙构成抢劫罪(未遂)，强奸罪(既遂)并且符合强奸罪的加重情节(多人

轮奸)，故意杀人罪（未遂)，实行数罪并罚。(3 分)

第二十四章　侵犯财产罪

一、简答题

1.（2015 年法学综合二简答第 6 题）简述胁迫型抢劫罪与敲诈勒索罪的区别。(5 分)

【命题考点】 抢劫罪与敲诈勒索罪

【参考答案及评分标准】 胁迫型抢劫罪与敲诈勒索罪的区别如下：

(1) 从威胁的内容看，胁迫型抢劫罪仅限于以暴力相威胁；敲诈勒索罪的威胁内容较为广泛，可以是以暴力相威胁，也可以是以张扬隐私、毁坏财物等相威胁。(2 分)

(2) 从威胁的方式看，胁迫型抢劫罪只能由犯罪分子面对被害人当场口头发出；敲诈勒索罪可以由犯罪分子以口头或者书面形式向被害人提出，也可以通过他人提出。(1 分)

(3) 从实现威胁的现实可能性看，胁迫型抢劫罪具有当场付诸实施的现实可能性；敲诈勒索罪不具有当场实施的现实可能性。(1 分)

(4) 从非法取得财物的时间看，胁迫型抢劫罪只能当场取得财物；敲诈勒索罪可以是当场取得，也可以是在发出威胁后的一定期限内取得财物。(1 分)

二、分析论述题

1.（2018 年法学综合课刑法学案例分析题）案情：刘某（16 岁）和张某（19 岁）合谋共同盗窃李家，刘某负责入室盗窃，张某负责望风。张某听到远处传来“警笛声”，其误认为是警车开过来（其实是救护车)，遂在没有通知刘某就逃离现场。刘某盗取现金一万元及两条金项链，张某将金项链变现 2000 元，上述赃物二人均分。后来，刘某因吸毒被抓获，其供述了其伙同张某盗窃的事实。对于刘某和张某如何定罪量刑？(15 分)

【命题考点】 盗窃罪、共同犯罪、未完成罪及自首

【参考答案及评分标准】 (1) 刘某与张某构成盗窃罪的共同犯罪，并且达到既遂。(2 分) 二人均具备刑事责任年龄和刑事责任能力，共同犯罪按照“一人既遂、全案既遂”的认定标准来判断共同犯罪是否达到既遂标准，由于刘某实际上盗窃到财物故共

犯既遂。(3分)

(2)在共同犯罪中，刘某系主犯，应按照全案的犯罪数额处罚；张某系从犯，应当从轻或者减轻或者免除处罚。(4分)

(3)张某虽然逃离犯罪现场，但其行为不成立犯罪中止或犯罪未遂，其听到远处传来“警笛声”而误认为是警车，故其行为也属于犯罪既遂。(3分)

(4)刘某的行为成立自首。其因吸毒被抓获，但其供述了其伙同张某盗窃的事实，故成立自首，可以从轻或减轻处罚。(3分)

2.(2010年法学综合二刑法学分析题)2002年9月7日下午，被告人林某窜至顺德区乐从镇，爬窗进入一村民住宅准备行窃时，被主人吴某发现，吴某欲打电话报警，林某见状便冲上前抢过电话。吴某抓住林某的右手，林某便用左手掐住吴某的脖子，并且用右拳击打吴某的头部。后来吴某拿起一张凳子打中林某的头部，并且抓住林某的双手。林某便用拳头连续击打吴某的头部，致使吴某右额损伤。吴某大喊抓贼并且冲入厨房拿刀，林某见状便逃离现场。公安干警接到报警后，在现场附近的鱼塘边将林某抓获归案。经法医鉴定，吴某系被钝性外力击伤，属于轻微伤。请问：对林某如何定罪量刑？并且说明理由。(12分)

【命题考点】转化型抢劫

【参考答案及评分标准】应当从以下角度对林某定罪量刑：

(1)定罪部分:《刑法》第269条规定：“犯盗窃、诈骗、抢夺罪，为窝藏赃物、抗拒抓捕或者毁灭罪证而当场使用暴力或者以暴力相威胁的，依照本法第263条的规定定罪处罚。”(3分)被告人林某入室盗窃被室主发现后，为了抗拒抓捕而当场使用暴力将室主吴某打伤，林某的行为已经转化为抢劫罪，故而林某的行为构成抢劫罪。(3分)

(2)量刑部分:《刑法》第263条规定：“以暴力、胁迫或者其他方法抢劫公私财物的，处3年以上10年以下有期徒刑，并处罚金；有下列情形之一的，处10年以上有期徒刑、无期徒刑或者死刑，并处罚金或者没收财产：(一)入户抢劫的；……”(3分)林某的行为符合抢劫罪的加重情节，属于“入户抢劫”，故而对于林某应当在“10年以上有期徒刑、无期徒刑或者死刑，并处罚金或者没收财产”的幅度内进行量刑。(3分)

3.(2008年法学综合二刑法学分析题)《刑法》第263条规定：“以暴力、胁迫或者其他方法抢劫公私财物的，处3年以上10年以下有期徒刑，并处罚金；有下列情形之一的，处10年以上有期徒刑、无期徒刑或者死刑，并处罚金或者没收财产：(一)入户抢劫的；(二)在公共交通工具上抢劫的；(三)抢劫银行或者其他金融机构的；(四)多次抢劫或者抢劫数额巨大的；(五)抢劫致人重伤、死亡的；(六)冒充军警人员抢劫的；(七)持枪抢劫的；(八)抢劫军用物资或者抢险、救灾、救济物资的。”请运用

刑法理论分析该法条。(12分)

【命题考点】抢劫罪

【参考答案及评分标准】(1)抢劫罪的犯罪构成(4分)

《刑法》第263条规定的是抢劫罪。抢劫罪，是指以非法占有为目的，以暴力、胁迫或者其他方法，当场强行劫取公私财物的行为。抢劫罪的犯罪构成：

①犯罪客体：公私财物的所有权，同时也包括公民人身权利。

②客观方面：对公私财物的所有权、占有人、管理人当场使用暴力、胁迫或者其他方法，迫使其当场交出财物或者强行劫取公私财物的行为。

③犯罪主体：自然人一般主体，即已满14周岁的具有刑事责任能力的自然人。

④主观方面：故意，并且具有非法占有公私财物的目的。

(2)抢劫罪的加重情节，具体内容如下：(每点1分，作出适当解释，共计8分)

①认定“入户抢劫”时，应当注意以下三个问题：一是“户”的范围。“户”在这里是指住所，其特征表现为供他人家庭生活和与外界相对隔离两个方面。一般情况下，集体宿舍、旅店宾馆、临时搭建工棚等不应认定为“户”，在特定情况下，如果确实具有上述两个特征的，也可以认定为“户”。二是“入户”目的的非法性。进入他人住所须以实施抢劫等犯罪为目的。三是暴力或者暴力胁迫行为必须发生在户内。入户实施盗窃被发现，行为人为窝藏赃物、抗拒抓捕或者毁灭罪证而当场使用暴力或者以暴力相威胁的，如果暴力或者暴力胁迫行为发生在户内，可以认定为“入户抢劫”；如果发生在户外，不能认定为“入户抢劫”。

②“在公共交通工具上抢劫”主要是指在从事旅客运输的各种公共汽车、大、中型出租车、火车、船只、飞机等正在运营中的机动公共交通工具上对旅客、司售、乘务人员实施的抢劫、也包括对运行途中的机动公共交通工具加以拦截后，对公共交通工具上的人员实抢劫。在未运营中的大、中型公共交通工具上针对司售、乘务人员抢劫的，或者在小型出租车上抢劫的，不属于“在公共交通工具上抢劫”。

③“抢劫银行或者其他金融机构”，是指抢劫银行或者其他金融机构的经营资金、有价证券和客户的资金等。抢劫正在使用中的银行或者其他金融机构的运钞车的，视为“抢劫银行或者其他金融机构”。

④“多次抢劫”是指抢劫3次以上。对于“多次”的认定，应以行为人实施的每一次抢劫行为均已构成犯罪为前提，综合考虑犯罪故意的产生、犯罪行为实施的时间、地点等因素，客观分析、认定。

⑤“抢劫致人重伤、死亡”是指在抢劫过程中，行为人因使用暴力而致被害人重伤、死亡或者因受害人激烈反抗而使用暴力将其杀害的情况。

⑥“冒充军警人员抢劫”是指通过着装、出示假证件或者口头宣称充当军人和警察的行为。

⑦“持枪抢劫”，是指行为人使用枪支或者向被害人显示持有、佩带的枪支进行抢劫的行为。

⑧“抢劫军用物资或者抢险、救灾、救济物资”的适用前提是行为人必须明知这些物资的特定物质，否则不能适用本项的加重规定。

第二十五章　妨害社会管理秩序罪

一、简答题

1.（2016年法学综合课简答第7题）简述开设赌场罪的犯罪构成。(5分)

【命题考点】开设赌场罪的构成

【参考答案及评分标准】开设赌场罪，是指开设赌场的行为。(1分）其犯罪构成包括如下方面：

（1）犯罪客体是社会管理秩序；(1分)

（2）犯罪客观方面是公开或者秘密地开设营业性赌博场所的行为；(1分)

（3）犯罪主体是自然人一般主体；(1分)

（4）犯罪主观方面是故意。(1分)

二、案例分析题

1.（2007年法学综合二刑法学分析题）刘宝瑞、刘军、林建华曾经在同一个监狱服刑而相识，1999年先后刑满释放。2002年4月，刘宝瑞与在广东的刘军联系，要求其搞海洛因来北京贩卖。2002年5月上旬，刘军伙同林建华携带海洛因1000克从广州来到北京、天津贩卖。三人在天津贩卖海洛因期间，从他人处购得小口径手枪2支、子弹80余发。刘宝瑞、刘军在案发后被抓获，林建华在归案途中被公安机关抓获。请问：对刘宝瑞、刘军、林建华的行为应该如何认定？(12分)

【命题考点】贩卖毒品罪、共同犯罪、量刑情节

【参考答案及评分标准】本案应当从定罪量刑角度进行回答：

（1）定罪问题

刘宝瑞、刘军、林建华三人构成贩卖、运输毒品罪（2分）和非法买卖枪支、弹药罪（2分）的共同犯罪（2分）。对于刘宝瑞、刘军、林建华三人系主犯，应当以贩卖、运输毒品罪和非法买卖枪支、弹药罪实行数罪并罚。(2分)

（2）量刑问题

①刘宝瑞、刘军、林建华三人在刑罚执行完毕5年以内又犯应当判处有期徒刑以上刑罚的故意犯罪，构成累犯而应当依法从重处罚。(2分)

②林建华在归案途中被公安机关捕获的，应当视为自动投案。如果其如实供述自己的罪行，应当认定具有自首情节，可以从轻或者减轻处罚。如果犯罪较轻的，可以免除处罚。(2分)

第二十六章　危害国防利益罪

编者说明：历年真题中没有涉及本章的知识点。

第二十七章　贪污贿赂罪

一、名词解释

1.（2016年法学综合课刑法学名词解释第2题）终身监禁（2分）

【命题考点】终身监禁的概念

【参考答案及评分标准】终身监禁，是指对犯贪污罪、受贿罪的犯罪分子（1分），因罪行极其严重而被判处死刑缓期执行后，同时宣告在依法减为无期徒刑后不得减刑、假释的一种终身限制其人身自由（1分）的刑罚执行措施。

二、简答题

1.（2011年法学综合二简答第4题）简述利用影响力受贿罪的构成要素。(4分)

【命题考点】利用影响力受贿罪

【参考答案及评分标准】利用影响力受贿罪的构成要素包括以下方面：

(1) 犯罪客体：职务行为的廉洁性。(1分)

(2) 犯罪主体：自然人特殊主体，具体包括国家工作人员的近亲属或者其他与该国家工作人员关系密切的人，离职的国家工作人员或者其近亲属以及其他与其关系密切的人。(1分)

(3) 客观方面：国家工作人员的近亲属或者其他与该国家工作人员关系密切的人，通过该国家工作人员职务上的行为，或者利用该国家工作人员职权或者地位形成的便利条件（离职的国家工作人员或者其近亲属以及其他与其关系密切的人，利用该离职的国家工作人员原职权或者地位形成的便利条件），通过其他国家工作人员职务上的行为，为请托人谋取不正当利益，索取请托人财物或者收受请托人财物，数额较大或者有其他较重情节的行为。(1 分)

(4) 主观方面：故意。(1 分)

三、案例分析题

1.（2014 年法学综合二论述、案例分析题第 2 题）宿某、吕某原系某市铁路公安处车站派出所民警。宿某在某日当班时发现有 3 人私自往列车的行李车上送东西，即上前询问。其中 1 人陈某自称与吕某相识，这次是帮朋友送点货。宿某随机登上该行李车，查验了 4 个皮箱，发现装有文物。宿某将文物携带下车，说："是谁的货，叫谁来找我。"尔后，宿某打电话通知吕某，讲了查扣文物一事，说他怀疑这批文物是吕某的朋友陈某的，要吕某与陈某联系。吕某与陈某联系后，陈某告知不是陈某本人的货，而是帮朋友送的货。几天后，该批文物的货主委托关某找到宿某要文物，宿某提出货主必须先交 20 万元人民币才能取货。经讨价还价，最后达成协议：货主给宿某 6 万元人民币，宿某让关某将 4 箱文物提走。吕某后来听说此事，即采取要挟的方法向宿某索要了 1 万元。请问：对宿某、吕某的行为如何定性？并说明理由。

【命题考点】受贿罪、敲诈勒索罪

【参考答案及评分标准】(1) 宿某的行为构成受贿罪，应当从重处罚。(4 分) 理由如下：受贿罪是指国家工作人员利用职务上的便利，索取他人财物，或者非法收受他人财物，为他人谋取利益的行为。宿某作为国家工作人员，利用其查扣违规运输文物的便利，向他人勒索财物，并且将查扣的文物私自放行，属于索贿行为，故而宿某的行为构成受贿罪并且从重处罚。宿某明知国家文物禁止在私人领域流通，在收受钱财后故意将文物退还给货主而不是按照相关规定采取措施，由于没有造成严重后果或者重大损失，故而不构成滥用职权罪。(6 分)

(2) 吕某的行为构成敲诈勒索罪。(4 分) 理由如下：敲诈勒索罪是指以非法占有为目的，对公私财物的所有人，管理人实施威胁或要挟的方法，强行索取数额较大的公私财物，或者多次敲诈勒索他人财物的行为。吕某对宿某采取要挟的手段，索取 1 万元的行为符合敲诈勒索罪的构成要件。尽管吕某作为国家工作人员，其并没有利用其职权便利向宿某索取财物，故而其行为不属于索贿，也当然不成立受贿罪。(6 分)

第二十八章　渎职罪

一、法条分析题

1.（2012 年法学综合二刑法学分析题）《刑法》第 399 条规定：“司法工作人员徇私枉法、徇情枉法，对明知是无罪的人而使他受追诉、对明知是有罪的人而故意包庇不使他受追诉，或者在刑事审判活动中故意违背事实和法律作枉法裁判的，处 5 年以下有期徒刑或者拘役；情节严重的，处 5 年以上 10 年以下有期徒刑；情节特别严重的，处 10 年以上有期徒刑。

在民事、行政审判活动中故意违背事实和法律作枉法裁判，情节严重的，处 5 年以下有期徒刑或者拘役；情节特别严重的，处 5 年以上 10 年以下有期徒刑。

在执行判决、裁定活动中，严重不负责任或者滥用职权，不依法采取诉讼保全措施，不履行法定执行职责，或者违法采用诉讼保全措施、强制执行措施，致使当事人或者其他人的利益遭受重大损失的，处 5 年以下有期徒刑或者拘役；致使当事人或者其他人的利益遭受特别重大损失的，处 5 年以上 10 年以下有期徒刑。

司法工作人员收受贿赂，有前 3 款行为的，同时又构成本法第 385 条规定之罪的，依照处罚较重的规定定罪处罚。”问题：试分析上述刑法法条。(20 分)

【命题考点】徇私枉法罪，民事、行政枉法裁判罪，执行判决、裁定失职罪，执行判决、裁定滥用职权罪

【参考答案及评分标准】《刑法》第 399 条涉及以下四个罪名：

(1) 徇私枉法罪（5 分）

①犯罪客体：司法工作的秩序和司法工作人员职务行为的廉洁性。

②犯罪主体：自然人特殊主体，在民事、行政诉讼活动中负有审判职责的司法工作人员。

③客观方面：徇私枉法、徇情枉法，对明知是无罪的人而使他受追诉、对明知是有罪的人而故意包庇不使他受追诉，或者在刑事审判活动中故意违背事实和法律作枉法裁判的行为。徇私枉法罪是行为犯。

④主观方面：故意。

特别规定：司法工作人员收受贿赂后实施徇私枉法行为的，同时又构成受贿罪的，依照处罚较重的规定定罪处罚。

(2) 民事、行政枉法裁判罪（5 分）

①犯罪客体：司法工作的秩序和司法工作人员职务行为的廉洁性。

②犯罪主体：自然人特殊主体，在民事、行政诉讼活动中负有审判职责的司法工作人员。

③客观方面：在民事、行政审判活动中故意违背事实和法律作枉法裁判，情节严重的行为。民事、行政枉法裁判罪是结果犯。

④主观方面：故意。

特别规定：司法工作人员收受贿赂后实施民事、行政枉法裁判行为，同时又构成受贿罪的，依照处罚较重的规定定罪处罚。

（3）执行判决、裁定失职罪（5分）

①犯罪客体：司法工作的秩序和司法工作人员职务行为的廉洁性。

②犯罪主体：自然人特殊主体，即司法工作人员，具有执行判决、裁定义务的司法工作人员。

③客观方面：在执行判决、裁定活动中，严重不负责任或者滥用职权，不依法采取诉讼保全措施，不履行法定执行职责，致使当事人或者其他人的利益遭受重大损失的行为。执行判决、裁定失职罪是结果犯。

④主观方面：过失。

特别规定：司法工作人员收受贿赂后在执行判决、裁定时失职的，同时又构成受贿罪的，依照处罚较重的规定定罪处罚。

（4）执行判决、裁定滥用职权罪（5分）

①犯罪客体：司法工作的秩序和司法工作人员职务行为的廉洁性。

②犯罪主体：自然人特殊主体，即司法工作人员，具有执行判决、裁定义务的司法工作人员。

③客观方面：在执行判决、裁定活动中，违法采用诉讼保全措施、强制执行措施，致使当事人或者其他人的利益遭受重大损失的行为。执行判决、裁定滥用职权罪是结果犯。

④主观方面：故意。

特别规定：司法工作人员收受贿赂后又在执行判决、裁定时滥用职权的，同时构成受贿罪的，依照处罚较重的规定定罪处罚。

第二十九章　军人违反职责罪

编者说明：历年真题中没有涉及本章的知识点。

民事诉讼法

第一章　民事诉讼

编者说明：历年真题中没有涉及本章的知识点。

第二章　民事诉讼法

编者说明：历年真题中没有涉及本章的知识点。

第三章　民事诉讼法律关系

编者说明：历年真题中没有涉及本章的知识点。

第四章　诉与诉权

一、名词解释

1.（2018 年法学综合课民事诉讼法名词解释第 1 题）反诉（3 分）

【命题考点】 反诉

【参考答案及评分标准】 反诉，是指在人民法院受理原告的起诉后，本诉的被告以本诉的原告为被告（1 分），向受理本诉的人民法院提起与本诉具有牵连关系的（1 分），目的在于抵销或者吞并本诉原告诉讼请求的一种独立反请求（1 分）。

2.（2017 年法学综合课民事诉讼法名词解释第 1 题）诉权（3 分）

【命题考点】诉权

【参考答案及评分标准】诉权，是指当事人请求人民法院（1分）对其民事财产权和人身权进行司法保护（1分）的权利。诉权包括程序意义上的诉权和实体意义上的诉权。(1分)

第五章　民事诉讼法的基本原则

一、分析论述题

1.（2018年法学综合课民事诉讼法论述题）试论民事诉讼法中的诚实信用原则。(15分)

【命题考点】诚实信用原则

【参考答案及评分标准】2012年《民事诉讼法》修改后，在第13条增加一款，作为第1款："民事诉讼应当遵循诚实信用原则。"这就在我国民事诉讼中确立了诚实信用原则。

（1）诚实信用原则的内涵。民事诉讼中的诚实信用原则，是指要求当事人及其他诉讼参与人在实施诉讼行为时不罔言欺诈、守承诺的基本准则。诚信的行为准则增强了诉讼的可视性与可预测性，增强了诉讼的实质公平性，使诉讼活动免于坠入叵测迷离、难以捉摸、混乱、迟延、实质不公平的泥淖，具有积极意义。(2分)

（2）诚实信用原则约束的主体及原因（4分）

民事诉讼中的诚信原则约束的主体不包含法院与法官，仅涉及当事人与其他诉讼参与人。具体原因包括以下四个方面：

①诚信以社会层面的个体道德的自我完善为核心，作为国家机关的法院以履行法定职责为组织运行的核心。法院的法定职责远高于诚信的道德要求，怠于履行法定职责的后果也重于背离诚信的后果。如果说诚信原则在审判权运行层面有一定作用的话，那么，这种作用也只能发生在具体实施审判权的法官层面。以诚信原则约束法官行为是否允当，仍值得探讨。

②诚信的基本内涵是不罔言、不欺诈、守承诺。辅以相应的权利义务机制，诚信原则在调整处于诉讼中同一平面上发生横向联系的当事人与其他诉讼参与人的行为时具有合理性；诚信原则在调整行使审判职权的、与当事人及其他诉讼参与人发生纵向或垂直方向联系的法官的行为方面，欠缺合理性，因为在实践中很难判断法官的言辞中哪些是在说谎，哪些是在欺骗当事人，法官也无从给当事人或其他诉讼参与人作出

任何形式的承诺。究其根源，这种不合理的诉讼现象是偏离诚信乃平等主体间道德要求的本质所导致的。

③民事诉讼运行的基本前提是存在可信赖的、道德上无争议的中立裁判者，将诚信原则约束面辐射至法院与法官，则意味着在整体层面上法官道德上有争议假设的成立，则意味着中立裁判者假设的不成立，则意味着民事诉讼是在不可信赖的裁判者的裁判下进行的。显然，这样的民事诉讼是没有意义的。

④整体层面的法官道德无争议假设的成立是民事诉讼正当性的基础，不过，我们也必须注意到局部层面部分法官道德滑坡现象的客观存在。需注意，民事诉讼法确立诚信原则要解决的问题不是规制法院的失范行为，而是抑制、消除当事人的诉讼不端行为。从修法前对民事诉讼法中确立诚信原则的各类国内文献中可以明确看出这样的问题意识与修法动力。

(3) 诚实信用原则的外延（3分）

从大陆法系国家诚信原则的适用来看，适用诚信原则的情形总体上包括以下方面：

①当事人真实陈述的义务。当事人真实陈述的义务简称为“真实义务”。

②促进诉讼的义务。这一义务要求当事人在诉讼中不得实施迟延或拖延诉讼行为，或干扰诉讼的进行，应协助法院有效率地进行诉讼，完成审判。

③禁止以欺骗方法形成不正当诉讼状态。按照诚信原则，当事人不得以欺骗方法形成不正当的诉讼状态，从而获得法规的不当使用或不适用。

④禁反言。民事诉讼上的禁反言，也称之为禁反言原则。该原则源于英美法上 estoppel 法理。大陆法系国家，如日本又将其扩展或概括为禁止矛盾行为。

⑤诉讼上权能的滥用。虽然诉讼制度给予了当事人某些权能，但如果当事人没有诚信地行使该权能，也就不能予以承认该权能行使的利益。

⑥诉讼上权能的丧失。因行为人长时期不行使诉讼上的特定权能，使得对方产生一种行为人大概不会行使该权能的期待，一旦达到如此阶段，行为人还可以行使权能的话，就将有损对方的期待，因此，为了维护这种期待，在此情形下权能的行使是不合法的，也就是所谓失权的原则。

在我国民事诉讼中，诚信原则还包含其他诉讼参与人不罔言、不欺诈的要素。

(4) 诚信原则的适用（6分）

在诚信原则的适用中，首先需要注意完善、充实诚实信用原则的具体的配套制度。

①修正后的《民事诉讼法》第112条规定，当事人之间恶意串通，企图通过诉讼、调解等方式侵害他人合法权益的，人民法院应当驳回其请求，并根据情节轻重予以罚款、拘留；构成犯罪的，依法追究刑事责任。第113条规定，被执行人与他人恶意串通，通过诉讼、仲裁、调解等方式逃避履行法律文书确定的义务的，人民法院应当根据情节轻重予以罚款、拘留；构成犯罪的，依法追究刑事责任。这两个条文作为落实

民事诉讼中诚实信用原则的具体条文，对于抑制诉讼中与执行中恶意串通型的欺诈行为具有明显意义。

②《民事诉讼法》第111条规定，诉讼参与人或者其他人有下列行为之一的，人民法院可以根据情节轻重予以罚款、拘留；构成犯罪的，依法追究刑事责任：伪造、毁灭重要证据，妨碍人民法院审理案件的；以暴力、威胁、贿买方法阻止证人作证或者指使、贿买、胁迫他人作伪证的；隐藏转移、变卖、毁损已被查封、扣押的财产，或者已被清点并责令其保管的财产，转移已被冻结的财产的。……上述诉讼不端行为不仅背离诚信，而且严重妨害民事诉讼程序的正常进行，这一规定在促进诉讼诚信方面仍将发挥作用。

③对于当事人虚假陈述、恶意反悔等背离诚信的行为，《民事诉讼法》中没有明确规定，需要在诉讼实践中总结经验逐步予以明确。此外，在诚实信用原则的适用中，也要避免诚实信用原则与处分原则的冲突与矛盾。比如，当事人变更诉讼请求是行使处分权的重要方式，如果不慎重考虑，很可能被当作背信行为而承受不利后果。

第六章　民事诉讼基本制度

编者说明：历年真题中没有涉及本章的知识点。

第七章　当事人

一、名词解释

1.（2016年法学综合课民事诉讼法名词解释第1题）普通共同诉讼（2分）

【命题考点】普通共同诉讼

【参考答案及评分标准】普通共同诉讼，是指当事人的一方或者双方为2人以上，其诉讼标的属于同一种类（1分），当事人同意合并诉讼，人民法院认为可以合并审理的诉讼（1分）。

二、简答题

1.（2019年法学综合课民事诉讼法简答题）简述当事人适格与诉讼权利能力的区

别。(6 分)

【命题考点】 当事人适格与诉讼权利能力

【参考答案及评分标准】 当事人适格（正当当事人)，是指当事人在特定案件中有资格起诉或应诉而成为原告或被告，并接受人民法院裁判的约束。民事诉讼权利能力又称当事人能力，是指能够成为民事诉讼当事人，享有诉讼权利和承担诉讼义务的资格。(2 分）二者区别包括如下方面：

(1）二者特点不同：民事诉讼权利能力是民事诉讼法赋予公民、法人或者其他组织作为民事诉讼当事人的一种资格，是抽象的概念；当事人适格是一个具体的当事人资格。(2 分)

(2）与具体诉讼的关系不同：民事诉讼权利能力与具体诉讼无关，不以民事诉讼的发生为前提，仅取决于有无民事权利能力。通常认为，除法定特殊情况以外，有民事权利能力的主体均有民事诉讼权利能力；而且对于同一类民事诉讼当事人，其民事诉讼权利能力不因具体主体的不同而有任何不同。而当事人适格则是针对具体诉讼的一种当事人资格，以民事诉讼的发生为前提，离开具体诉讼则不涉及当事人适格的问题。(2 分)

2.（2007 年法学综合二简答题第 5 题）简述诉讼代表人与诉讼代理人的区别。(4 分)

【命题考点】 诉讼代表人与诉讼代理人

【参考答案及评分标准】 诉讼代表人，是指具有共同的或者同一种类的诉讼标的的一方或者双方当事人人数众多，为了方便进行诉讼，由该方当事人推选出来的代表全体当事人实施诉讼行为的人。诉讼代理人，是指以当事人的名义，在法律规定或者当事人授予的权限范围内，为当事人的利益进行诉讼活动的人。(1 分)

(1）二者的诉讼地位不同。诉讼代表人是本案当事人，与本案诉讼标的具有法律上的利害关系，并且以自己的名义进行诉讼。诉讼代理人不是本案当事人，与本案诉讼标的不具有法律上的利害关系并且以被代理人的名义进行诉讼。(1 分)

(2）二者参加诉讼的目的不同。诉讼代表人参加诉讼的目的，既是保护自己的民事权益，也是为了保护被代表的其他当事人的民事权益。诉讼代理人参加诉讼的目的则是为了保护被代理人的民事权益。(1 分)

(3）二者行为的法律后果不同。在代表人诉讼中，诉讼代表人实施诉讼行为的法律后果由诉讼代表人和其他被代表人共同承担。诉讼代理人在代理权限内实施的诉讼行为，其法律后果由被代理人承担。(1 分)

3.（2006 年私法卷法学综合二简答题第 3 题）简述有独立请求权的第三人与必要的共同诉讼人之间的区别。(5 分)

【命题考点】 有独立请求权的第三人与必要的共同诉讼人

【参考答案及评分标准】有独立请求权的第三人，是指对原、被告之间争议的诉讼标的，认为有独立请求权，因而参加到原、被告之间已经开始的诉讼中的第三方当事人。必要的共同诉讼人，是指一方或者双方为 2 人以上，诉讼标的是共同的，人民法院必须合并审理的诉讼当事人。

(1) 有独立请求权的第三人参加的诉讼是两个诉的合并审理并且一定具有两个或两个以上诉讼标的，其与本诉的任何一方当事人都不存在共同的权利或者义务。必要的共同诉讼人参加诉讼时可能只存在一个诉讼标的，其是该民事法律关系的一方主体，享有共同权利或者承担共同义务。(1 分)

(2) 有独立请求权的第三人提起的诉讼尽管与本诉具有密切联系，但也可以分开审理。即有独立请求权的第三人既可以参加已经开始的本诉，也可以另行起诉。必要的共同诉讼是一种不可分之诉，不能分开审理。如果遗漏必须参加诉讼的当事人，则应当追加其为共同诉讼人，而不能另行起诉。(1 分)

(3) 有独立请求权的第三人与本诉的双方当事人的利益是对立的。必要的共同诉讼人之间具有共同的利害关系，在诉讼中他们只能与对方当事人对立。(1 分)

(4) 有独立请求权的第三人的诉讼地位只能是原告，以本诉的原告和被告为共同被告。必要的共同诉讼人既可以是原告，也可以是被告。(1 分)

(5) 有独立请求权的第三人只能在本诉开始后参加进来。必要的共同诉讼人可以在起诉的同时参加诉讼，也可以在诉讼开始后追加进来。(1 分)

第八章　法院与管辖

一、名词解释

1. (2019 年法学综合课民事诉讼法名词解释第 1 题) 任意管辖 (3 分)

【命题考点】任意管辖

【参考答案及评分标准】任意管辖，是指管辖的规定不是强制性规范，而是授权性规范或倡导性规范 (1 分)，当事人单方或双方可以选择管辖法院 (1 分)，如共同管辖、选择管辖和协议管辖等。(1 分)

二、简答题

1. (2008 年法学综合二简答题第 5 题) 简述管辖权异议的主体。(4 分)

【命题考点】管辖权异议

【参考答案及评分标准】 管辖权异议，是指人民法院受理案件后，当事人依法向受诉人民法院提出的该人民法院对本案没有管辖权的主张和意见。《民事诉讼法》第127条规定："人民法院受理案件后，当事人对管辖权有异议的，应当在提交答辩状期间提出。人民法院对当事人提出的异议，应当审查。异议成立的，裁定将案件移送有管辖权的人民法院；异议不成立的，裁定驳回。当事人未提出管辖异议，并应诉答辩的，视为受诉人民法院有管辖权，但违反级别管辖和专属管辖规定的除外。"当事人包括被告、原告和第三人，故而分析管辖权异议的主体包括以下方面：

(1) 被告通常是提出管辖权异议的主体，因为被告是被动接受诉讼的主体，其当然有权对受诉人民法院是否对本案享有管辖权提出异议。(1分)

(2) 原告通常无权提出管辖权异议，因为原告在起诉时必然向其认为有管辖权的人民法院起诉。在以下特殊情况下，原告有权提出管辖权异议：第一，原告误向没有管辖权的人民法院起诉的；第二，诉讼开始后被追加的共同原告认为受诉法院没有管辖权的；第三，受诉人民法院受理案件后认为自己没有管辖权，而依职权将案件移送给其认为有管辖权的法院，原告对被移送案件的人民法院是否具有管辖权有异议的。(1分)

(3) 有独立请求权的第三人如果是主动参加他人已经开始的诉讼，则视为其承认受诉人民法院享有管辖权，故不发生管辖权异议的问题；如受诉人民法院依职权通知其参加诉讼，则其有权选择是以有独立请求权第三人身份参加诉讼还是以原告身份另行起诉。(1分)

(4) 无独立请求权的第三人无权提出管辖权异议。《民诉解释》第82条规定："在一审诉讼中，无独立请求权的第三人无权提出管辖异议，无权放弃、变更诉讼请求或者申请撤诉，被判决承担民事责任的，有权提起上诉。"(1分)

三、分析论述题

1. (2012年法学综合二民事诉讼法分析题) 试论国内民事诉讼中的协议管辖制度及其完善。(10分)

【命题考点】 国内民事诉讼中的协议管辖制度

【参考答案及评分标准】 (1) 国内民事诉讼中的协议管辖制度

协议管辖，是指双方当事人在合同纠纷发生前或者发生后，以协议的方式来选择解决他们之间争议的管辖法院。《民事诉讼法》第34条规定："合同或者其他财产权益纠纷的当事人可以书面协议选择被告住所地、合同履行地、合同签订地、原告住所地、标的物所在地等与争议有实际联系的地点的人民法院管辖，但不得违反本法对级别管辖和专属管辖的规定。"协议管辖必须具备以下条件：(每点1分，共5分)

①协议管辖适用于合同或者其他财产权益纠纷案件；

②协议管辖只能适用于第一审人民法院管辖的民事案件；

③当事人必须采用书面形式约定协议管辖的法院，当事人口头约定无效；

④当事人必须在原告住所地、被告住所地、合同签订地、合同履行地、标的物所在地等与争议有实际联系的地点的人民法院的范围内进行协议管辖，选择其他与争议无实际联系的地点的法院管辖无效；

⑤协议管辖只能变更第一审的地域管辖，不得违背级别管辖和专属管辖的规定；

⑥当事人必须作出确定、唯一的选择才能有效。

（2）协议管辖制度的完善（每点2分，共5分）

①逐步扩展国内民事诉讼协议管辖的案件适用范围。目前国内协议管辖只能适用于合同或其他财产权益纠纷案件，可以逐步扩展适用于人身权利纠纷案件。

②逐步增加当事人协议选择的管辖法院范围。只要是双方当事人之间达成协议合意选择的法院，并且不违背级别管辖和专属管辖的规定，就可以作为一审法院进行审判。

③扩展当事人协议管辖的方式。当事人可以选择采用书面形式或者口头方式协议选择管辖法院，通常以书面方式为主，以口头方式为辅。只要是双方当事人真实意思表示，双方对于口头协议选择的法院认可，那么口头协议选择管辖法院的方式也是有效的。

2.（2010年法学综合二民事诉讼法分析题）南方A市的蓝天公司因印刷机产品质量纠纷将北方B市的白云公司诉至A市某区法院，要求白云公司承担违约责任。诉讼中白云公司请求法院追加北方某省的黑土地公司为诉讼第三人，并且要求法院判令黑土地公司向蓝天公司承担违约责任。黑土地公司认为本案有管辖权的法院应当是北方B市的区法院，A市的区法院管辖有误，故而向受诉人民法院提出管辖权异议。请问：受诉人民法院应当如何处理黑土地公司提出的管辖权异议并且说明理由。（6分）

【命题考点】管辖权异议

【参考答案及评分标准】受诉人民法院应当裁定驳回黑土地公司的管辖权异议申请。（2分）因为最高人民法院《关于第三人能否对管辖权提出异议问题的批复》规定："一、有独立请求权的第三人主动参加他人已开始的诉讼，应视为承认和接受了受诉法院的管辖，因而不发生对管辖权提出异议的问题；如果是受诉法院依职权通知他参加诉讼，则他有权选择是以有独立请求权的第三人的身份参加诉讼，还是以原告身份向其他有管辖权的法院另行起诉。二、无独立请求权的第三人参加他人已开始的诉讼，是通过支持一方当事人的主张，维护自己的利益。由于他在诉讼中始终辅助一方当事人，并以一方当事人的主张为转移。所以，他无权对受诉法院的管辖权提出异议。"由此可见，黑土地公司无论作为有独立请求权的第三人还是作为无独立请求权的第三人参加本案已经开始的诉讼，都无权提出管辖权异议。（4分）

3. （2005 年私法卷法学综合二民事诉讼法分析题）2000 年 5 月甲公司与乙公司签订一份加工承揽合同，并且在合同中订立仲裁条款，约定“凡是因本合同发生的纠纷若协商不成，应提交北京仲裁委员会仲裁”。2001 年 3 月，双方在履行该合同时发生争议，在几经协商未能达成协议的情况下，甲公司即依照《民事诉讼法》的规定向加工行为地人民法院提起诉讼。该人民法院受理后向乙公司送达了起诉状副本，乙公司在法律规定的时间内应诉答辩。试以本案为基础，分析仲裁管辖权和诉讼管辖权的关系。(10 分)

【命题考点】 仲裁管辖权和诉讼管辖权

【参考答案及评分标准】 仲裁管辖权和诉讼管辖权的关系主要体现在：

（1）人民法院主管民事案件的范围宽于仲裁机构对纠纷案件主管的范围。仲裁的主管范围是平等主体的公民、法人和其他组织之间发生的合同纠纷和其他财产权益纠纷，而婚姻、收养、监护、扶养、继承纠纷不属于仲裁主管的范围。人民法院主管的范围为公民之间、法人之间、其他组织之间以及他们相互之间因财产关系和人身关系提起的民事诉讼。例如本案的合同纠纷，既属于仲裁主管的范围，也属于人民法院主管的范围。(4 分)

（2）对于既属于人民法院主管的范围又属于仲裁机构主管范围的民商事纠纷案件，应当基于双方当事人的意愿来确定具体纠纷案件是由人民法院主管还是由仲裁机构主管。即双方当事人通过签订仲裁协议依法选择以仲裁方式解决纠纷的，则不得再向人民法院提起民事诉讼。如果双方当事人没有订立仲裁协议或者仲裁协议无效，或者双方当事人明确选择以诉讼方式解决纠纷，则不得再向仲裁机构申请仲裁。在本案中，甲公司与乙公司之间在合同中订立了有效的仲裁条款，约定“凡是因本合同发生的纠纷若协商不成，应提交北京仲裁委员会仲裁”。发生纠纷后，甲公司向加工行为地的人民法院提起民事诉讼，该人民法院应当不予受理。(4 分)

（3）根据或裁或审、一裁终局的原则，仲裁裁决生效后，当事人不服的，不能向人民法院提起民事诉讼，也不得再向仲裁机构申请仲裁。(1 分)

（4）当事人在仲裁裁决被人民法院依法撤销或者不予执行后，重新达成仲裁协议申请仲裁的，则依法由仲裁机构主管。没有达成新的仲裁协议，或者新达成的仲裁协议无效的，则依法由人民法院主管。(1 分)

第九章　民事诉讼证据与证明

一、名词解释

1. （2019 年法学综合课民事诉讼法名词解释第 2 题）反证（3 分）

【命题考点】反证

【参考答案及评分标准】反证是指对证明待证事实不负举证责任（1 分）的一方当事人提出的（1 分），能够证明该事实不存在或者不真实的证据。(1 分)

2. （2018 年法学综合课民事诉讼法名词解释第 2 题）证明责任（3 分）

【命题考点】证明责任

【参考答案及评分标准】证明责任，是指当事人对其在诉讼中所主张的案件事实（1 分），应当提供证据加以证明（1 分），并且在案件事实真伪不明时应当由该当事人承担不利诉讼后果的责任。(1 分)

二、简答题

1. （2017 年法学综合课民事诉讼法简答题）简述证明责任分配的一般原则。（6 分）

【参考答案及评分标准】证明责任的分配，是指法院在诉讼中按照一定的规范或者标准，将事实真伪不明时所需要承担的不利后果在双方当事人之间进行合理划分。在举证责任的分配方面，《民事诉讼法》规定，“当事人对自己提出的主张，有责任提供证据。”(2 分)

为了弥补《民事诉讼法》规定的不完善之处，《民诉解释》及《证据规定》对证明责任分配作出进一步细化后形成的基本原则：

（1）主张法律关系存在的当事人，应当对产生该法律关系的基本事实承担举证责任。(2 分)

（2）主张法律关系变更、消灭或者权利受到妨害的当事人，应当对该法律关系变更、消灭或者权利受到妨害的基本事实承担举证责任。(2 分)

2. （2010 年法学综合二简答题第 5 题）简述如何区别民事诉讼中的本证与反证。(4 分)

【命题考点】本证与反证

【参考答案及评分标准】根据证据对当事人所主张事实的证明作用，将证据区分为本证和反证。本证是指对待证事实负有举证责任的一方当事人提出的，能够证明待证事实成立的证据；反证是指对待证事实不负举证责任的一方当事人提出的，能够证明该事实不存在或者不真实的证据。(1 分)

(1) 本证和反证的区分是以证据和待证事实之间的关系为标准的，而不是以证据是由哪一方当事人提出为标准的。也就是说，并非原告提出的都是本证，被告提出的都是反证。在民事诉讼中，原告和被告都有权提出本证和反证。(1 分)

(2) 在确定本证与反证时，首先应当确定当事人所主张事实的举证责任分担，对于当事人所主张事实负举证责任的一方当事人所提出的支持其主张的证据就是本证，而对待证事实不负举证责任的一方当事人所提出的反驳对方主张的证据就是反证。(1 分)

(3) 本证与反证的区分与举证责任的划分存在密切关系。从证据的理论分类上，负有结果责任的一方当事人负担的行为责任为本证，不负担结果责任的一方当事人负担的行为责任为反证。(1 分)

3. (2009 年法学综合二简答题第 5 题) 简要回答什么是民事诉讼中的自认以及自认的效力。(4 分)

【命题考点】 民事诉讼中的自认

【参考答案及评分标准】 民事诉讼中的自认，是指当事人或者其诉讼代理人在口头辩论或者准备程序中，承认对方当事人所主张的事实为真实。(1 分) 自认的效力包括：

(1) 对自认方的效力：自认方必须受自认内容的约束，不能再对自认所涉及的事实作出相反的主张，自认一经作出非因法定原因不得撤销。(1 分)

(2) 对对方当事人的效力：对方当事人对于自认范围内的事实无须再承担证明责任。《证据规定》第 8 条第 1 款规定："诉讼过程中，一方当事人对另一方当事人陈述的案件事实明确表示承认的，另一方当事人无须举证。但涉及身份关系的案件除外。"(1 分)

(3) 对人民法院的效力：人民法院应当将自认的事实作为认定案件事实的依据，在当事人自认的事实范围内不得再进行证据调查。(1 分)

4. (2005 年私法卷法学综合二简答题第 4 题) 简述最高人民法院《关于民事诉讼证据的若干规定》中对举证时限是如何规定的。(5 分)

【命题考点】 举证时限

【参考答案及评分标准】 最高人民法院《关于民事诉讼证据的若干规定》中对举证期限的规定包括以下内容：

(1) 第 33 条第 2、3 款规定：举证期限可以由当事人协商一致，并经人民法院认可。由人民法院指定举证期限的，指定的期限不得少于 30 日，自当事人收到案件受理通知书和应诉通知书的次日起计算。(但《民诉解释》已对该规定进行了修改,《民诉解释》第99条第2款规定:人民法院确定举证期限,第一审普通程序案件不得少于15日,当事人提供新的证据的第二审案件不得少于10日。)(1分)

(2)第34条规定:当事人应当在举证期限内向人民法院提交证据材料,当事人在举证期限内不提交的,视为放弃举证权利。对于当事人逾期提交的证据材料,人民法院审理时不组织质证。但对方当事人同意质证的除外,当事人增加、变更诉讼请求或者提起反诉的,应当在举证期限届满前提出。(1分)

(3)第35条第2款规定:当事人变更诉讼请求的,人民法院应当重新指定举证期限。(1分)

(4)第36条规定:当事人在举证期限内提交证据材料确有困难的,应当在举证期限内向人民法院申请延期举证,经人民法院准许,可以适当延长举证期限。当事人在延长的举证期限内提交证据材料仍有困难的,可以再次提出延期申请,是否准许由人民法院决定。(2分)

三、分析论述题

1.(2015年法学综合二民事诉讼法论述题)论述民事诉讼中自认的构成要件及其效力。(10分)

【命题考点】民事诉讼中的自认

【参考答案及评分标准】民事诉讼中的自认,是指一方当事人作出的,认为对方当事人的事实主张是真实的意思表示。自认包括以下构成要件:

(1)当事人自认的时间必须发生在口头辩论或者准备程序中,当事人可以在开庭前的准备程序、法庭审理过程中以及起诉状、答辩状中进行自认,诉讼之外作出的自认不具有拘束自认方的效力。(2分)

(2)当事人的自认必须针对法律允许自认的事实,而不能针对另一方提出的诉讼请求或者法律、法规和法律解释,涉及身份关系的事实不允许当事人自认。(2分)

(3)自认必须采用法律认可的方式,包括明示的自认和默示的自认。对一方当事人陈述的事实,另一方当事人既未表示承认也未否认,经审判人员充分说明并询问后,其仍不明确表示肯定或者否定的,视为对该项事实的承认。当事人委托代理人参加诉讼的,代理人的承认视为当事人的承认。(2分)

(4)自认必须就对方当事人主张的事实进行。(1分)

民事诉讼中的自认具有如下效力:

(1)对自认方的效力:必须接受自认内容的约束,不能再对自认所涉及的事实作出相反的主张,自认一经作出非因法定理由不能撤回。(1分)

(2)对对方当事人的效力:对自认范围内的事实无需再承担证明责任。诉讼过程

中，一方当事人对另一方当事人陈述的案件事实明确表示承认的，另一方当事人无需举证，但涉及身份关系的案件除外。(1 分)

(3) 对人民法院的效力：依据处分原则的规定，人民法院应当将自认的事实作为认定事实的依据，在当事人自认的事实范围内不再进行证据调查。但是，当人民法院认为当事人的自认是出于恶意或者为了达到规避法律或其他非法目的以及可能会给国家利益、社会利益或他人合法利益造成损害时，人民法院可以不受当事人自认的约束。(1 分)

2. (2007 年法学综合二民事诉讼法分析题) 2004 年 9 月 15 日，赵某向甲区人民法院起诉要求陈某归还借款 5 万元，并提供一张由陈某亲笔书写的收据："2004 年 3 月 12 日收到赵某交付的 5 万元。"除此证据外，赵某无其他证据证明。开庭审理中，陈某承认收据是自己亲笔书写的。但是陈某提出，自己并没有向赵某借过钱，收据中的 5 万元钱是赵某应偿还自己的另外一笔款。除此之外，陈某没有提出任何证据证明自己的主张。回答以下问题：(6 分)

(1) 请运用证明责任分配的原理分析原告的诉讼请求能否得到支持?

(2) 说明理由。

【命题考点】举证责任

【参考答案及评分标准】(1) 原告赵某的诉讼请求不能得到支持。(2 分)

(2)《民事诉讼法》第 64 条第 1 款规定："当事人对自己提出的主张，有责任提供证据。"我国民事诉讼推行的是"谁主张、谁举证"的证明责任分配原则。赵某作为原告主张被告陈某曾经向其借款 5 万元，赵某必须对于陈某向其借款的事实进行举证。赵某提供的记载"2004 年 3 月 12 日收到赵某交付的 5 万元"的收据不能证明陈某曾经向赵某借款的事实，同时被告陈某辩解称"收据是自己亲笔书写的，但是自己并没有向赵某借过钱，收据中的 5 万元钱是赵某应偿还自己的另外一笔款"，故而人民法院对于原告的诉讼请求不能支持。(4 分)

第十章　诉讼调解与和解

编者说明：历年真题中没有涉及本章的知识点。

第十一章　民事诉讼保障制度

一、分析论述题

1.（2017 年法学综合课民事诉讼法学分析题）试述民事诉讼财产保全制度。

【参考答案及评分标准】 财产保全是指人民法院在利害关系人起诉前或者当事人起诉后，为保障将来的生效判决能够得到执行，避免财产遭受损失，根据利害关系人、当事人的申请或者必要时依职权，对当事人的财产、争议的标的物或者与本案有关的财产，采取限制处分的强制措施。(2 分）财产保全适用于所有包括财产给付内容的民事案件，具体包括以下内容：

(1）财产保全的分类。财产保全包括诉前财产保全和诉讼财产保全，诉前财产保全的适用条件是情况紧急、利害关系人提出采取财产保全措施的申请并必须提供相应担保；诉讼财产保全可以依当事人申请或者人民法院依职权采取，可以发生在包括一审、二审及再审的任何诉讼阶段，并规定适用条件是可能因当事人一方的行为或其他原因，使判决难以执行或造成当事人其他损害的。(2 分)

(2）财产保全的措施及适用。财产保全采取查封、扣押、冻结或者法律规定的其他方法。人民法院在采取财产保全措施时，应当及时通知被保全人，并妥善保管被查封、扣押、冻结的财产。人民法院对季节性商品、鲜活、易腐烂变质以及其他不宜长期保存的物品采取保全措施时，可以责令当事人及时处理，由人民法院保存价款；必要时，人民法院可予以变卖，保存价款。(2 分)

(3）财产保全的适用程序。第一，申请。诉前财产保全必须由利害关系人向被保全财产所在地、被申请人住所地或者对案件有管辖权的人民法院申请而采取，诉讼财产保全除了人民法院依职权适用外，当事人向受诉人民法院提出申请也是启动保全程序的必要条件。申请可以书面形式或者口头形式提出，口头形式提出的由人民法院记入笔录。第二，提供担保。人民法院在采取诉前保全、诉讼保全措施时，应当书面责令利害关系人或者当事人提供担保。利害关系人申请诉前保全的，应当提供相当于请求保全数额的担保；情况特殊的，人民法院可以酌情处理。不提供担保的，裁定驳回申请；诉讼中，人民法院依申请或者依职权采取保全措施的，应当根据案件的具体情况决定当事人是否应当提供担保以及担保的数额。第三，审查。人民法院应当认真审查申请人的申请是否符合法定保全规定，对于诉前财产保全和情况紧急的诉讼财产保全，人民法院应当在 48 小时内完成审查并作出裁定。对于其他诉讼财产保全也应当及时审查并作出裁定。第四，人民法院根据当事人或利害关系人的申请，或者在必要时可以依职权裁定采取财产保全措施，裁定作出后应当立即开始执行。被申请人不服人民法院作出的裁定，可以申请复议一次。第五，解除。对于诉前财产保全，利害关系人在人民法院采取保全措施后15日内不起诉的，人民法院应当解除财产保全。第六，人民法院作出财产保全的裁定后，除非作出裁定的人民法院或其上级人民法院决定解除保全措施，否则保全的效力一般持续到生效的法律文书执行时止。如果被申请人提供了相应担保，则人民法院应当及时裁定解除保全措施。(5分)

(4) 财产保全的救济程序。第一，救济途径。当事人对保全裁定不服的，可以自收到裁定之日起5日内向作出裁定的人民法院申请复议，人民法院应当在收到复议申请后10日内进行审查，裁定正确的驳回当事人的申请，裁定错误的则变更或撤销原裁定。利害关系人对于保全裁定不服的，可以申请复议一次，复议期间不停止裁定的执行。第二，赔偿方式。因申请人的错误申请给被申请人造成损失的，申请人应当赔偿被申请人因保全所遭受的损失。申请人提供担保的，直接以担保财产进行赔偿；未提供担保的，被申请人可以通过在诉讼中主张抵销或者提起损害赔偿之诉的方式获得赔偿。如果因人民法院依职权采取错误的保全措施而造成损失的，则由人民法院依照《国家赔偿法》进行赔偿。(4分)

第十二章　第一审普通程序

一、名词解释

1.（2016年法学综合课民事诉讼法名词解释第3题）反驳（2分）

【参考答案】反驳

【参考答案及评分标准】反驳，是指一方当事人针对对方当事人提出的诉讼主张，提出有利于自己的事实和理由（1分），以此否定对方当事人的诉讼主张的一项诉讼权利。(1分)

二、简答题

1.（2016年法学综合课简答题第9题）简述不予受理和驳回起诉的区别。(5分)

【参考答案及评分标准】不予受理，是指人民法院在立案审查阶段发现当事人的起诉不符合起诉受理条件而依法作出不接受其起诉的裁定。驳回起诉，是指人民法院在接受当事人的起诉后，经审查发现不符合起诉的受理条件而依法作出的驳回当事人起

诉的裁定。(2 分) 二者区别如下:

(1) 不予受理发生在人民法院的立案审查阶段，并没有受理案件；驳回起诉发生在人民法院立案受理后的案件审理阶段。(2 分)

(2) 不予受理的裁定由负责立案审查的审判员、书记员署名，驳回起诉的裁定由负责审理案件的审判员、书记员署名。(1 分)

三、分析论述题

1. (2014 年法学综合二民事诉讼法论述题) 论民事诉讼案件一审、二审、再审的审理范围。

【命题考点】一审、二审、再审的审理范围

【参考答案及评分标准】(1) 一审的审理范围：根据当事人提出的诉讼请求和适用法律进行审查。一审开庭审理主要针对当事人提出的诉讼请求及相关证据，结合双方的辩论进行审理以查明案件事实并且正确适用法律以裁判案件。(3 分)

(2) 二审的审理范围：根据《民事诉讼法》第 168 条的规定："第二审人民法院应当对上诉请求的有关事实和适用法律进行审查。" 当事人针对一审裁判提出上诉所涉及的具体内容即为第二审人民法院审理上诉案件的范围，对一审裁判中当事人未提出上诉的内容，第二审人民法院原则上不进行审理。在特殊情况下，对于第一审未发生法律效力的裁判中所确定的特殊内容，即使当事人未提出上诉，也应当予以审查。《民诉解释》第 323 条第 2 款规定："当事人没有提出请求的，不予审理，但一审判决违反法律禁止性规定，或者损害国家利益、社会公共利益、他人合法权益的除外。" (4 分)

(3) 再审的审理范围：《民诉解释》第 405 条规定："人民法院审理再审案件应当围绕再审请求进行。当事人的再审请求超出原审诉讼请求的，不予审理；符合另案诉讼条件的，告知当事人可以另行起诉。被申请人及原审其他当事人在庭审辩论结束前提出的再审请求，符合民事诉讼法第 205 条规定的，人民法院应当一并审理。人民法院经再审，发现已经发生法律效力的判决、裁定损害国家利益、社会公共利益、他人合法权益的，应当一并审理。" (3 分)

2. (2011 年法学综合二民事诉讼法分析题) 某少儿培训学校在居民楼住宅中招生办学，因孩子们吵吵闹闹影响居民日常生活，小区业主委员会主任多次与该培训学校交涉，要求其停办，并采取其他措施制止其办学。该培训学校不胜居民和业主委员会的烦恼，向所属区人民法院对业主委员会提起诉讼，要求其排除妨害、赔偿损失。在诉讼过程中，法院发现该培训学校没有办学资质并且未取得合法登记，又查明被告的行为系正当交涉行为，不构成对原告的妨碍。受诉法院应当如何适用《民事诉讼法》的规定处理该案？说明理由。(6 分)

【命题考点】起诉的条件

【参考答案及评分标准】人民法院应当依法裁定驳回起诉，不需要作出实体审理。(2分) 具体理由如下：

(1)《民事诉讼法》第48条第1款规定："公民、法人和其他组织可以作为民事诉讼的当事人。"《民诉解释》第52条规定："民事诉讼法第48条规定的其他组织是指合法成立、有一定的组织机构和财产，但又不具备法人资格的组织，包括：①依法登记领取营业执照的个人独资企业；②依法登记领取营业执照的合伙企业；③依法登记领取我国营业执照的中外合作经营企业、外资企业；④依法成立的社会团体的分支机构、代表机构；⑤依法设立并领取营业执照的法人的分支机构；⑥依法设立并领取营业执照的商业银行、政策性银行和非银行金融机构的分支机构；⑦经依法登记领取营业执照的乡镇企业、街道企业；⑧其他符合本条规定条件的组织。"《民事诉讼法》第119条规定："起诉必须符合下列条件：(一) 原告是与本案有直接利害关系的公民、法人和其他组织；(二) 有明确的被告；(三) 有具体的诉讼请求和事实、理由；(四) 属于人民法院受理民事诉讼的范围和受诉人民法院管辖。"由于本案原告即培训学校没有办学资质并且未取得合法登记，不属于法人，同时也不符合《民诉解释》第52条规定的"其他组织"的条件，故而该培训学校不具有原告主体资格，起诉不符合法定条件。(2分)《民事诉讼法》第123条规定："人民法院应当保障当事人依照法律规定享有的起诉权利。对符合本法第119条的起诉，必须受理。符合起诉条件的，应当在7日内立案，并通知当事人；不符合起诉条件的，应当在7日内作出裁定书，不予受理；原告对裁定不服的，可以提起上诉。"由于本案的人民法院是在诉讼过程中查明该培训学校没有办学资质并且未取得合法登记的，而不是在审查受理阶段，故而应当作出驳回起诉的裁定。同时又查明被告的行为系正当交涉行为，不构成对原告的妨碍，故而对于被告的行为不进行实体审理。(2分)

3. (2009年法学综合二民事诉讼法分析题) A市B区的宏宇公司所成立的宏宇公司公关部，在T市W区进行业务活动，但并没有领取营业执照。2006年5月，宏宇公司公关部与T市蓝天美食广场签订加工订制桌椅的合同，约定于当年6月中旬之前宏宇公司必须制作完工，届时蓝天美食广场自行提货。蓝天美食广场支付了定金，宏宇公司出具了收据。由于宏宇公司到期没有完工。蓝天美食广场被迫于2006年7月从其他公司高价订制桌椅，为了挽回损失，蓝天美食广场决定提起诉讼。为了达到在本地进行诉讼的目的，蓝天美食广场决定以宏宇公司公关部为被告，向W区人民法院提起诉讼。W区人民法院受理后，在审限内作出判决，此时宏宇公司才知道诉讼情形，其立即更换公关部经理，在上诉期间内指令公关部向T市中级人民法院上诉。公关部上诉认为一审判决赔偿数额较大，请求减少赔偿数额。请问：(6分)

(1) W区人民法院受理本案是否正确？为什么？

(2) T市中级人民法院如何处理本案？

【命题考点】起诉的条件和驳回起诉

【参考答案及评分标准】(1) W区人民法院受理本案不正确。(1分) 因为《民诉解释》第52条规定:“民事诉讼法第48条规定的其他组织是指合法成立、有一定的组织机构和财产,但又不具备法人资格的组织,包括:……⑤依法设立并领取营业执照的法人的分支机构;……”由于宏宇公司公关部并没有领取营业执照,不能作为本案的当事人即被告进行诉讼,蓝天美食广场应当以宏宇公司为被告提起民事诉讼。(2分)

(2) T市中级人民法院依法作出裁定驳回起诉。(1分) 由于本案原告的起诉不符合起诉条件,本案的被告不适格,故而第二审人民法院应当依法作出驳回起诉的裁定。(2分)

4. (2006年私法卷法学综合二民事诉讼法分析题) 原告于老太与被告李某系婆媳关系。2004年3月1日,于老太的儿子,即李某的丈夫于某因交通事故身亡。肇事者与李某就赔偿问题达成协议:由肇事者赔偿老人赡养费、小孩抚养费、死者丧葬费共9万元。李某领取了9万元赔偿金,用其中的5 000元办理了丧事,其余的据为己有。于老太向法院提起诉讼,要求李某向其给付赔偿金中属于她的赡养费部分,人民法院宣判前于老太因病死亡。根据《民事诉讼法》的规定与民事诉讼法学原理回答以下问题:(10分)

(1) 本案的诉讼程序如何进行?

(2) 本案因于老太死亡,诉讼程序是否继续?

【命题考点】诉讼程序和诉讼终结

【参考答案及评分标准】(1) 本案的诉讼程序依照以下步骤进行:

①于老太根据《民事诉讼法》的相关规定,向享有管辖权的人民法院提起追索赡养费的民事诉讼。于老太依法应当向人民法院递交起诉状并按照被告人数提供副本。如果于老太书写起诉状确有困难,可以口头起诉,由人民法院记入笔录,并告知对方当事人。(2分)

②人民法院收到于老太的起诉状或者其口头起诉,经审查认为符合起诉条件的,应当在7日内立案,并通知当事人(即于老太和李某)。(1分)

③由于涉及家庭纠纷,人民法院应先组织当事人之间进行调解。调解不成的,依法开庭审理本案,并且依法进行举证质证、法庭调查、法庭辩论等环节,最终人民法院依法作出民事判决。(1分)

④由于在人民法院宣判前,于老太因病死亡,故而人民法院依法裁定终结审理。(1分)

(2) 本案属于追索赡养费的民事诉讼案件,由于原告于老太因病死亡,诉讼程序不再继续进行,人民法院依法裁定终结诉讼。(2分) 因为《民事诉讼法》第151条规定："有下列情形之一的，终结诉讼：(一) 原告死亡，没有继承人，或者继承人放弃诉讼权利的；(二) 被告死亡，没有遗产，也没有应当承担义务的人的；(三) 离婚案件一方当事人死亡的；(四) 追索赡养费、扶养费、抚育费以及解除收养关系案件的一方当事人死亡的。"(3 分)

第十三章　简易程序

一、简答题

1. (2016 年法学综合课民事诉讼法简答题第 2 题) 简述简易程序的适用范围。(5 分)

【命题考点】 简易程序的适用范围

【参考答案及评分标准】 简易程序的适用范围主要包括以下方面：

(1) 简易程序的适用法院是基层人民法院及其派出法庭；(1 分)

(2) 简易程序的适用程序是第一审民事程序；(1 分)

(3) 简易程序的适用案件是事实清楚、权利义务关系明确、争议不大的简单的民事案件。(2 分) 上述以外的其他民事案件，当事人双方也可以约定适用简易程序。(1 分)

二、分析论述题

1. (2013 年法学综合二民事诉讼法分析题) 论第一审普通程序与简易程序的关系。(10 分)

【命题考点】 第一审普通程序与简易程序 (5 分)

【参考答案及评分标准】 第一审普通程序与简易程序的关系体现在两个方面：

(1) 第一审普通程序与简易程序的联系

①程序补充性。普通程序是人民法院审理第一审民事案件通常所适用的基础程序或者主体程序，而简易程序则是普通程序的简化；

②程序转换性。简易程序和普通程序可以在一定条件实现双向程序转换。其一，基层人民法院适用第一审普通程序审理的民事案件，当事人各方自愿选择适用简易程序，经人民法院审查同意的，可以适用简易程序进行审理。其二，当事人就适用简易程序提出异议，人民法院认为异议成立的，或者人民法院在审理过程中发现不宜适用简易程序的，应当将案件转入普通程序审理。

（2）第一审普通程序与简易程序的区别（5分）

①程序繁简有区别。简易程序彰显其简约或者略化的特征，普通程序承载更详尽、细致和完善的程序或者制度内容。

②适用范围不同。在通常情况下，基层人民法院及其派出法庭审理简单民事案件时才能适用简易程序，普通程序的适用范围比较广泛。

第十四章　公益诉讼与第三人撤销之诉

一、名词解释

1.（2017年法学综合课民事诉讼法名词解释第3题）第三人撤销之诉（3分）

【命题考点】第三人撤销之诉

【参考答案及评分标准】第三人撤销之诉，是指非因自身原因而未参加诉讼的第三人（1分），因人民法院作出的生效判决、裁定或调解书存在错误并使自己的权益受到损害（1分），请求人民法院撤销或者改变原生效法律文书中对其不利部分的请求。（1分）

二、简答题

1.（2018年法学综合课民事诉讼法简答题）简述第三人撤销之诉的提起条件。（6分）

【命题考点】第三人撤销之诉的提起条件

【参考答案及评分标准】第三人撤销之诉，是指非因自身原因而未参加诉讼的第三人，因人民法院作出的生效判决、裁定或调解书存在错误并使自己的权益受到损害，请求人民法院撤销或者改变原生效法律文书中对其不利部分的请求。第三人撤销之诉的提起条件主要包括以下方面：

（1）主体条件。有权提起撤销之诉的主体只能是民事诉讼法所规定的有独立请求权的第三人与无独立请求权的第三人。（1分）

（2）程序条件（2分）

第一，因不能归责于自己的事由未参加诉讼，具体包括：①不知道诉讼而未参加的；②申请参加未获准许的；③知道诉讼，但因客观原因无法参加的；④其他不能归责于本人的事由。

第二，必须在法定期限内即第三人自知道或者应当知道其民事权益受到损害之日起6个月内提起第三人撤销之诉。

（3）实体条件（2分）

①第一、二审作出的判决、裁定和调解书已经生效；

②有证据证明请求撤销的判决、裁定、调解书的部分或者全部存在错误；

③生效判决、裁定或调解书的错误内容损害第三人的民事权益。

（4）管辖法院。第三人撤销之诉应当向作出原生效判决、裁定、调解书的人民法院提出，符合专属管辖的规定。（1分）

三、分析论述题

1.（2019年法学综合课民事诉讼法论述题）试述公益诉讼的特别规定。（15分）

【命题考点】公益诉讼

【参考答案及评分标准】公益诉讼，是指人民法院在双方当事人和其他诉讼参与人的参加下，按照法定程序，对侵害社会主义公共利益的案件进行审理并依法追究违法者法律责任的诉讼制度。（2分）公益诉讼程序的特别规定内容如下：

（1）起诉条件（2分）

其一，原告资格问题。有权提起公益诉讼的主体包括两类：

①法律规定的机关，即必须具有法律明确依据的国家机关，人民检察院也可提起公益诉讼；

②有关组织，主要是在民政部门的社会团体、民办非企业单位和基金会等。

其二，起诉的条件，具体包括以下方面：

①有明确的被告；

②有具体的诉讼请求和事实、理由；

③有社会公共利益受到损害的初步证据；

④属于人民法院受理民事诉讼的范围和受诉人民法院的管辖。

（2）管辖问题（4分）

①公益诉讼案件的地域管辖，由侵权行为地或者被告住所地人民法院管辖；

②公益诉讼案件的级别管辖，由中级人民法院管辖；

③海洋环境污染案件的专属管辖，因污染海洋环境提起的公益诉讼，由污染发生地、损害结果地或者采取预防污染措施地海事法院管辖；

④公益诉讼案件的指定管辖，对同一侵权行为分别向两个以上人民法院提起公益诉讼的，由最先立案的人民法院管辖，必要时由它们的共同上级人民法院指定管辖。

（3）公益诉讼程序与行政保护程序的衔接。即人民法院受理公益诉讼案件后，应当在10日内书面告知相关行政主管部门。这是一条强制性规定。（1分）

（4）其他有起诉资格的机关及组织参加公益诉讼。人民法院受理公益诉讼案件后，依法可以提起诉讼的其他机关和有关组织，可以在开庭前向人民法院申请参加诉讼。人民法院准许参加诉讼的，列为共同原告。(1 分)

(5) 调解与和解 (2 分)

①对公益诉讼案件，当事人可以和解，人民法院可以调解。当事人达成和解或者调解协议后，人民法院应当将和解或者调解协议进行公告，公告期间不得少于 30 日。

②公告期满后，人民法院经审查，和解或者调解协议不违反社会公共利益的，应当出具调解书；和解或者调解协议违反社会公共利益的，不予出具调解书，继续对案件进行审理并依法作出裁判。

(6) 撤诉的限制。公益诉讼案件的原告在法庭辩论终结前申请撤诉，是否准许由人民法院裁定。在法庭辩论终结后申请撤诉的，人民法院不予准许。(1 分)

第十五章　第二审程序

一、简答题

1. (2005 年私法卷法学综合二简答题第 3 题) 简述如何理解上诉案件的审理范围。(5 分)

【命题考点】上诉案件的审理范围

【参考答案及评分标准】上诉案件的审理范围包括以下内容：

(1)《民事诉讼法》第 168 条规定："第二审人民法院应当对上诉请求的有关事实和适用法律进行审查。"第一审允许上诉的裁判依法作出后，当事人针对该裁判提出上诉所涉及的具体内容即为第二审人民法院审理上诉案件的范围，对于一审裁判中当事人未提出上诉的内容，第二审人民法院原则上不进行审理。(2 分)

(2)《民诉解释》第 323 条规定："第二审人民法院应当围绕当事人的上诉请求进行审理。当事人没有提出请求的，不予审理，但一审判决违反法律禁止性规定，或者损害国家利益、社会公共利益、他人合法权益的除外。"由此可见，第二审人民法院对于上诉人未提出的上诉请求不予审查，但是如果一审裁判违反法律禁止性规定、侵害社会公共利益或者他人利益的，则第二审人民法院应当予以审查。(2 分)

(3) 最高人民法院《关于民事经济审判方式改革问题的若干规定》第 36 条规定："被上诉人在答辩中要求变更或者补充第一审判决内容的，第二审人民法院可以不予审查。"(1 分)

二、分析论述题

1.（2014年法学综合二民事诉讼法论述题）论民事诉讼案件一审、二审、再审的审理范围。

【命题考点】一审、二审、再审的审理范围

【参考答案及评分标准】(1) 一审的审理范围：根据当事人提出的诉讼请求和适用法律进行审查。一审开庭审理主要针对当事人提出的诉讼请求及相关证据，结合双方的辩论进行审理以查明案件事实并且正确适用法律以裁判案件。(3分)

(2) 二审的审理范围：根据《民事诉讼法》第168条规定，第二审人民法院应当对上诉请求的有关事实和适用法律进行审查。当事人针对一审裁判提出上诉所涉及的具体内容即为第二审人民法院审理上诉案件的范围，对一审裁判中当事人未提出上诉的内容，第二审人民法院原则上不进行审理。在特殊情况下，对于第一审未发生法律效力的裁判中所确定的特殊内容，即使当事人未提出上诉，也应当予以审查。《民诉解释》第323条第2款规定："当事人没有提出请求的，不予审理，但一审判决违反法律禁止性规定，或者损害国家利益、社会公共利益、他人合法权益的除外。"(4分)

(3) 再审的审理范围：《民诉解释》第405条规定："人民法院审理再审案件应当围绕再审请求进行。当事人的再审请求超出原审诉讼请求的，不予审理；符合另案诉讼条件的，告知当事人可以另行起诉。被申请人及原审其他当事人在庭审辩论结束前提出的再审请求，符合民事诉讼法第205条规定的，人民法院应当一并审理。人民法院经再审，发现已经发生法律效力的判决、裁定损害国家利益、社会公共利益、他人合法权益的，应当一并审理。"(3分)

2.（2008年法学综合二民事诉讼法分析题）甲某诉至区人民法院要求与乙某离婚并且分割共同财产，区人民法院经过审理后判决离婚并分割共同财产。乙某对离婚没有意见但是对分割共同财产不服，提起上诉。在二审人民法院审理上诉案件的过程中：(6分)

(1) 如果乙某因车祸死亡，人民法院应如何处理？该案一审判决的效力如何？为什么？

(2) 如果乙某提出撤回上诉申请，人民法院应如何处理？该案一审判决的效力如何？为什么？

【命题考点】二审程序中的终结诉讼和撤回上诉

【参考答案及评分标准】(1) 在二审人民法院审理上诉案件的过程中，如果乙某因车祸死亡，人民法院应当裁定终结诉讼。因为《民事诉讼法》第151条规定："有下列情形之一的，终结诉讼：……（三）离婚案件一方当事人死亡的；……"(1分) 本案一审判决未生效。由于本案因乙某提起上诉而导致一审判决未生效，但乙某因车祸死

亡，其二人婚姻关系自然终止。(2 分)

(2) 在二审人民法院审理上诉案件的过程中，如果乙某提出撤回上诉申请，人民法院应当依法进行审查。如果乙某不存在系被强迫或者违反法律的事实存在，则人民法院裁定准予撤诉。(1 分) 本案一审判决发生法律效力，并且不得就离婚事项申请再审。由于上诉人在二审期间撤回上诉而导致一审法院作出的判决自动生效，同时《民事诉讼法》第 202 条规定："当事人对已经发生法律效力的解除婚姻关系的判决、调解书，不得申请再审。"(2 分)

第十六章　再审程序

一、论述题

1. (2014 年法学综合二民事诉讼法论述题) 论民事诉讼案件一审、二审、再审的审理范围。

【命题考点】一审、二审、再审的审理范围

【参考答案及评分标准】(1) 一审的审理范围：根据当事人提出的诉讼请求和适用法律进行审查。一审开庭审理主要针对当事人提出的诉讼请求及相关证据，结合双方的辩论进行审理以查明案件事实并且正确适用法律以裁判案件。(3 分)

(2) 二审的审理范围：根据《民事诉讼法》第 168 条的规定，第二审人民法院应当对上诉请求的有关事实和适用法律进行审查。当事人针对一审裁判提出上诉所涉及的具体内容即为第二审人民法院审理上诉案件的范围，对一审裁判中当事人未提出上诉的内容，第二审人民法院原则上不进行审理。在特殊情况下，对于第一审未发生法律效力的裁判中所确定的特殊内容，即使当事人未提出上诉，也应当予以审查。《关于民事经济审判方式改革问题的若干规定》第 35 条规定："第二审案件的审理应当围绕当事人上诉请求的范围进行，当事人没有提出请求的，不予审查。但判决违反法律禁止性规定、侵害社会公共利益或者他人利益的除外。"同时，该规定第 36 条还规定："被上诉人在答辩中要求变更或者补充第一审判决内容的，第二审人民法院可以不予审查。"(4 分)

(3) 再审的审理范围：根据最高人民法院《关于适用〈中华人民共和国民事诉讼法〉审判监督程序若干问题的解释》第 33 条的规定，人民法院应当在具体的再审请求范围内或者在抗诉支持当事人请求的范围内审理再审案件。当事人超出原审范围增加、变更诉讼请求的，不属于再审审理范围。但是涉及国家利益、社会公共利益，或者当

事人在原审诉讼中已经依法要求增加、变更诉讼请求，原审未予审理且客观上不能形成其他诉讼的除外。经再审裁定撤销原判决，发回重审后，当事人增加诉讼请求的，人民法院依照《民事诉讼法》第140条的规定处理，即将当事人增加的诉讼请求与原诉讼请求合并处理。(3分)

第十七章　法院裁判

编者说明：历年真题中没有涉及本章的知识点。

第十八章　特别程序

编者说明：历年真题中没有涉及本章的知识点。

第十九章　督促程序

编者说明：历年真题中没有涉及本章的知识点。

第二十章　公示催告程序

编者说明：历年真题中没有涉及本章的知识点。

第二十一章　民事执行程序概述

编者说明：历年真题中没有涉及本章的知识点。

第二十二章　民事执行主体

编者说明：历年真题中没有涉及本章的知识点。

第二十三章　民事执行开始

编者说明：历年真题中没有涉及本章的知识点。

第二十四章　民事执行阻却

一、名词解释

1.（2016 年法学综合课民事诉讼法名词解释第 2 题）执行和解（2 分）

【命题考点】执行和解

【参考答案及评分标准】执行和解，是指在民事执行程序中，经自愿平等协商（1 分），执行当事人就变更执行依据确定的义务履行主体、标的物及其数额、履行期限、履行方式等问题达成协议（1 分），从而结束执行程序的活动。

第二十五章　民事执行结束

编者说明：历年真题中没有涉及本章的知识点。

第二十六章 民事执行措施

一、名词解释

1.（2019年法学综合课民事诉讼法名词解释第3题）参与分配（3分）

【命题考点】参与分配

【参考答案及评分标准】参与分配，是指在实现金钱债权的执行中，作为被申请执行人的自然人或者其他组织的财产不能清偿全部债务（1分），该被申请执行人的其他已经取得执行依据或者具有优先受偿权的债权人请求就已经采取执行措施的财产进行分配（1分），民事执行机构将执行所得财产在全体债权人之间依法进行分配的一种法律制度（1分）。

第二十七章 民事执行救济与民事执行回转

一、名词解释

1.（2017年法学综合课民事诉讼法名词解释第3题）执行救济（3分）

【命题考点】执行救济

【参考答案及评分标准】执行救济，是指在民事执行程序中，执行当事人、利害关系人或者案外人因自己的合法权益受到或者可能遭受侵害（1分），依法向有关机关提出采取保护和补救措施的请求（1分），受请求机关依法矫正已经发生或者业已造成损害的违法执行行为的法律制度（1分）。

二、简答题

1.（2011年法学综合二简答题第5题）简述案外人异议与案外人之诉的关系。（4分）

【命题考点】案外人异议与案外人之诉

【参考答案及评分标准】案外人异议，是指案外人以对执行标的享有实体权利为由，针对民事执行机构对该标的的执行提出不同意见，要求停止对该标的的执行的声明。

案外人之诉又称案外人异议之诉，是指在执行程序中，案外人为维护自己的合法权益，向执行法院提出的、对争议的实体法律关系进行审理和裁判，请求纠正执行错误的诉讼方式。(1分)

(1) 案外人（书面）异议是案外人异议之诉的前置和必经程序，只有案外人提出的书面异议被人民法院裁定驳回的情况下，案外人才能依法提起案外人异议之诉。《民事诉讼法》第227条规定："执行过程中，案外人对执行标的提出书面异议的，人民法院应当自收到书面异议之日起15日内审查，理由成立的，裁定中止对该标的的执行；理由不成立的，裁定驳回。案外人、当事人对裁定不服，认为原判决、裁定错误的，依照审判监督程序办理；与原判决、裁定无关的，可以自裁定送达之日起15日内向人民法院提起诉讼。"(1分)

(2) 提出书面异议的案外人与提起异议之诉的案外人通常为同一主体，没有提起书面异议之诉的案外人，无权提起案外人异议之诉。同时，受理案外人异议和案外人之诉的人民法院为同一享有执行权的人民法院。(1分)

(3) 案外人异议是通过书面建议向人民法院提出的异议方式，而案外人之诉是案外人通过诉讼向人民法院提出的异议方式，二者的目的都是为了维护案外人的合法权益，请求人民法院依法纠正执行存在的错误。(1分)

2. (2006年私法卷法学综合二简答题第4题) 简述提出执行异议的条件。(5分)

【命题考点】 案外人异议

【参考答案及评分标准】 案外人异议，是指执行当事人和利害关系人之外的主体，认为自己对正在执行的标的具有足以阻止执行的权利，而向民事执行机关声明不服的一种方式和程序。(2分) 案外人异议的条件包括以下三个方面：

(1) 案外人异议必须在执行过程中提出。(1分)

(2) 提起异议的理由必须是对执行标的主张全部或者部分实体权利。(1分)

(3) 案外人异议必须采取书面形式。(1分)

编者说明：2007年《民事诉讼法》修改前，我国仅存在一种执行救济制度即案外人异议，2007年《民事诉讼法》修改后，增加当事人、利害关系人异议和执行复议制度。本题是2006年的简答题，故而考查的知识点只能是"案外人异议"制度。

第二十八章　涉外民事诉讼程序的特别规定

编者说明：历年真题中没有涉及本章的知识点。

第二十九章　涉外民事诉讼管辖

编者说明：历年真题中没有涉及本章的知识点。

第三十章　涉外民事诉讼的送达与期间

编者说明：历年真题中没有涉及本章的知识点。

第三十一章　司法协助

编者说明：历年真题中没有涉及本章的知识点。

刑事诉讼法

第一章　刑事诉讼法概论

一、简答题

（2005年公法卷法学综合二简答第3题）简述刑事诉讼中程序公正的基本要求。（5分）

【命题考点】 刑事诉讼的基本理念

【参考答案及评分标准】 程序公正，即过程公正，是指诉讼程序方面体现的公正。刑事案件的程序公正，其具体要求主要包括以下方面：（每点1分，答满5分）

（1）严格遵守刑事诉讼法的规定；

（2）认真保障当事人和其他诉讼参与人，特别是犯罪嫌疑人、被告人和被害人的诉讼权利；

（3）严禁刑讯逼供和以其他非法手段取证；

（4）真正实现司法机关依法独立行使职权；

（5）审前程序的尽量透明，审判程序的公开；

（6）在审判程序中，控辩双方平等对抗，法庭居中裁判；

（7）按照法定期限办案、结案。

二、分析题

编者说明：历年真题的分析题中没有涉及本章的知识点，本章的知识点也不适合作为分析题进行命题考查。

第二章　刑事诉讼法的历史发展

一、简答题

（2006年公法卷法学综合二简答第3题）简述弹劾式诉讼的特点。（5分）

【命题考点】 弹劾式诉讼

【参考答案及评分标准】 弹劾式诉讼主要在早期的奴隶制和封建制国家实行，弹劾式诉讼的特点包括以下方面：（每点1分，答满5分）

（1）控诉和审判职能分离，遵行“没有告诉人就没有法官”的不告不理原则，当事人负有完全的举证责任。

（2）审判以言词辩论的方式进行，诉讼中注重发挥争诉双方的作用，他们在法庭上的地位平等并且权利对等，可以相互对质和辩论。

（3）法官处于消极仲裁者的地位，只是负责听取双方当事人提供的情况，审查他们提供的证据，认定案件事实和作出裁决。

（4）利害相对的诉讼双方各执一词、互不相让，是非曲直难以判断，法官遂求诸于神，期冀神灵给予一定的启示来甄别某些争议事实的真伪和双方主张的曲直。

二、分析题

编者说明：历年真题的分析题中没有涉及本章的知识点，本章的知识点也不适合作为分析题进行命题考查。

第三章　刑事诉讼中的专门机关

一、简答题

编者说明：历年真题的简答题中没有涉及本章的知识点。

二、分析题

1.（2009年法学综合二刑事诉讼法分析题）《刑事诉讼法》第180条规定：“合议

庭开庭审理并且评议后，应当作出判决。对于疑难、复杂、重大的案件，合议庭认为难以作出决定的，由合议庭提请院长决定提交审判委员会讨论决定。审判委员会的决定，合议庭应当执行。”试分析该法条。(6 分)

【命题考点】合议庭与审判委员会

【参考答案及评分标准】审判委员会是人民法院内部对审判实行集体领导的组织形式，审判委员会也是人民法院的一种审判组织，审判委员会和合议庭的关系是指导和被指导、监督和被监督的关系。(1 分)

(1) 合议庭开庭审理后，审判长组织合议庭评议案件时应当协商讨论。如果合议庭成员的意见不一致，应当坚持少数服从多数的原则，以多数人的意见为合议庭的意见。合议庭根据评议结果依法作出判决，合议庭对刑事判决负责；(2 分)

(2) 审判委员会讨论决定的案件是“疑难、复杂、重大的案件，合议庭认为难以作出决定的”刑事案件；(1 分)

(3) 审判委员会讨论案件的提交程序是“由合议庭提请院长决定提交审判委员会讨论决定”，审判委员会讨论案件时同样坚持少数服从多数的原则；(1 分)

(4) 审判委员会讨论案件并且作出决定后，由合议庭予以执行。合议庭根据审判委员会讨论的结果作出判决，并且由合议庭依法承担责任。(1 分)

2. (2005 年公法卷法学综合二刑事诉讼法分析题) 张俊，男，30 岁，系 A 省 B 市 C 公司财务人员，因为贪污巨额公款被 B 市中级人民法院一审判处无期徒刑。人民检察院以量刑畸轻为由提出抗诉，二审改判死刑。现在已经执行完毕。请回答以下问题：(10 分)

(1) 本案经过哪些刑事诉讼程序？

(2) 哪些公安司法机关参加本案的诉讼活动？

【命题考点】诉讼程序和诉讼活动

【参考答案及评分标准】(1) 本案经过以下刑事诉讼程序：(每点 1 分，答满 6 分)

①立案程序：张俊的贪污案件由 B 市人民检察院立案，如果由其他公安司法机关受理的，应当依法移送给人民检察院。

②侦查程序：本案由 B 市人民检察院反贪部门进行侦查，侦查终结后移送本院审查起诉部门进行审查起诉。

③审查起诉程序：B 市人民检察院审查起诉部门经审查认为本案符合起诉条件，依法向 B 市人民法院提起公诉。

④第一审审判程序：B 市人民法院经法庭调查、举证质证、法庭辩论和听取被告人张俊的最后陈述后作出一审判决，认定张俊构成贪污罪，判处无期徒刑并且剥夺政治权利终身。

⑤第二审审判程序：A省人民检察院以量刑畸轻为由提出抗诉，本案进入第二审程序。A省高级人民法院经开庭审理，改判张俊死刑立即执行并且剥夺政治权利终身。

⑥死刑复核程序：由于被告人张俊被判处死刑立即执行，故而应当依法报请最高人民法院进行死刑复核。最高人民法院经依法复核，裁定核准被告人张俊死刑。

⑦执行程序：最高人民法院院长签署执行死刑的命令后，通过A省高级人民法院交给原审即B市中级人民法院执行死刑。

（2）下列公安司法机关参加本案的诉讼活动：（每点1分，答满4分）

①B市人民检察院：负责本案的立案、侦查、审查起诉和提起公诉。

②B市中级人民法院：负责本案第一审程序的审理和死刑执行。

③A省人民检察院：依法向A省高级人民法院提起抗诉。

④A省高级人民法院：负责本案第二审程序的审理。

⑤最高人民法院：负责本案的死刑复核程序。

第四章　诉讼参与人

一、简答题

编者说明：历年真题的简答题中没有涉及本章的知识点。

二、分析题

编者说明：历年真题的分析题中没有涉及本章的知识点，本章的知识点也不适合作为分析题进行命题考查。

第五章　刑事诉讼的基本原则

一、简答题

1.（2010年法学综合二简答第6题，2007年法学综合二简答第6题）简述我国刑事诉讼中的审判公开原则。（4分）

【命题考点】审判公开原则

【参考答案及评分标准】 审判公开，是指人民法院审理案件和宣告判决都必须公开进行，既要允许公民到法庭旁听，又要允许记者采访和报道。审判公开的例外情形包括：

（1）涉及国家秘密的案件，应当不公开审理；（1 分）

（2）涉及个人隐私的案件，应当不公开审理；（1 分）

（3）审判的时候被告人不满 18 周岁的案件，不公开审理。但是，经未成年被告人及其法定代理人同意，未成年被告人所在学校和未成年人保护组织可以派代表到场；（1 分）

（4）涉及商业秘密的案件，当事人申请不公开审理的，可以不公开审理；（1 分）

（5）无论是否公开审理，判决一律公开宣告。

编者提示：2012 年修改后的《刑事诉讼法》将未成年人犯罪的案件修改为“审判的时候被告人不满 18 周岁的案件，不公开审理”，将“当事人申请确实属于涉及商业秘密的案件”修改为“可以不公开审理”的刑事案件。

二、分析题

编者说明：历年真题的分析题中没有涉及本章的知识点。

第六章　管　辖

一、简答题

编者说明：历年真题的简答题中没有涉及本章的知识点。

二、分析题

1.（2010 年法学综合二刑事诉讼法分析题）在某机场，乘机人张某将管委会纸箱放在行李手推车上，后来张某去办理其他事情。清洁女工梁某前来清扫垃圾，误以为纸箱是被人扔掉的废物而拿走。打开纸箱后，梁某发现内有金饰品（后来经查明金饰品为某公司所有，价值百万余元），梁某将金饰品带回家中。请问：（6 分）

（1）某公司是否可以向公安机关报案？公安机关接到报案后应当如何处理？

（2）某公司是否可以向人民法院起诉？人民法院应当如何处理？

【命题考点】 刑事案件的管辖

【参考答案及评分标准】 梁某捡到他人财物并且带回家中的行为符合《刑法》第

270 条的规定，梁某的行为构成侵占罪，侵占罪属于自诉案件。

（1）某公司可以向公安机关报案。（1 分）公安机关接到报案后应当接受，发现本案不属于自己管辖，应当移送人民法院处理，并且通知报案人即某公司。如果本案必须采取紧急措施，公安机关应当先采取紧急措施，然后移送人民法院。（2 分）

（2）某公司可以向人民法院起诉。（1 分）人民法院接到某公司起诉后应当进行审查，认为符合起诉条件并且本院具有管辖权的则决定立案，在法定期限内将起诉书副本送达被告人梁某，并且依法决定开庭审理本案。（2 分）

第七章　回　避

编者说明：历年真题中没有涉及本章的知识点。

第八章　辩护和代理

一、简答题

编者说明：历年真题的简答题中没有涉及本章的知识点。

二、分析题

1.（2006 年公法卷法学综合二刑事诉讼法分析题）《刑事诉讼法》第 34 条规定："公诉人出庭公诉的案件，被告人因经济困难或者其他原因没有委托辩护人的，人民法院可以指定承担法律援助义务的律师为其提供辩护。""被告人是盲、聋、哑或者未成年人而没有委托辩护人的，人民法院应当指定承担法律援助义务的律师为其提供辩护。""被告人可能被判处死刑而没有委托辩护人的，人民法院应当指定承担法律援助义务的律师为其提供辩护。"分析该法条。（10 分）

【命题考点】指定辩护

【参考答案及评分标准】指定辩护，是指对于没有委托辩护人的被告人，人民法院在法律规定的某些特殊情况下，为犯罪嫌疑人、被告人指定承担法律援助义务的律师担任其辩护人，协助犯罪嫌疑人、被告人进行辩护。（1 分）指定辩护必须符合下列条件：

(1) 指定辩护必须以犯罪嫌疑人、被告人没有委托辩护人为前提。(1分)

(2) 犯罪嫌疑人被告人必须存在法定的特殊情形:(6分)

①犯罪嫌疑人、被告人因经济困难或者其他原因没有委托辩护人的，本人及其近亲属可以向法律援助机构提出申请。对符合法律援助条件的，法律援助机构应当指派律师为其提供辩护。

②犯罪嫌疑人、被告人是盲、聋、哑人，或者是尚未完全丧失辨认或者控制自己行为能力的精神病人而没有委托辩护人的，犯罪嫌疑人、被告人可能被判处无期徒刑、死刑而没有委托辩护人的，未成年犯罪嫌疑人、被告人没有委托辩护人的，人民法院、人民检察院和公安机关应当通知法律援助机构指派律师为其提供辩护。

(3) 按照新《刑事诉讼法》规定，指定辩护的时间扩展到侦查、审查起诉和审判阶段，并且由公、检、法在各自阶段通知法援机构指派律师提供辩护。(1分)

(4) 指定辩护的对象只能是承担法律援助义务的律师。(1分)

编者说明：由于本题于2006年命题，编者无权对试题进行更改，特此提示考生按照新《刑事诉讼法》来掌握该考点。

第九章　证据制度的一般理论

编者说明：历年真题中没有涉及本章的知识点。

第十章　证据规则

编者说明：历年真题中没有涉及本章的知识点。

第十一章　证据的种类和分类

编者说明：历年真题中没有涉及本章的知识点。

第十二章　强制措施

一、简答题

1.（2011年法学综合二简答第6题）简述被取保候审人的义务。（4分）

【命题考点】取保候审

【参考答案及评分标准】取保候审，是指在刑事诉讼过程中，公安机关、人民检察院和人民法院责令犯罪嫌疑人、被告人提出保证人或者交纳保证金，保证犯罪嫌疑人、被告人不逃避或者妨碍侦查、起诉和审判，并且随传随到的一种强制方法。被取保候审的犯罪嫌疑人、被告人应当遵守以下规定：

（1）未经执行机关批准不得离开所居住的市、县；（1分）

（2）在传讯的时候及时到案；（1分）

（3）不得以任何形式干扰证人作证；（1分）

（4）不得毁灭、伪造证据或者串供。（1分）

编者说明：2012年新修改的《刑事诉讼法》将被取保候审人应当遵守的规定增加一项，即"住址、工作单位和联系方式发生变动的，在24小时以内向执行机关报告"。

二、分析题

1.（2008年法学综合二刑事诉讼法分析题）2006年3月10日上午10点，王某（1989年3月出生）因涉嫌抢劫罪被公安机关刑事拘留。3月12日上午9点，公安机关告诉王某的父亲其子涉嫌抢劫罪被刑事拘留。王父要求公安机关告知其子的羁押地点，但是被公安机关拒绝。3月19日，公安机关向人民检察院提请批准逮捕，但是没有获得批准。公安机关认为上述决定是错误的，因而没有释放王某，而是向人民检察院提出复议，并且在其意见没有被接受的情形下，提请上一级人民检察院复核。在上一级人民检察院作出维持不批准逮捕的复核决定后，公安机关将王某取保候审。2006年6月15日，该案由人民检察院提起公诉。在案件审理过程中，人民法院认为应当对王某进行逮捕，于是指派二名法警对王某执行逮捕。在庭审过程中，被告人王某没有聘请辩护人，人民法院指定刘律师为其辩护。但是王某认为刘某是法院指定的，辩护没有意义，于是拒绝刘律师为其辩护，人民法院同意这样的做法。请问：本案中存在哪些违法之处？请说明理由。（6分）

【命题考点】强制措施的适用和拒绝指定辩护的处理

【参考答案及评分标准】本案中存在以下违法之处：

（1）公安机关在拘留王某后，通知王某的家属时已经超过24小时。理由：《刑事诉讼法》第85条第2款规定："拘留后，应当立即将被拘留人送看守所羁押，至迟不得超过24小时。除无法通知或者涉嫌危害国家安全犯罪、恐怖活动犯罪通知可能有碍侦查的情形以外，应当在拘留后24小时以内，通知被拘留人的家属。有碍侦查的情形消失以后，应当立即通知被拘留人的家属。"（1分）

（2）公安机关通知王某的家属时拒绝告知其家属王某被羁押的地点。理由：《刑事诉讼法》第85条第2款规定："拘留后，应当立即将被拘留人送看守所羁押，至迟不得超过24小时。除无法通知或者涉嫌危害国家安全犯罪、恐怖活动犯罪通知可能有碍侦查的情形以外，应当在拘留后24小时以内，通知被拘留人的家属。有碍侦查的情形消失以后，应当立即通知被拘留人的家属。"（1分）

（3）王某不是流窜作案、多次作案、结伙作案的重大嫌疑分子，公安机关于拘留王某后第9天即超过法定期限提请人民检察院审查批准逮捕。理由：《刑事诉讼法》第91条第1款和第2款规定："公安机关对被拘留的人，认为需要逮捕的，应当在拘留后的3日以内，提请人民检察院审查批准。在特殊情况下，提请审查批准的时间可以延长1日至4日。对于流窜作案、多次作案、结伙作案的重大嫌疑分子，提请审查批准的时间可以延长至30日。"（1分）

（4）在人民检察院决定不批准逮捕王某时，公安机关没有释放王某。理由：《刑事诉讼法》第91条第3款规定："人民检察院应当自接到公安机关提请批准逮捕书后的7日以内，作出批准逮捕或者不批准逮捕的决定。人民检察院不批准逮捕的，公安机关应当在接到通知后立即释放，并且将执行情况及时通知人民检察院。对于需要继续侦查，并且符合取保候审、监视居住条件的，依法取保候审或者监视居住。"（1分）

（5）人民法院指派2名法警对王某执行逮捕。理由：《刑事诉讼法》第80条规定："逮捕犯罪嫌疑人、被告人，必须经过人民检察院批准或者人民法院决定，由公安机关执行。"（1分）

（6）王某拒绝刘律师为其辩护，人民法院同意这样的做法。理由：由于王某属于未成年人，拒绝辩护后被告人需要另行委托辩护人，或者人民法院应当为其另行指定辩护人。（1分）

第十三章　附带民事诉讼

编者说明：历年真题中没有涉及本章的知识点。

第十四章　期间与送达

编者说明：历年真题中没有涉及本章的知识点。

第十五章　刑事诉讼的中止和终止

编者说明：历年真题中没有涉及本章的知识点。

第十六章　立　案

一、简答题

1.（2006年公法卷法学综合二简答第4题）简述人民检察院对不立案的监督。（5分）

【命题考点】 不立案的监督

【参考答案及评分标准】 人民检察院作为国家专门的法律监督机关，对刑事诉讼活动进行法律监督。人民检察院对立案阶段的不立案监督包括以下内容：

（1）人民检察院对不立案监督的材料来源包括：人民检察院认为公安机关应当立案而不立案的；或者被害人认为公安机关应当立案而不立案，向人民检察院提出的；(1分)

（2）人民检察院获取不立案监督的材料后，应当根据事实和法律进行审查，并且进行必要的调查核实。人民检察院认为需要公安机关说明不立案理由的，经检察长批准，可以要求公安机关在7日内说明不立案的理由。公安机关在收到通知书后7日内应当制作《不立案理由说明书》，经县级以上公安机关负责人批准后，将情况说明书面答复人民检察院；(1分)

（3）人民检察院通过必要的调查和认真审查后，认为公安机关的不立案理由不能成立的，应当发出《通知立案书》通知公安机关立案，同时抄送上一级人民检察院备

案，并且将有关证明应该立案的材料同时移送公安机关；（1分）

（4）公安机关在收到人民检察院要求立案的通知即《通知立案书》后，应当在15日内决定立案，并且将立案决定书送达人民检察院；（1分）

（5）对于属于公安机关管辖的国家机关工作人员利用职权实施的重大犯罪案件，人民检察院通知公安机关立案而公安机关不予立案的，经省级以上人民检察院决定，人民检察院可以直接立案侦查。（1分）

二、分析题

编者说明：历年真题的分析题中没有涉及本章的知识点。

第十七章 侦 查

一、简答题

编者说明：历年真题的简答题中没有涉及本章的知识点。

二、分析题

1.（2014年法学综合二刑事诉讼法论述题）试述侦查中询问证人的程序。

【命题考点】询问证人的程序

【参考答案及评分标准】（1）侦查人员询问证人，可以在现场进行，也可以到证人所在单位、住处或者证人提出的地点进行，在必要的时候，可以通知证人到人民检察院或者公安机关提供证言；在现场询问证人，应当出示工作证件，到证人所在单位、住处或者证人提出的地点询问证人，应当出示人民检察院或者公安机关的证明文件；（2分）

（2）询问证人应当个别进行。（1分）询问前应当告知他应当如实地提供证据、证言和有意作伪证或者隐匿罪证要负的法律责任；（2分）

（3）询问笔录应当交证人核对，对于没有阅读能力的，应当向他宣读。如果记载有遗漏或者差错，证人可以提出补充或者改正。证人认为笔录没有错误后，应当签名或者盖章。侦查人员也应当在笔录上签名。证人请求自行书写证言的，应当准许。必要的时候，侦查人员也可以要求证人亲笔书写证言；（2分）

（4）如果询问未成年人证人的时候，应当通知其法定代理人到场。无法通知的，也可以通知其他成年亲属，所在学校、单位、居住地基层组织或者未成年人保护组织的代表到场，并且将有关情况记录在案。询问笔录应当交给到场的法定代理人或者其他人员阅读或者向他宣读。询问女性未成年证人，应当有女工作人员在场；(2 分)

(5) 询问聋、哑或者不通晓当地通用语言文字的证人，侦查机关应当为其聘请通晓聋、哑手势或者当地通用语言文字且与本案无利害关系的人员进行翻译，翻译人员应当在询问笔录上签字。(1 分)

第十八章　起　诉

一、简答题

编者说明：历年真题的简答题中没有涉及本章的知识点。

二、分析题

1.（2012 年法学综合二刑事诉讼法分析题）试论酌定不起诉及救济程序的完善。(10 分)

【命题考点】 酌定不起诉

【参考答案及评分标准】(1)《刑事诉讼法》第 177 条第 2 款规定："对于犯罪情节轻微，依照刑法规定不需要判处刑罚或者免除刑罚的，人民检察院可以作出不起诉决定。"酌定不起诉又称相对不起诉，是指《刑事诉讼法》第 177 条第 2 款规定的不起诉。所谓酌定，是指法律规定的"可以"，即人民检察院对于起诉与否享有自由裁量权，对于符合条件的，既可以作出起诉决定，也可以作出不起诉决定。酌定不起诉体现了人民检察院的起诉自由裁量权，从实践中的情况来看，人民检察院根据犯罪嫌疑人的犯罪情节和案件的具体情况，通过酌定不起诉停止追究犯罪嫌疑人的刑事责任，在审查起诉阶段贯彻落实"宽严相济"的刑事司法政策，在教育、挽救犯罪嫌疑人，节约司法诉讼资源方面取得较好的社会效果。酌定不起诉的适用必须同时具备两个条件：一是犯罪嫌疑人的行为已经构成犯罪，应当负刑事责任；二是犯罪行为情节轻微，依照《刑法》规定不需要判处刑罚或者免除刑罚。(3 分)

(2) 酌定不起诉的现存救济制度：不起诉的决定，应当公开宣布，并且将不起诉决定书送达被不起诉人和他的所在单位。对于公安机关移送起诉的案件，人民检察院决定不起诉的，应当将不起诉决定书送达公安机关。公安机关认为不起诉的决定有错误的时候，可以要求复议，如果意见不被接受，可以向上一级人民检察院提请复核。对于有被害人的案件，决定不起诉的，人民检察院应当将不起诉决定书送达被害人。

被害人如果不服，可以自收到决定书后7日以内向上一级人民检察院申诉，请求提起公诉。人民检察院应当将复查决定告知被害人。对人民检察院维持不起诉决定的，被害人可以向人民法院起诉。被害人也可以不经申诉，直接向人民法院起诉。被不起诉人如果不服人民检察院作出的酌定不起诉决定，可以自收到决定书后7日以内向人民检察院申诉。(3分)

(3) 酌定不起诉救济制度的完善：首先，设立当事人和公安司法机关的程序参与制度，人民检察院作出不起诉决定前应当充分听取当事人及其代理人、利害关系人以及其他公安司法机关的意见，从而作出不起诉的决定。其次，完善被害人和被不起诉人的救济程序，使得被害人和被不起诉人在面对不起诉决定时享有的救济手段大体一致。再次，增强不起诉程序的透明度，充分重视当事人的知情权和程序参与权。最后，加强对人民检察院不起诉程序中的内外部监督，确保不起诉决定是合法作出的，不存在徇私枉法的情形。(4分)

第十九章　第一审程序

一、简答题

1. (2005年公法卷法学综合二简答第4题) 简述简易审判程序的特点。(5分)

【命题考点】 简易程序的特点

【参考答案及评分标准】 简易程序，是指基层人民法院审理某些简单轻微刑事案件时所适用的相对简单的审判程序。简易程序的特点包括以下方面：(每点1分，答满5分)

(1) 简易程序只适用于第一审程序；

(2) 简易程序只适用于基层人民法院；

(3) 简易程序可以由审判员一人独任审判或者组成合议庭进行审判；

(4) 简易程序只适用于那些案件事实清楚、证据充分、被告人认罪且对适用简易程序没有异议的刑事案件；

(5) 简易程序中人民检察院应派员出庭支持公诉；

(6) 适用简易程序审理案件应当在受理后20日内审结；对可能判处的有期徒刑超过3年的，可以延长至一个半月，送达起诉书至开庭审判的时间不受《刑事诉讼法》第187条的限制；

(7) 审判程序大为简化，但是在判决宣告前都应当听取被告人最后陈述；

(8) 适用简易程序审理案件一般应当采用当庭宣判的形式。

二、分析题

1. (2013年法学综合二刑事诉讼法分析题) 论述刑事诉讼中简易程序的适用范围。(10分)

【命题考点】 简易程序的适用范围

【参考答案及评分标准】 (1) 能够适用简易程序的案件范围: 基层人民法院管辖的案件, 符合下列条件的, 可以适用简易程序审判: (5分)

①案件事实清楚、证据充分的;

②被告人承认自己所犯罪行, 对指控的犯罪事实没有异议的;

③被告人对适用简易程序没有异议的;

④人民检察院在提起公诉的时候, 建议人民法院适用简易程序的。

(2) 不能适用简易程序的案件范围: (5分)

①被告人是盲、聋、哑人, 或者是尚未完全丧失辨认或者控制自己行为能力的精神病人的;

②有重大社会影响的;

③共同犯罪案件中部分被告人不认罪或者对适用简易程序有异议的;

④其他不宜适用简易程序审理的。

第二十章　第二审程序

一、简答题

编者说明: 历年真题的简答题中没有涉及本章的知识点。

二、分析题

1. (2015年法学综合二刑事诉讼法论述题) 比较刑事二审抗诉与再审抗诉的区别。(10分)

【命题考点】 刑事诉讼中的二审抗诉与再审抗诉

【参考答案及评分标准】 刑事诉讼中的二审抗诉与再审抗诉都是人民检察院针对刑事审判作出的法律监督, 二者具有如下区别:

(1) 抗诉对象不同: 二审抗诉是针对人民法院第一审未生效的裁判, 再审抗诉是

针对人民法院终审已生效的裁判；（2分）

（2）抗诉主体不同：二审抗诉是由与第一审人民法院同级的地方各级人民检察院提起；再审抗诉是由作出生效裁判的人民法院的上级人民检察院或者最高人民检察院提起；（2分）

（3）接受抗诉的对象不同：二审抗诉是第一审人民法院的上一级人民法院接受抗诉；再审抗诉是作出生效裁判的人民法院接受；（1分）

（4）抗诉的期限不同：二审抗诉必须遵守法定期限，即判决10日，裁定5日；再审抗诉没有明确的期限；（2分）

（5）抗诉的后果不同：二审抗诉将阻却第一审裁判发生法律效力；再审抗诉并不导致原审裁判停止执行；（2分）

（6）抗诉的途径不同：二审抗诉是一审人民检察院通过一审人民法院向上一级人民法院提出；再审抗诉是抗诉机关向同级人民法院提出。（1分）

2.（2011年法学综合二刑事诉讼法分析题，2007年法学综合二刑事诉讼法分析题）《刑事诉讼法》第190条规定："第二审人民法院审判只有被告人或者他的法定代理人、辩护人、近亲属上诉的案件，不得加重被告人的刑罚。""人民检察院提出抗诉或者自诉人提出上诉的，不受前款规定的限制。"分析该法条。（6分）

【命题考点】上诉不加刑原则

【参考答案及评分标准】上诉不加刑原则，是指第二审人民法院审判只有被告人一方上诉的案件，不得以任何理由加重被告人刑罚的一项审判原则。（1分）

（1）《刑事诉讼法》第237条第1款规定："第二审人民法院审理被告人或者他的法定代理人、辩护人、近亲属上诉的案件，不得加重被告人的刑罚。"这是我国关于上诉不加刑原则在法律上的具体体现，上诉不加刑原则的具体含义包括以下内容：

①上诉是被告人的合法权利，不论上诉理由是否得当，都不能以被告人不服判决或者态度不好而在二审判决中加重原判刑罚。（1分）

②仅有被告人一方上诉的案件，二审法院审理后认为应当按照《刑事诉讼法》第236条第1款第2项规定进行改判的，即使原判决量刑畸轻，也不得加重被告人的刑罚。（1分）

③仅有被告人一方上诉的案件，二审法院审理后认为需要按照《刑事诉讼法》第236条第1款第3项规定直接改判或者发回重审的。在依法查明事实后，如果没有变更原判决认定的事实，也不得加重被告人的刑罚。（1分）

（2）上诉不加刑，并不是说在任何情况下第二审人民法院都不得加重被告人的刑罚。《刑事诉讼法》第237条第2款规定："人民检察院提出抗诉或者自诉人提出上诉的，不受前款规定的限制。"也就是说，人民检察院抗诉的案件或者自诉人上诉的案件，第二审人民法院可以依法改判加重被告人的刑罚。（1分）

(3) 在刑事诉讼的第二审程序中坚持上诉不加刑原则具有重要意义：有利于保障被告人依法行使上诉权；有利于维护上诉制度，保证人民法院正确行使审判权；有利于促使人民检察院履行审判监督职责。(1 分)

编者说明：修改后的《刑事诉讼法》第 237 条规定："第二审人民法院审理被告人或者他的法定代理人、辩护人、近亲属上诉的案件，不得加重被告人的刑罚。第二审人民法院发回原审人民法院重新审判的案件，除有新的犯罪事实，人民检察院补充起诉的以外，原审人民法院也不得加重被告人的刑罚。人民检察院提出抗诉或者自诉人提出上诉的，不受前款规定的限制。"

第二十一章　死刑复核程序

编者说明：历年真题中没有涉及本章的知识点。

第二十二章　审判监督程序

一、简答题

1.（2009 年法学综合二简答第 6 题）简述刑事诉讼中审判监督程序的特点。（4 分）

【命题考点】审判监督程序的特点

【参考答案及评分标准】审判监督程序，是指人民法院、人民检察院对于已经发生法律效力的判决和裁定，发现在认定事实或者适用法律上确实有错误，依法提起并且对案件进行重新审理的一项特别审判程序。(1 分) 审判监督程序具有以下特点：（以下每 2 点，得 1 分）

(1) 审判监督程序审理的对象是已经发生法律效力的判决和裁定；

(2) 审判监督程序提起的主体包括最高人民法院、上级人民法院和各级人民法院院长提交本级审判委员会讨论决定，或者最高人民检察院、上级人民检察院通过抗诉提起；

(3) 审判监督程序提起的条件必须是经过法定主体认真审查，有充分的根据和理由认为原生效判决和裁定确实有错误；

（4）审判监督程序提起没有期限限制，只有发现新罪或者需要将无罪改为有罪的，才受到追诉时效的限制；

（5）按照审判监督程序审理的法院包括原来的一审、二审法院，或者决定提审的任何上级法院，或者上级法院决定指令再审的法院；

（6）按照审判监督程序重新审理的案件，除人民检察院抗诉的以外，一般不得加重原审被告人（原审上诉人）的刑罚。

二、分析题

编者说明：历年真题的分析题中没有涉及本章的知识点。

第二十三章　执　行

编者说明：历年真题中没有涉及本章的知识点。

第二十四章　未成年人案件的诉讼程序

编者说明：历年真题中没有涉及本章的知识点。

第二十五章　涉外刑事诉讼程序与司法协助制度

编者说明：历年真题中没有涉及本章的知识点。

第二十六章　刑事赔偿制度

编者说明：历年真题中没有涉及本章的知识点。

第二十七章 国际公约与我国刑事诉讼法

简答题

（2008年法学综合二简答第6题）简述《公民权利与政治权利国际公约》中的无罪推定原则。(4分)

【命题考点】 无罪推定原则

【参考答案及评分标准】 《公民权利与政治权利国际公约》第14条第2款规定："凡受刑事控告者，在未依法证实有罪之前，应有权被视为无罪。"联合国人权事务委员会对无罪推定原则作出的解释包括以下内容：

①控方承担举证责任；②证明标准为排除合理怀疑；③疑案应当作出有利于被控告人的结论；④被控告人享有一系列体现无罪推定精神的诉讼权利；⑤公共机构不能预断案件结果。(每点1分，答满4分)

国际法

第一章　国际法的性质

编者说明：历年真题中没有涉及本章的知识点。

第二章　国际法基础理论

编者说明：历年真题中没有涉及本章的知识点。

第三章　国际法的渊源

编者说明：历年真题中没有涉及本章的知识点。

第四章　国际强行法与国际法基本原则

一、简答题

1.（2015 年法学综合一简答第 5 题，2012 年法学综合一简答第 6 题，2005 年公法卷法学综合二简答第 5 题）简述国际强行法。（5 分）

【命题考点】国际强行法

【参考答案及评分标准】国际强行法是指国际社会全体接受并公认为不许损抑且仅有以后具有同等性质之一般国际法规律始得更改之规律。（2 分）国际强行法具有以下特点：

（1）国际社会全体普遍接受，属于一般国际法规范；（1 分）
（2）公认不得损抑，体现国际强行法的特殊性；（1 分）
（3）只有新的国际强行法规则才能对原有的国际强行法规则进行修改。（1 分）

二、分析题

1.（2005 年公法卷法学综合二国际法分析题）2005 年 3 月 14 日，我国通过了《反分裂国家法》，此后不久美国国会众议院通过了反对该法的议案。试从国际法基本原则的角度对美国的行为予以分析。（10 分）

【命题考点】 国际法的基本原则

【参考答案及评分标准】 不干涉内政原则是国际法最古老的原则之一，主要指任何国家或国家集团在国际关系中不得以任何理由或任何方式，直接或间接地干涉任何其他国家主权管辖范围内本质上属于国内管辖的事项，同时也指任何国际组织不得干涉本质上属于各成员国国内管辖的事项。不干涉内政原则的内容主要包括：①任何国家或者国家集团均无权以任何理由直接或者间接干涉任何其他国家的内政或者外交事务；②任何国家均不得使用或者鼓励使用经济、政治或者其他任何措施强迫另一国家，以使该国在行使主权权利方面屈从于自己，或者自该国获取任何种类的利益；③任何国家均不得组织、协助、煽动、资助、鼓励或者容许旨在以暴力推翻另一国政权的颠覆、恐怖或者武装活动，或者干预另一国的内政；④使用武力剥夺其他民族特性构成侵犯其不可转让的权利及违反不干涉原则的行为；⑤每个国家均有选择其政治、经济、社会及文化制度的不可转让的权利，不受他国任何形式的干涉；⑥所有国家均应尊重各民族及国家的自决与独立的权利，并且使这种权利能力在不受外国压力和绝对尊重人权及基本自由的情形下自由行使。（7 分）

美国国会众议院通过议案反对我国通过的《反分裂国家法》的行为是严重干涉我国内政的行为，应当遭到我国及国际社会的强烈谴责。同时，美国对于其行为应当承担国家责任，应当立即停止国际不法行为并且向我国赔礼道歉。（3 分）

第五章　国际法主体

编者说明：历年真题中没有涉及本章的知识点。

第六章　管辖权与国家及其财产管辖豁免

一、简答题

1. （2014 年法学综合一简答第 5 题）试述排除国家行为不当性的情形。（5 分）

【命题考点】 排除国家行为不当性的情形

【参考答案和评分标准】 排除国家行为不当性的情形如下：（每点 1 分，全部答出 5 分）

（1）同意。同意是指受害主体一方以有效方式表示同意加害主体一方实行某项与其所负之义务不符的特定行为时，即排除加害主体一方的行为不法性，从而免除其法律责任。

（2）国际不法行为的反措施。国际不法行为的反措施是指针对他国所犯国际不法行为的反应，而使一国不得已采取某种不符合自己对他国原已承担的国际义务的行为。反措施包括一般的对抗措施和正当的自卫行为。

（3）不可抗力和偶然事故。不可抗力和偶然事故必须是不可预见的外界因素，并且这种外界因素使得履行义务成为事实上的不可能。

（4）危难与紧急状态。

第七章　国家责任

一、简答题

编者说明：历年真题的简答题中没有涉及本章的知识点。

二、分析题

1. （2005 年公法卷法学综合二国际法分析题）2004 年 7 月，中国国民在美国旅游观光时被美国移民局官员殴打致伤。根据国际法，该问题应该如何解决？（10 分）

【命题考点】 国家责任

【参考答案及评分标准】 本题涉及国家责任的知识点：

国家责任是指当一个国际法主体从事违反国际法规则的行为，或者说，当一个国家违反自己所承担的国际义务时，在国际法上应当承担的责任。简言之，国家责任就是“国家对其国际不法行为所承担的责任”。引起国家责任的条件包括：其一，该行为（不法行为）违反该国所承担的国际义务；其二，该行为可归责于国家，即可以视为“国家行为”。国家责任的行使与执行包括：终止不法行为并且保证不再重犯、恢复原状、赔偿、补偿、道歉、限制主权以及刑事制裁。(3 分)

美国移民局属于美国的国家机关，移民局官员殴打中国公民的行为是可以归责于美国国家的行为，即属于“国家行为”，美国应当承担国家责任。对于殴打行为，美国政府首先应当终止不法行为并且保证不再重犯，然后对受害方进行赔偿。(2 分)

第八章　国家领土

一、简答题

编者说明：历年真题的简答题中没有涉及本章的知识点。

二、分析题

1. （2013 年法学综合一国际公法分析题第 4 题）传统国际法上的领土取得方式及其在现代国际法上的地位？（15 分）

【命题考点】传统国际法上的领土取得和变更方式

【参考答案及评分标准】传统国际法上的领土取得和变更方式主要包括：(5 分)

(1) 先占。又称占领，是指国家通过对无主土地的占有而取得对该土地主权的行为。先占的主体是国家，客体是无主地。

(2) 时效。时效是指国家占有他国的部分领土，经过长期和平地行使管辖权而取得对该领土的主权。

(3) 添附。添附是指国家领土由于新的形成而增加。添附包括两种方式：一种是自然添附，由于自然的作用使国家领土扩大；一种是人工添附，由于人力的作用使国家领土扩大。

(4) 割让。割让是指一国根据条约将部分领土的主权转移给他国，割让包括非强制性割让和强制性割让。

(5) 征服。征服是指国家以武力对他国领土的全部或者部分进行兼并而取得该领土主权。

传统国际法上的领土取得方式在现代国际法上的地位：(10分)

(1) 现代除了南极洲外，地球上不属于任何国家领土的无人居住地区几乎不存在，国家以先占的方式取得领土已经没有太大的现实意义。但是在解决国家之间的领土争端时，有时还需要考虑先占作为领土变更方式所具有的效果。

(2) 在现代国际实践中，几乎没有任何国家情愿将本国的部分领土置于别国的管辖之下，也没有任何国家在本国部分领土被别国占有后不提出抗议或者不主张权利。在现代国际法上，时效作为国家领土取得与变更方式没有现实的意义。

(3) 无论是自然作用还是人为作用形成的添附，现代国际法都予以认可。对由于添附增加的领土，国家不需要采取宣告或者其他法律行为，也不需要其他主权国家的承认。

(4) 在现代国际法上，强制性割让作为领土取得与变更方式已经失去存在的合法性。在平等自愿的基础上，非强制性割让领土，由于其符合国家主权平等原则，故而依然合法有效。

(5) 由于现代国际法严格禁止侵略战争，故而通过侵略战争取得的利益或者权利，包括侵占的领土都属于非法性质。国际社会不仅不承认征服国兼并别国领土的合法性，而且应该采取联合行动帮助被征服国恢复领土主权。

第九章　国际法上的个人

一、简答题

1. (2006年公法卷法学综合二简答第6题) 简述外交代表管辖豁免的主要内容。(5分)

【命题考点】 外交代表的管辖豁免

【参考答案及评分标准】 外交代表管辖豁免主要包括以下内容：

(1) 人身自由不可侵犯。接受国尊重外交人员的尊严，不得污辱其人格，不得对外交代表的人身实施搜查、逮捕和拘留，接受国有责任保护外交人员人身不受侵犯。(1分)

(2) 寓所、财产和文书信件不可侵犯。外交代表的私人寓所应享有同样的不得侵犯权及保护，接受国不得侵犯外交人员的文书、信件以及财产。(1分)

(3) 管辖豁免。①刑事管辖豁免，外交人员免受接受国当局司法管辖，接受国不得对其加以传讯、起诉或审判。②民事管辖豁免，是指外交代表卷入民事纠纷，接受国法院不得对其实行审判和处罚，也不得对其强制执行，其责任通过外交途径解决。民事管辖豁免包括以下例外情形：关于私有不动产之物权诉讼；以私人身份参与继承事件的诉讼；关于外交代表于公务范围以外所从事的专业或商业活动引起的诉讼；根据公约规定，如外交代表主动提起诉讼，就不能对与主诉直接相关的反诉主张管辖的豁免。③行政管辖豁免，外交人员对接受国的行政管辖享有豁免权。④无作证义务，外交人员没有以证人身份作证的义务。但在一定条件下，如某一外交人员为某一案件的目击者，此事又不涉及使馆，经派遣国同意，外交人员也可以出庭作证。(2 分)

(4) 捐税、关税和查验的免除。一般原则是对外交人员应免征直接税，而不免征间接税。(1 分)

二、分析题

1. (2005 年公法卷法学综合二国际法分析题) 2004 年 7 月，中国国民在美国旅游观光时被美国移民局官员殴打致伤。根据国际法，该问题应该如何解决？(10 分)

【命题考点】 外交保护

【参考答案及评分标准】 本题涉及外交保护的知识点：

外交保护是指一国有权在其国民（包括自然人、法人和非法人实体）因另一国的国际不法行为而受到损害时，以国家的名义对其国民实行外交保护。外交保护需要具备以下条件：①本国人的权利受损害是外国国家的国际不法行为所致。②国籍连续保护原则，即受害行为发生时起直到外交保护结束，受害人必须持续拥有保护国的国籍。③用尽当地救济原则，即受害人必须在用尽当地所有行政的、司法的救济手段后并且仍然未得到合理救济时，本国方可进行外交保护。(3 分)

中国公民遭受美国政府官员的不法侵害后，应当立即采取措施向美国当地的行政机关或者司法机关寻求救济。如果没有得到合理救济，则中国公民有权向中国政府请求外交保护，中国政府也有权以国家的名义对其国民实行外交保护。(2 分)

第十章　条约法

一、简答题

1. (2005 年公法卷法学综合二简答第 6 题) 简述条约对第三方的效力。(5 分)

【命题考点】 条约的效力

【参考答案及评分标准】 条约对非缔约方的第三方（条约的非当事方）不能产生

效力，也就是所谓的“条约相对效力原则”。同时，《维也纳条约法公约》第34条规定：“条约非经第三国同意，不为该国创设义务或者权利。”（1分）条约对第三方的效力包括以下三个方面：

（1）条约为第三方创设权利。条约为第三方创设权利需要具备以下条件：条约当事国有意以条约的规定为第三国创设权利，即当事国有为第三国创设权利的意图，同时第三国表示同意或者没有相反的意思表示。(1分)

（2）条约为第三方创设义务。条约为第三方创设义务必须具备以下条件：条约当事国有通过条约为当事国创设义务的意图，第三国必须以书面方式明示表示接受。同时，如果条约的规定已经构成国际习惯，则第三国承担给予尊重的义务。(1分)

（3）第三方权利和义务的取消。如果条约为第三国创设的权利经确定原意为非经该第三国同意不得取消或者变更，则条约当事国不得取消或者变更该权利。如果第三国已经负担某项条约义务，则只有经该条约各当事国和该第三国同意，才能取消或者变更该项义务，但是经确定另有协议约定的不受此限。(2分)

第十一章　外交和领事关系法

编者说明：历年真题中没有涉及本章的知识点。

第十二章　人权的国际保护

一、简答题

1.（2010年法学综合一简答第6题）简述国际人权法和国际人道法的区别。(5分)

【命题考点】国际人权法和国际人道法

【参考答案及评分标准】国际人权法和国际人道法的区别主要表现在以下方面：

（1）起源不同。国际人权法是伴随着《联合国宪章》《世界人权宣言》等具有普遍性和区域性的人权条约的签署而发展起来的，是国际法的新分支。国际人道法起源于传统的“战争法”，是由战争法的海牙体系和日内瓦体系发展而来的。(1分)

（2）宗旨目的不同。国际人权法的宗旨和目的是为了给人们在社会、政治、经济和文化等方面的发展提供可能性，使个人权利和基本人权受到法律保护。国际人道法

的宗旨和目的是在发生武装冲突的情况下，使战争受难者免于遭受不必要的痛苦和威胁。(1 分)

(3) 法律渊源不同。国际人权法主要是由普遍性和区域性的人权条约组成。国际人道法的法律渊源主要是《日内瓦公约》及其附加议定书。(1 分)

(4) 适用时期不同。国际人权法主要适用于和平时期。国际人道法主要适用于战争时期。(1 分)

(5) 权利行使途径不同。国际人权法主要赋予个人人权，个人有权行使或者放弃。国际人道法通过国家或者武装冲突团体实现权利。(1 分)

第十三章　海洋法

一、简答题

1. (2006 年公法卷法学综合二简答第 5 题) 简述专属经济区法律地位的主要内容。(5 分)

【命题考点】 专属经济区的法律地位

【参考答案及评分标准】 专属经济区，是指领海以外并且邻接领海的区域，从领海基线量起，不超过 200 海里。沿海国在专属经济区的权利主要是与自然资源和经济活动有关的权利，主要包括：

(1) 勘探和开发、养护和管理海床和底土及其上覆水域的自然资源为目的的主权权利，以及在该区域内从事经济性开发和勘探活动的主权权利；(1 分)

(2) 对专属经济区内的人工岛屿、设施和结构的建造和使用享有专属管辖权；(1 分)

(3) 对海洋科学研究的专属管辖权；(1 分)

(4) 对海洋环境保护和保全享有专属管辖权；(1 分)

(5) 沿海国在行使其权利和履行其义务时，适当顾及其他国家的权利和义务，并应以符合本公约规定的方式行使。(1 分)

第十四章　空间法

编者说明：历年真题中没有涉及本章的知识点。

第十五章　国际环境法

编者说明：历年真题中没有涉及本章的知识点。

第十六章　国际经济法

编者说明：历年真题中没有涉及本章的知识点。

第十七章　国际组织法

编者说明：历年真题中没有涉及本章的知识点。

第十八章　国际刑法

编者说明：历年真题中没有涉及本章的知识点。

第十九章　和平解决国际争端

一、简答题

1.（2011 年法学综合一简答第 6 题）简述国际法院的诉讼管辖权。（5 分）

【命题考点】国际法院的诉讼管辖权

【参考答案及评分标准】国际法院的诉讼管辖权是指国际法院审理争端当事国提交

的诉讼案件的权利。国际法院的诉讼当事国主要包括三种：①联合国的会员国；②非联合国会员国，但属于《国际法院规约》的当事国；③既非联合国会员国也非规约当事国，在事先向国际法院书记处交存一份声明，表明该国愿意接受国际法院的管辖，保证认真执行法院的判决，成为国际法院的诉讼当事国。(2 分)

国际法院受理的诉讼案件包括：①各当事国在双方同意的前提下提交国际法院审理的一切案件；②根据《联合国宪章》或者其他条约、协定所特定的案件；③根据《国际法院规约》第 36 条第 2 款提交的案件：条约之解释；国际法之任何问题；任何经确定违反国际义务的事实；因违反国际义务而应予赔偿的性质和范围。(3 分)

第二十章　国际人道法与武装冲突法

一、简答题

1.（2010 年法学综合一简答第 6 题）简述国际人权法和国际人道法的区别。(5 分)

【命题考点】 国际人权法和国际人道法

【参考答案及评分标准】 国际人权法和国际人道法的区别主要表现在以下方面：

(1) 起源不同。国际人权法是伴随着《联合国宪章》《世界人权宣言》等具有普遍性和区域性的人权条约的签署而发展起来的，是国际法的新分支。国际人道法起源于传统的“战争法”，是由战争法的海牙体系和日内瓦体系发展而来的。(1 分)

(2) 宗旨目的不同。国际人权法的宗旨和目的是为了给人们在社会、政治、经济和文化等方面的发展提供可能性，使个人权利和基本人权受到法律保护。国际人道法的宗旨和目的是在发生武装冲突的情况下，为了使战争受难者免于遭受不必要的痛苦和威胁。(1 分)

(3) 法律渊源不同。国际人权法主要是由普遍性和区域性的人权条约组成，国际人道法的法律渊源主要是《日内瓦公约》及其附加议定书。(1 分)

(4) 适用时期不同。国际人权法主要适用于和平时期，国际人道法主要适用于战争时期。(1 分)

(5) 权利行使途径不同。国际人权法主要赋予个人人权，个人有权行使或者放弃。国际人道法通过国家或者武装冲突团体实现权利。(1 分)

国际私法

第一章 国际私法概述

一、简答题

1.（2014年法学综合一简答第6题）根据最高人民法院《关于适用〈中华人民共和国涉外民事关系法律适用法〉若干问题的解释（一）》，如何认定某一民事关系为涉外民事关系。(5分)

【命题考点】涉外民事关系的认定

【参考答案和评分标准】民事关系具有下列情形之一的，人民法院可以认定为涉外民事关系：

（1）当事人一方或双方是外国公民、外国法人或者其他组织、无国籍人；(1分)

（2）当事人一方或双方的经常居所地在中华人民共和国领域外；(1分)

（3）标的物在中华人民共和国领域外；(1分)

（4）产生、变更或者消灭民事关系的法律事实发生在中华人民共和国领域外；(1分)

（5）可以认定为涉外民事关系的其他情形。(1分)

2.（2005年法学综合一简答第6题）简述统一实体规范与外国人民事法律地位规范的异同。(5分)

【命题考点】统一实体规范与外国人民事法律地位规范

【参考答案及评分标准】统一实体规范，是指能够直接规定国际民事法律关系当事人权利和义务的规范，一般体现在国际条约和国际惯例中。外国人民事法律地位规范，是指规定外国人（包括自然人和法人）在内国享有什么样的权利，承担什么样的民事义务的规范。(2分）二者的异同主要表现在以下方面：

（1）二者的相同点：都是国际私法规范的组成部分，都是规定权利和义务的规范。(1分)

（2）二者的不同点：①统一实体规范是规范当事人的权利和义务，而外国人民事法律地位规范是规范外国人在内国的权利和义务；②统一实体规范一般体现在国际条约和国际惯例中，而外国人民事法律地位规范一般体现在国内立法中。(2分)

第二章　国际私法发展史

一、简答题

1.（2006 年私法卷法学综合二简答第 5 题）简述萨维尼的法律关系本座说。（5 分）

【命题考点】 萨维尼的法律关系本座说

【参考答案及评分标准】（1）产生背景：19 世纪中叶，德国著名法学家萨维尼出版《现代罗马法体系（第 8 卷）》，全面论述其国际私法理论，并且提出法律关系本座说。萨维尼认为：法律适用不应该从法律规则自身的性质出发来决定法律是否可以适用于各种特定的涉外民事关系，而主张从法律关系本身的性质来探讨其应该适用的法律。(1 分）萨维尼认为：每一种法律关系在逻辑上和性质上必然与某一特定的法律制度相联系，每一法律关系都有一个确定的“本座”，即一个它在性质上必须归属的法域。法院进行法律选择时，应该根据法律关系的性质确定法律关系的本座所在地，而该本座所在地的法律就是该法律关系所应该适用的法律。(1 分）

（2）具体内容：萨维尼分别就身份、物权、债权、继承、家庭等法律关系讨论它们的“本座”或者“本座法”（“地域法”）之所在，提出身份关系的本座法是当事人的住所地法，物权关系的本座法是物之所在地法，债的本座法在一般情况下是履行地法，继承的本座法是死者死亡时的住所地法（不主张动产和不动产分别适用不同的法律），家庭关系的本座法则当以丈夫和父亲的住所地法为主。(2 分）

（3）历史意义：萨维尼的法律关系本座说在国际私法发展史上具有里程碑意义。萨维尼一改统治几百年的通过法律性质选择法律的方法，代之以通过法律关系性质选择法律的方法，在方法论上是一个历史性的突破。他创造性地提出了解决法律选择的连结点，为国际私法的规范化和更具操作性起到了至关重要的作用。萨维尼的理论对国际私法的发展具有极其深远的影响。当今流行的“法律关系重心说”“最密切联系说”都是在法律关系本座说基础上发展起来的。(1 分）

2.（2005 年私法卷法学综合二简答第 5 题）简述凯弗斯的结果选择说。(5 分）

【命题考点】 凯弗斯的结果选择说

【参考答案及评分标准】（1）产生背景：美国学者凯弗斯 1933 年在《法律选择问题评论》中对传统理论提出批评，指出在处理冲突案件中，法院的义务不是通过研究管辖权来选择适用于案件的法律，法院的职责永远是实现结果的公正。传统的冲突法制度由于只作“管辖权选择”，而不问所选择法律的具体内容是否符合案件的实际情况与公正合理的解决，因而是很难选择到更好的法律的。他主张应该改变这种只作“管辖权选择”的传统制度，而代之以“规则选择”或“结果选择”的方法。(1分)

(2) 具体内容：凯弗斯1965年出版《法律选择程序》，进一步阐述其理论，提出“虚假冲突”和“真实冲突”的概念。凯弗斯认为：如果在有联系的几个州中，只有一个州的实体法在案件中存在利益，那么这就是虚假冲突，结果将适用这个州的实体法。但是，如果一个以上州的实体法存在利益，这就构成真实冲突。(2分)

(3) 历史意义：凯弗斯首先揭示法律冲突实质上存在“虚假冲突”和“真实冲突”两种，这是前人所未发现的。其从结果公正角度探求法律选择的理论，并且为实现这种公正创造性地提出法律选择的优先原则，这也是开创性的。但是，凯弗斯提出的“公平”标准过于抽象模糊，且各国法律多种多样，实难进行比较，因而缺乏可操作性。(2分)

第三章　国际私法主体

编者说明：历年真题中没有涉及本章的知识点。

第四章　冲突规范与准据法

一、简答题

1.（2011年法学综合一简答第5题）简述法院地法在国际私法中的应用。(5分)

【命题考点】法院地法的应用

【参考答案及评分标准】法院地法是审理国际民商事案件的法院所在地国家的法律，常用来解决程序方面的法律冲突问题，在特殊场合下也用来解决实体法方面的法律冲突问题。法院地法在国际私法领域的应用主要体现在以下方面：(每点1分，回答任意5点得5分)

(1) 公共秩序保留制度排除外国法的适用，法院将以法院地法即中国法替代外国法的适用。《涉外民事关系法律适用法》第5条：外国法律的适用将损害中华人民共和国社会公共利益的，适用中华人民共和国法律。第8条：涉外民事关系的定性，适用法院地法律。

(2)《涉外民事关系法律适用法》第10条：涉外民事关系适用的外国法律，由人民法院、仲裁机构或者行政机关查明。当事人选择适用外国法律的，应当提供该国法律。不能查明外国法律或者该国法律没有规定的，适用中华人民共和国法律。

编者说明：原来有关外国法查明的规定是《民通意见》第193条，即对于应当适用的外国法律，可通过下列途径查明：①由当事人提供；②由与我国订立司法协助协定的缔约对方的中央机关提供；③由我国驻该国使领馆提供；④由该国驻我国使馆提供；⑤由中外法律专家提供。通过以上途径仍不能查明的，适用中华人民共和国法律即适用法院地法。

(3)《涉外民事关系法律适用法》第27条：诉讼离婚，适用法院地法律。《民法通则》第147条：中华人民共和国公民和外国人结婚适用婚姻缔结地法律，离婚适用受理案件的法院所在地法律。《民通意见》第188条：我国法院受理的涉外离婚案件，离婚以及因离婚而引起的财产分割，适用我国法律（即法院地法律）。

(4)《涉外民事关系法律适用法》第50条：知识产权的侵权责任，适用被请求保护地法律，当事人也可以在侵权行为发生后协议选择适用法院地法律。

(5)《海商法》第272条：船舶优先权，适用受理案件的法院所在地法律。《民用航空法》第187条：民用航空器优先权，适用受理案件的法院所在地法律。

(6)《海商法》第273条：船舶在公海上发生碰撞的损害赔偿，适用受理案件的法院所在地法律。《海商法》第275条：海事赔偿责任限制，适用受理案件的法院所在地法律。

(7)《民用航空法》第189条第2款：民用航空器在公海上空对水面第三人的损害赔偿，适用受理案件的法院所在地法律。

2.（2010年法学综合一简答第5题）简述最密切联系原则在我国立法和司法解释中的体现。(5分)

【命题考点】最密切联系地法律的应用

【参考答案及评分标准】最密切联系地法律起源于萨维尼的“法律关系本座说”，是指与国际民商事法律关系具有最重要、最真实联系地方的法律。最密切联系原则在我国立法和司法解释中的体现主要包括以下内容：

(1)《民法通则》第145条：涉外合同的当事人可以选择处理合同争议所适用的法律，法律另有规定的除外。涉外合同的当事人没有选择的，适用与合同有最密切联系的国家的法律。(1分)

(2)《民通意见》第182条：有双重或多重国籍的外国人，以其有住所或者与其有最密切联系的国家的法律为其本国法。第183条：当事人有几个住所的，以与产生纠纷的民事关系有最密切联系的住所为住所。(1分)

(3)《民通意见》第185条：当事人有二个以上营业所的，应以与产生纠纷的民事关系有最密切联系的营业所为准；当事人没有营业所的，以其住所或者经常居住地为准。(1分)

(4)《民通意见》第189条：父母子女相互之间的扶养、夫妻相互之间的扶养以及其他有扶养关系的人之间的扶养，应当适用与被扶养人有最密切联系国家的法律。扶养人和被扶养人的国籍、住所以及供养被扶养人的财产所在地，均可视为与被扶养人有最密切的联系。(1分)

(5)《民通意见》第192条：依法应当适用的外国法律，如果该外国不同地区实施不同的法律的，依据该国法律关于调整国内法律冲突的规定，确定应适用的法律。该国法律未作规定的，直接运用与该民事关系有最密切联系的地区的法律。(1分)

编者说明：《涉外民事关系法律适用法》系全国人大常委会于2010年10月28日通过的，不作为2010年研究生初试的考题答案范畴。其下列规定涉及最密切联系原则的适用：

第2条：涉外民事关系适用的法律，依照本法确定。其他法律对涉外民事关系法律适用另有特别规定的，依照其规定。

本法和其他法律对涉外民事关系法律适用没有规定的，适用与该涉外民事关系有最密切联系的法律。

第6条：涉外民事关系适用外国法律，该国不同区域实施不同法律的，适用与该涉外民事关系有最密切联系区域的法律。

第19条：依照本法适用国籍国法律，自然人具有两个以上国籍的，适用有经常居所的国籍国法律；在所有国籍国均无经常居所的，适用与其有最密切联系的国籍国法律。自然人无国籍或者国籍不明的，适用其经常居所地法律。

第39条：有价证券，适用有价证券权利实现地法律或者其他与该有价证券有最密切联系的法律。

第41条：当事人可以协议选择合同适用的法律。当事人没有选择的，适用履行义务最能体现该合同特征的一方当事人经常居所地法律或者其他与该合同有最密切联系的法律。

第五章　冲突规范的运用

编者说明：历年真题中没有涉及本章的知识点。

第六章　民事能力的法律适用

编者说明：历年真题中没有涉及本章的知识点。

第七章　婚姻家庭的法律适用

编者说明：历年真题中没有涉及本章的知识点。

第八章　继承的法律适用

编者说明：历年真题中没有涉及本章的知识点。

第九章　物权的法律适用

编者说明：历年真题中没有涉及本章的知识点。

第十章　知识产权的法律适用

编者说明：历年真题中没有涉及本章的知识点。

第十一章　国际合同的法律适用

一、简答题

1. （2013 年法学综合一简答第 5 题）举例说明国际合同法律适用的主观论与客观论及分割论与单一论。（5 分）

【命题考点】 国际合同法律适用的主观论与客观论、分割论与单一论

【参考答案及评分标准】 所谓主观论，就是指合同的准据法应当由当事人自主选择合同适用的法律。例如 1980 年欧共体签订的《罗马国际合同义务法律适用公约》和 1985 年海牙《国际货物买卖合同法律适用公约》都采用主观论。所谓客观论，就是指应当根据合同与某个场所（地域）之间的客观联系来确定准据法。（2 分）

所谓分割论，就是指将合同分割成若干不同的方面，分别适用不同地方的法律。例如将合同分割为合同的形式、合同的履行、当事人的缔约能力、合同的解释、撤销等。单一论，就是指将合同看作一个整体，统一适用一个地方的法律。例如 1980 年欧共体签订的《罗马国际合同义务法律适用公约》和 1985 年海牙《国际货物买卖合同法律适用公约》都采用单一论。（3 分）

二、分析题

1. （2015 年法学综合一国际私法论述题）我国《涉外民事关系法律适用法》第 3 条规定："当事人依照法律规定可以明示选择涉外民事关系适用的法律。"请结合我国的司法实践，阐释对该条规定的理解？（15 分）

【命题考点】 意思自治原则

【参考答案及评分标准】《涉外民事关系法律适用法》第 3 条规定的内容主要体现的是我国国际私法领域的意思自治原则。（2 分）主要可以从以下方面理解：

（1）选择法律的方式必须采用明示的方式。各方当事人援引相同国家的法律且未提出法律适用异议的，人民法院可以认定当事人已经就涉外民事关系适用的法律做出了选择；（4 分）

（2）选择法律的主体必须是当事人；（2 分）

（3）选择法律的限制性规定是必须"依照法律规定"，如果我国法律没有明确规定当事人可以选择涉外民事关系适用的法律，当事人选择适用法律的，人民法院应认定该选择无效；（3 分）

（4）选择法律的范围指的是实体法，而不包括冲突法和程序法；（2 分）

（5）选择或者变更法律的时间是在一审法庭辩论终结前。（2 分）

2.（2005 年私法卷法学综合二国际私法分析题）我国《民法通则》第 145 条（同《合同法》第 126 条）规定："涉外合同的当事人可以选择处理合同争议所适用的法律，但法律另有规定的除外。"请对上述规定进行分析说明。（10 分）

【命题考点】涉外合同的法律适用

【参考答案及评分标准】《民法通则》第 145 条：涉外合同的当事人可以选择处理合同争议所适用的法律，法律另有规定的除外。根据相关规定，意思自治原则具有以下限制性规定：

（1）关于选择和变更选择法律的方式：（3 分）

①当事人选择或者变更选择合同争议应适用的法律，应当以明示的方式进行；

②当事人未选择合同争议应适用的法律，但均援引同一国家或者地区的法律且未提出法律适用异议的，应当视为当事人已经就合同争议应适用的法律作出选择；

③当事人未选择合同争议应适用的法律的，适用与合同有最密切联系的国家或者地区的法律。

（2）关于法律选择的时间：在我国，当事人可以从订立合同时起直到人民法院一审法庭辩论终结前，通过协商一致的方式，选择或者变更选择合同争议应适用的法律。（1 分）

（3）关于法律选择的范围：（2 分）

①当事人协议选择的法律或者人民法院依照最密切联系原则确定的处理合同争议所适用的法律仅指实体法，而不包括冲突法和程序法；

②我国的法律和规定并没有要求必须选择与合同有实际联系的国家的法律。

（4）关于强制性规则：在中国领域内履行的中外合资经营企业合同、中外合作经营企业合同和中外合作勘探开发自然资源合同，一律适用中国法律。（2 分）

（5）关于公共秩序保留：如果应该适用的法律为外国法律的，不得违反我国法律的基本原则和社会公共利益，否则将不予适用。（1 分）

（6）涉外合同的当事人没有选择的，适用与合同有最密切联系的国家的法律。（1 分）

编者提示：《法律适用法》第 41 条："当事人可以协议选择合同适用的法律。当事人没有选择的，适用履行义务最能体现该合同特征的一方当事人经常居所地法律或者其他与该合同有最密切联系的法律。"

第十二章　商事关系的法律适用

编者说明：历年真题中没有涉及本章的知识点。

第十三章　侵权行为之债的法律适用

一、简答题

编者说明：历年真题的简答题中没有涉及本章的知识点。

二、分析题

1.（2012 年法学综合一国际私法分析题）根据我国立法与实践，试论涉外侵权的法律适用。(15 分)

【命题考点】 涉外侵权的法律适用

【参考答案及评分标准】《民法通则》第 146 条规定："侵权行为的损害赔偿，适用侵权行为地法律。当事人双方国籍相同或者在同一国家有住所的，也可以适用当事人本国法律或者住所地法律。中华人民共和国法律不认为在中华人民共和国领域外发生的行为是侵权行为的，不作为侵权行为处理。"《民通意见》第 187 条规定："侵权行为地的法律包括侵权行为实施地法律和侵权结果发生地法律。如果两者不一致时，人民法院可以选择适用。"《法律适用法》第 44 条："侵权责任，适用侵权行为地法律，但当事人有共同经常居所地的，适用共同经常居所地法律。侵权行为发生后，当事人协议选择适用法律的，按照其协议。"《民法通则》第 146 条与《法律适用法》的规定不一致的，适用《法律适用法》的规定。(2 分)

(1) 我国关于侵权行为之债的法律适用的特点：(6 分)

①以侵权行为地法作为侵权行为之债的法律适用的基本原则。侵权行为的损害赔偿，适用侵权行为地法律。侵权行为地的法律包括侵权行为实施地法律和侵权结果发生地法律。如果两者不一致时，人民法院可以选择适用；

②有选择地适用当事人共同属人法。当事人双方国籍相同或者在同一国家有住所的，也可以适用当事人本国法律或者住所地法律；

③采取双重可诉原则。中华人民共和国法律不认为在中华人民共和国领域外发生的行为是侵权行为的，不作为侵权行为处理。

（2）我国有关侵权行为之债的立法不足：（4分）

①没有引入国际上关于侵权法律适用的新成果即最密切联系原则；

②只规定侵权行为损害赔偿方面的法律适用，而侵权行为实质上还包括其他问题，比如过失认定、因果关系的标准、免责要件等；

③在对侵权行为的认定上，我国法律规定“双重可诉原则”，即只有在侵权行为地法与法院地法同时认定行为是侵权行为时，才可以作为侵权行为处理；

④关于共同属人法原则，规定了国籍与住所，但缺乏对惯常居所的规定；

⑤关于侵权行为地的确定，我国的法律缺乏明确的选择标准。

（3）我国有关侵权行为之债的立法完善：（3分）

①侵权行为发生后，当事人可以协议选择适用法院地法；

②当事人双方国籍相同或者在同一国家有住所或者惯常居所的，适用当事人本国法、住所地法或者惯常居所地法；

③侵权行为之债适用侵权行为实施地法律。如果侵权行为与另一国有更加密切联系的，则适用另一国法律。

2.（2006年法学综合二国际私法分析题）分析1972年海牙《产品责任法律适用公约》的主要内容。（10分）

【命题考点】《产品责任法律适用公约》的主要内容

【参考答案及评分标准】1972年海牙《产品责任法律适用公约》的主要内容包括：

（1）《产品责任法律适用公约》的适用范围非常广泛。《公约》第1条第1款明确规定：“本公约确定制造商和其他由第3条规定的人因产品造成伤害，包括因对产品的错误说明或者对其质量、特性或者使用方法未提供适当说明而造成损害责任所适用的法律。”《公约》不适用于在产品所有权或者使用权已经从被请求承担责任的一方转移到遭受损害一方的情况下所产生的当事人之间的责任。（4分）

（2）关于产品责任准据法的确定。《产品责任法律适用公约》以侵害发生地、直接遭受损害人惯常居住地、被请求承担责任人的主营业地和直接遭受损害人的取得产品地四个连结因素作为连结点。《公约》同时规定法律适用顺序：（6分）

①第一适用顺序：即《公约》第5条的规定，产品责任所应当适用的法律，首先是直接遭受损害人的惯常居所地国家的国内法，如果该国同时又是被请求承担责任人的主营业地，或者直接遭受损害人的取得产品的所在地的话。

②第二适用顺序：在第一适用顺序不能满足的情况下，按照《公约》第4条的规定，应当适用侵害地所在国的国内法，但是需要符合下列条件之一：其一，该国同时又是直接遭受损害人的惯常居所地所在国；其二，该国同时又是被请求承担责任人的

主营业地所在国；其三，该国同时又是直接遭受损害人的取得产品的地方。

③第三适用顺序：当《公约》第5条和第4条指定适用的法律都不适用时，依据《公约》第6条的规定，原告可以基于侵害地国家的国内法提出请求，如果原告基于侵害地国家的国内法提出请求，就应当适用侵害地国家的国内法。

④第四适用顺序：当《公约》第5条和第4条指定适用的法律都不适用，原告也没有基于侵害地国家的国内法提出请求时，那么产品责任的准据法应当为被请求承担责任人的主营业地所在国的国内法。

第十四章　不当得利和无因管理的法律适用

编者说明：历年真题中没有涉及本章的知识点。

第十五章　国际民事诉讼

一、简答题

1.（2006年私法卷法学综合二简答第6题）简述国际民事诉讼中的协议管辖。（5分）

【命题考点】国际民事诉讼中的协议管辖

【参考答案及评分标准】《民事诉讼法》第242条："涉外合同或者涉外财产权益纠纷的当事人，可以用书面协议选择与争议有实际联系的地点的法院管辖。选择中华人民共和国人民法院管辖的，不得违反本法关于级别管辖和专属管辖的规定。"第243条："涉外民事诉讼的被告对人民法院管辖不提出异议，并应诉答辩的，视为承认该人民法院为有管辖权的法院。"（1分）涉外协议管辖具有以下特点：

（1）争议限制：协议管辖案件只能是涉外合同或者涉外财产纠纷，有关身份关系的争议不允许当事人协议管辖。（1分）

（2）协议限制：涉外管辖协议必须以书面方式达成。（1分）

（3）法院限制：①协议选择的管辖法院必须与案件具有实际联系；②协议选择的管辖法院需要符合我国民事诉讼法关于级别管辖和专属管辖的规定；③协议选择的管辖法院只能是第一审的法院。（2分）

编者说明：本题是以旧法来进行考查的，新修改的《民事诉讼法》已经删除原法第 242 条和 243 条的规定，特此提示。

第十六章　国际商事仲裁

编者说明：历年真题中的主观题没有涉及本章的知识点。

第十七章　区际法律冲突与区际私法

编者说明：历年真题中没有涉及本章的知识点。

第十八章　我国区际私法的立法与实践

编者说明：历年真题中没有涉及本章的知识点。

国际经济法

第一章 国际经济法概论

编者说明：历年真题中没有涉及本章的知识点。

第二章 国际货物买卖和《联合国国际货物销售合同公约》

一、分析题

1. (2010年法学综合一国际经济法分析题) 试论《联合国国际货物销售合同公约》第6条对缔约形式的影响? (10分)

【命题考点】《联合国国际货物销售合同公约》

【参考答案及评分标准】《联合国国际货物销售合同公约》第6条："双方当事人可以不适用公约，或者在第12条的条件下，减损本公约的任何规定或者改变其效力。"本条是当事人自由订立条约的规定，也就是说，当事人可以排除适用公约，也可以在适用公约时取消特定条款或者改变公约特定条款的效力。因此《公约》第6条对于缔约形式产生重要影响。(3分)

(1)《公约》对于缔约形式的规定比较自由，没有强制性规定。《公约》第11条："销售合同无须以书面订立或者书面证明，在形式方面也不受任何其他条件的限制。销售合同可以用包括人证在内的任何方法证明。"《公约》第29条第2款："规定任何更改或者根据协议终止必须以书面作出的书面合同，不得以其他任何方式更改或者根据协议终止。但是，一方当事人的行为，如果经另一方当事人寄以信赖，就不得坚持此项规定。"根据《公约》第6条：双方当事人可以适用此种相对自由和宽松的缔约方式，不要求严格的书面形式。也可以选择不适用，要求采用书面的严格缔约形式。实际上是对"意思自治"原则的具体运用，赋予当事人对缔约形式的选择自由，体现《公约》的基本立场。关于销售合同的法律，不对销售合同（包括对外贸易合同）的形式提出特别要求。(4分)

(2)《公约》第6条中涉及的第12条的规定，是指如果任何一方当事人的营业地是在已按照《公约》第96条作出声明的缔约国内，则关于缔约形式（包括准许销售合同或者更改、根据协议终止，或者任何发价、接受、其他意旨表示）必须采用书面形式，任何书面以外的其他形式所作出的规定不能适用。也就是“缔约自由”的限制性条件，当事人不得减损或者改变其效力。实际上是《公约》缔结国考虑到特定国家的法律要求对外贸易合同采取书面形式，否则合同是无效的。(3分)

综上所述，《公约》第6条对缔约形式的影响是重要的，在不同情况下，对于采取书面形式还是不采取书面形式的要求是不同的。

第三章 国际货物买卖和国内法、惯例的适用

编者说明：历年真题中没有涉及本章的知识点。

第四章 国际货物买卖支付法律问题

一、分析题

1.（2011年法学综合一国际经济法分析题）联合国2008年通过了《鹿特丹规则》对运输单证的规定如下：“运输单证”是指承运人在运输合同签发的单证，该单证：

（a）证明承运人或者履约方收到了运输合同下的货物

（b）证明或者包含一项运输合同

试述《鹿特丹规则》关于运输单证的规定。(10分)

【命题考点】《鹿特丹规则》关于运输单证的规定

【参考答案及评分标准】2008年12月11日，在纽约举行的联合国大会通过《联合国全程或者部分海上国际货物运输合同公约》，又称为《鹿特丹规则》。《鹿特丹规则》是当前国际海上货物运输规则的集大成者，不仅涉及包括海运在内的多式联运，还在船货两方的权利义务之间寻求新的平衡点，被称为一部“教科书”式的国际公约。(2分)

《海牙规则》《维斯比规则》中的运输单证仅仅指的是提单。《汉堡规则》的出现，运输单证的范围在国际公约中扩展到提单以外的单据。《鹿特丹规则》对运输单证给出

明确定义，其第1条第14款规定："运输单证是指承运人按照运输合同签发的单证，该单证：一是证明承运人或者履约人已经按照运输合同收到货物；二是证明或者包含一项运输合同。"与提单一样，许多其他的海上运输单证也具有合同证明与收货凭证的功能。而提单之所以与众不同，就是在于其具有物权凭证的属性，能够作为货主在目的港提货的唯一凭证，这也是提单与其他运输单证的本质区别。正是由于单证的这项属性，使得提单的使用不再局限于海上运输，而是扩展到国际贸易与金融领域。海上运输单证是指存在于办理货物从托运、装船到卸货、交付的全部运输过程中，包括运输各环节中使用的各种单证。(4分)

《鹿特丹规则》以运输单证代替提单是由《鹿特丹规则》的适用范围决定的，该修改方式符合其适用范围。但是现行的运输单证中毕竟只有提单才能转让，而其他的运输单证只具有运输的作用，并且是不可转让的。《鹿特丹规则》将"可转让性运输单证"取代提单的可转让性，从实质而言，可转让运输单证依然起到的是提单在海上运输的作用，只是《鹿特丹规则》为了避免使用不同的概念导致混淆，故而使用"运输单证"来概括所有情形。运输单证是一个集合性的概念，而提单是个别、具体的单独概念，运输单证与提单是一种包含关系。(4分)

第五章　国际货物运输法

编者说明：历年真题中没有涉及本章的知识点。

第六章　国际货物运输保险法

编者说明：历年真题中没有涉及本章的知识点。

第七章　国际金融法

一、简答题

1.（2015年法学综合一简答第5题）简述见索即付担保的概念和特点？(5分)

【命题考点】见索即付担保

【参考答案及评分标准】见索即付又称凭要求即付，是银行应借款人的请求开立的以贷款人为受益人的书面保证，只要贷款人向开证行提出付款的书面请求，银行就应当向贷款人支付约定的金额。(1 分) 见索即付担保具有如下特点：

(1) 独立性。见索即付担保是非从属性的独立担保，担保人承担的义务独立于基础合同，担保人不能以基础合同所产生的抗辩事由对抗受益人；(1 分)

(2) 无条件性。在受益人按照担保合同的规定索赔时，保证人必须无条件承担赔付责任；(1 分)

(3) 担保人承担第一位付款责任。担保人对受益人承担无条件的第一位赔付责任，不享有先诉抗辩权；(1 分)

(4) 单据化。确定赔付责任时，保证人只审查受益人所提交的单据是否符合合同和保函的规定、是否表面相符，不对基础合同履约情况进行调查，不核定受益人所遭受的实际损失数额。(1 分)

2. (2013 年法学综合一简答第 6 题) 简述国际货币基金组织关于汇率问题的规定。(5 分)

【命题考点】国际货币基金组织关于汇率问题的规定

【参考答案及评分标准】《基金协定》的宗旨之一就是促进成员国的汇率稳定，《基金协定》主要通过“成员国的一般义务”和“基金组织的监督制度”来保障完成的：

(1) 各成员国的一般义务：(3 分)

①努力以自己的经济和金融政策来达到促进有秩序的经济增长的目标，既有合理的价格稳定，又适当照顾自身的状况；

②努力通过创造有秩序的基本的经济和金融条件和不会产生反常混乱的货币制度以促进稳定；

③避免操纵汇率或者国际货币制度来妨碍国际收支有效的调整或者取得对其他成员国不公平的竞争优势；

④奉行同本款所规定的保证不相矛盾的外汇政策。

(2) 监督制度：(2 分)

①成员国有义务不得为妨碍国际收支的有效调整或者从其他成员国取得不公平的竞争利益而操纵汇率或者国际货币制度；

②如果外汇市场紊乱的情势构成对成员国货币汇率的短期干扰，为消除紊乱的情势，相关成员国于必要时应当对外汇市场进行干预；

③成员国在采取外汇干预政策时，应当充分考虑到其他成员国，包括涉及外汇的发行国的利益。

二、分析题

编者说明：历年真题的分析题中没有涉及本章的知识点。

第八章　国际投资法

编者说明：历年真题中没有涉及本章的知识点。

第九章　国际知识产权贸易法

一、简答题

1.（2012 年法学综合一简答第 5 题）与已有的知识产权国际公约相比，WTO 的《与贸易有关的知识产权协定》（TRIPs 协议）具有哪些特点？（5 分）

【命题考点】 TRIPs 协议的特点（每点 1 分，回答任意 6 点得 5 分）

【参考答案及评分标准】 与已有的知识产权国际公约相比，TRIPs 协议具有以下特点：

（1）TRIPs 是一个高标准的国际条约，也是 WTO 成员方在知识产权保护方面的最低标准；

（2）TRIPs 不仅在实体法方面作出详细的规定，同时在程序法方面也作出比较完善的规定，是知识产权保护方面最全面的多边协定；

（3）TRIPs 保护的客体增加了计算机程序和独创性数据汇编，保护的内容增加了计算机程序和电影作品的出租权；

（4）TRIPs 第一次给商标确定明确的定义，规定注册是商标权取得的条件，扩大了对驰名商标的保护；

（5）TRIPs 明确规定专利权授予的普遍性和非歧视性，规定成员方不得获取专利的情形；

（6）TRIPs 不仅规定民事和行政程序的救济措施，而且规定临时措施和刑事措施；

（7）TRIPs 协调与其他公约之间的关系，其规定的内容不得有损于成员之间依照其他相关知识产权国际条约已经承担的现有义务；

(8) TRIPs不仅规定成员保护知识产权的最低标准，同时考虑到发展中国家的情况，规定最惠国待遇和国民待遇的例外，允许发展中国家有权延迟适用该协议。

第十章　世界贸易组织多边贸易体制

编者说明：历年真题中没有涉及本章的知识点。

第十一章　世界贸易组织货物贸易规则

一、分析题

1. (2014年法学综合一国际经济法分析题) 论述GATT与GATS中的最惠国待遇原则和国民待遇原则。(15分)

【命题考点】 GATT与GATS中的最惠国待遇原则和国民待遇原则

【参考答案和评分标准】 (1) GATT的最惠国待遇原则，要求一成员给予另一国家(包括GATT缔约方和非缔约方) 的在进出口货物方面的好处应该给予所有其他成员类似的优惠待遇，不得在贸易伙伴之间造成对进出口货物的歧视待遇。存在如下例外：关税同盟和自由贸易区的规定。GATT的国民待遇原则，是指一成员的产品输入到另一成员境内时，进口方不应直接或间接地对该产品征收高于本国相同或类似产品的国内税和国内费用，以及在执行国内规章方面实行差别待遇。存在如下例外：政府采购行为、政府对国内生产者给予特殊补贴。(7分)

(2) GATS的最惠国待遇原则，是指每一成员应该立即无条件地给予任何其他成员的服务和服务提供者不低于它基于任何其他国家类似的服务和服务提供者的待遇。最惠国待遇原则的特点是适用于所有成员的一般义务，既适用于各成员具体承诺的领域，也适用于没有承诺的领域。存在如下例外：经济一体化安排和边境地区服务贸易。GATS的国民待遇原则，是指各成员应在其承诺表规定的范围内和条件下给予其他成员的服务和服务提供者不低于它给予本国同类服务和服务提供者的待遇。国民待遇原则的特点是每个成员具体承诺的义务，不是一般义务。(8分)

第十二章 世界贸易组织服务贸易规则

一、分析题

1. (2014 年法学综合一国际经济法分析题) 论述 GATT 与 GATS 中的最惠国待遇原则和国民待遇原则。(5 分)

【命题考点】 GATT 与 GATS 中的最惠国待遇原则和国民待遇原则

【参考答案和评分标准】 (1) GATT 的最惠国待遇原则，要求一成员给予另一国家(包括 GATT 缔约方和非缔约方) 的在进出口货物方面的好处应该给予所有其他成员类似的优惠待遇，不得在贸易伙伴之间造成对进出口货物的歧视待遇。存在如下例外：关税同盟和自由贸易区的规定。GATT 的国民待遇原则，是指一成员的产品输入到另一成员境内时，进口方不应直接或间接地对该产品征收高于本国相同或类似产品的国内税和国内费用，以及在执行国内规章方面实行差别待遇。存在如下例外：政府采购行为、政府对国内生产者给予特殊补贴。(7 分)

(2) GATS 的最惠国待遇原则，是指每一成员应该立即无条件地给予任何其他成员的服务和服务提供者不低于它基于任何其他国家类似的服务和服务提供者的待遇。最惠国待遇原则的特点是适用于所有成员的一般义务，既适用于各成员具体承诺的领域，也适用于没有承诺的领域。存在如下例外：经济一体化安排和边境地区服务贸易。GATS 的国民待遇原则，是指各成员应在其承诺表规定的范围内和条件下给予其他成员的服务和服务提供者不低于它给予本国同类服务和服务提供者的待遇。国民待遇原则的特点是每个成员具体承诺的义务，不是一般义务。(8 分)

第十三章 国际税法

编者说明：历年真题的主观题中没有涉及本章的知识点。

第十四章　国际商事争议的解决

编者说明：历年真题中没有涉及本章的知识点。

行 政 法

第一章　行政法概述

编者说明：历年真题中没有涉及本章的知识点。

第二章　行政法的基本原则

一、分析题

1. （2010 年法学综合一行政法分析题）试论依法行政原则。(10 分)

【命题考点】依法行政原则

【参考答案及评分标准】依法行政原则是行政法最重要的原则，现代法治国家的行政法学可以说是基于依法行政原则建立起来的。所谓依法行政原则，又称为行政合法性原则，是指行政机关行使行政权力，管理公共事务，必须有法律授权，并依据法律规定。德国行政法学鼻祖奥托·迈耶在其 1895 年出版的《行政法》中首次揭示依法行政原则，提出权力分立原则，国家应当“依法律而治”，这是指国家的司法及行政皆受法律约束。(1 分)

（1）2004 年国务院的《全面推进依法行政实施纲要》明确提出“合法行政”的基本要求，即“行政机关实施行政管理，应当依照法律、法规、规章的规定进行；没有法律、法规、规章的规定，行政机关不得作出影响公民、法人和其他组织合法权益或者增加公民、法人和其他组织义务的决定。”(1 分)

（2）依法行政原则涉及行政与法的关系，通说认为依法行政原则包括法律优位原则和法律保留原则。

其一是法律优位原则。即消极意义的依法行政原则，是指一切行政活动都不得与法律相抵触。只要行政机关不实施与法律规定不一致的行为即符合该原则的要求。法律优位原则包括两方面内容：(5 分)

①法律的效力等级高于行政立法。第一，法律对某些事项作出明确规定时，行政

机关应当根据法律规定制定行政法规和行政规章；第二，在法律对某些事项没有明确规定、而行政法规和行政规章作出规定时，一旦法律作出规定，行政法规和行政规章都要让位于法律规定；第三，地方性法规、自治条例和单行条例已经作出明确规定的情况下，行政规章不得与之相抵触；第四，与法律相抵触的行政法规和行政规章，与地方性法规、自治条例和单行条例相抵触的行政规章，应当由有关机关根据《立法法》的相关规定予以撤销或改变。

②一切行政活动都不得与法律相抵触。第一，作为行政活动依据的法律必须是实质性的法律规范；第二，作为行政活动依据的法律规范必须是有效的；第三，与法律相抵触的行政活动原则上是违法或无效的行政活动，应当由有权机关依据法定程序予以撤销或确认其为无效。

其二是法律保留原则。即积极意义的依法行政原则，是指在涉及公民权利义务等事项方面，只有法律明确授权，行政机关才能实施相应的管理活动。法律保留原则也包括两方面内容：(3 分)

①宪法意义上的法律保留。在国家法律体系内，重大事项只能由国家人民代表机关以正式法律的形式规定，而不能由其他国家机关特别是行政机关代为规定。

②行政法意义上的法律保留。行政机关实施行政活动时，如果没有法律的明确授权，就不能合法地作出行政行为。第一，任何行政职权的存在都必须基于法律的授权，任何行政职权的行使都必须有法律依据；第二，行政职权与行政职责统一。行政职权对于行政机关而言，既是职权又是职责，必须合法行使，不得放弃。行政机关必须及时、合法地行使，否则将违反法定职责，必须承担法律责任。

第三章　行政法的历史发展

编者说明：历年真题中没有涉及本章的知识点。

第四章　行政主体

一、分析题

1.（2014 年法学综合一行政法学分析题）试论行政组织法的基本内容。(15 分)

【命题考点】行政组织法

【参考答案和评分标准】行政组织法主要由行政机关组织法和行政机关编制法构成，行政组织法的基本内容涉及行政机关组织法和行政机关编制法的基本内容。

（1）行政机关组织法基本内容

①行政机关的性质和地位，即行政机关组织法规定的行政机关的根本属性和它在整个行政系统中所处的位置。(1 分)

②行政机关或者人民政府的人员组成，行政组织法规定各级行政机关或人民政府的人员组成。(1 分)

③行政机关的正副职设置，行政机关组织法规定行政机关行政首脑正副职设置及其设置数额。(1 分)

④行政机关工作机构的设立与变动，行政机关组织法通常采用概括方式规定行政机关工作机构的设立。(1 分)

⑤行政机关的职权，行政机关组织法规定行政机关与其他国家机关之间、中央行政机关与地方行政机关之间、不同职能行政机关之间、不同级别行政机关之间的职权划分。(2 分)

⑥行政机关之间的关系，行政机关组织法规定中央与地方行政机关之间、不同职能行政机关之间、不同级别行政机关之间的关系。(2 分)

⑦行政机关的基本工作制度，行政机关基本工作制度是行政机关内部结构、人员之间所形成的制度化的关系模式。(2 分)

（2）行政机关编制法的基本内容

行政机关编制法的基本内容：即编制管理机关、机关编制、人员编制。编制管理机关可以是政府体系内独立的、专司编制管理的机关；可以是从属于政府体系人事部门的、专司编制管理的机构；也可以是独立于政府体系之外的、专司编制管理的国家机关。机关编制是指根据社会发展要求、行政职能需求和经济条件许可程度确定行政机关的设立、规模和级别。人员编制指根据行政事务多少和行政经费数额确定行政职位总额。(3 分）首先，行政人员数额是国家支付行政经费的最基本依据，控制行政人员总额实际就是扼住国家行政经费的关口，把握住行政经费的流向；（1 分）其次，行政人员虽是行政职能实现的必要条件，但是如果不对行政人员总额加以控制，就可能导致行政机关冗员充塞，并且引发各种各样的“官场病”。(1 分)

2.（2013 年法学综合一行政法分析题）2012 年某日，某市城管局招聘的 1000 名“市容环境监督员”上岗。“市容环境监督员”为普通市民，他们佩戴袖标，负责对违章停车的司机实施现场处罚。该局为此专门制作《市容环境监督员执法手册》，其中的《管理办法》第 13 条写道：“监督员实施岗位补贴加奖金的薪酬制度。岗位补贴每人每月 500 元，由市财政统一拨付到区。监督员所收取的罚款和停车费全额上缴区财政，

由区财政按照票据及时结算，80%返还奖励给监督员本人。”试从行政法角度对此做法加以分析和评价。(15分)

【命题考点】行政主体

【参考答案及评分标准】该问题主要从以下角度进行评析：

(1)“市容环境监督员”的主体地位问题。从表面上来看，“市容环境监督员”属于行政委托组织。(1分)然而，《行政处罚法》第18条第1款：“行政机关依照法律、法规或者规章的规定，可以在其法定权限内委托符合本法第19条规定条件的组织实施行政处罚。行政机关不得委托其他组织或者个人实施行政处罚。”(3分)第19条：“受委托组织必须符合以下条件：(一)依法成立的管理公共事务的事业组织；(二)具有熟悉有关法律、法规、规章和业务的工作人员；(三)对违法行为需要进行技术检查或者技术鉴定的，应当有条件组织进行相应的技术检查或者技术鉴定。”本案中的“市容环境监督员”为普通市民，不符合《行政处罚法》关于被委托实施行政处罚主体的条件，故而市城管局招聘“市容环境监督员”是不符合法律规定的违法行为。(4分)

3.（2012年法学综合一行政法分析题）2011年1月11日上午10时，钟某把私家车停在某机关门前的路边去办事。20分钟后，他发现汽车被交通协管员贴上“违法停车告知单”，要求三天内到指定地点接受处罚。后来，交通队依此罚他200元钱。交通协管员贴的违法停车告知单写的很明白，如果3天内不去接受处罚，年检则不能通过，这意味着该罚单已经具有强制力。交通协管员不是公务员，他们贴条凭什么具有法律强制力？钟某提出质疑，并且向人民法院提起行政诉讼。对此，交通队代理人辩称：“交通协管队伍是由区政府组建，交通队聘请以协助交警劝阻、告知交通违法行为的；‘违法停车告知单’本身不具有强制力，同时交通协管员拍回照片，也是由交通队核对认定后才作出处罚决定的。另外，法律并没有明文禁止交通协管员‘贴条’的行为，所以交通协管员的做法并不违法。”请结合上述材料就“交通协管员贴罚单”行为的合法性展开论述。(15分)

【命题考点】行政主体、行政行为和行政诉讼

【参考答案及评分标准】对于“交通协管员贴罚单”行为是否具有合法性可以从行政主体、行政行为和行政诉讼的角度的进行阐述分析。

(1)在行政法学上，行政机关和法律法规授权组织统称为行政主体。行政主体依法享有行政职权，能够以自己的名义行使行政职权，并且能够独立承担由此产生的法律责任。行政机关委托的组织，是指接受行政机关的委托行使一定行政职权的其他国家机关、社会组织或者个人。受委托组织不是行政主体，其行使的特定行政职能必须以委托行政机关的名义实施，并且由委托的行政机关对其行为向外部承担法律责任。(3分)

交通协管员在性质上属于受委托组织。(1分)交通协管员接受区政府委托履行

"协助交警劝阻、告知交通违法行为"的职能，根据区政府的委托其具有粘贴"违法停车告知单"的权限，但是交通协管员不能直接接受罚款。交通协管员的任务和工作是对违法停车的事实进行取证（即拍摄违法停车的照片），并且在其认为属于"违法停车"的汽车上粘贴"违法停车告知单"。交通协管员的作用是毋庸置疑的，为交警繁重的交通管理任务减轻负担，同时也为城市和谐有序的交通运输环境贡献巨大力量。(3分)

(2) 交通协管员由于属于受委托组织，其职权来源于行政机关即区政府，故而其粘贴"违法停车告知单"的行为是合法的，"违法停车告知单"具有法律强制力。(2分)"违法停车告知单"是具体行政行为的载体，交通协管员不具有行政机关工作人员身份，其也并非是"违法停车告知单"直接作出者，而是代表或者代替行政机关在符合"违法停车"条件的汽车上粘贴"违法停车告知单"。交通协管员的行为并非肆无忌惮的，而是必须接受交通部门的监督和制约。交通协管员不仅有权粘贴"违法停车告知单"，同时也必须对违法停车的事实进行取证（即拍摄违法停车的照片）。交通部门对取证照片进行审核，如果认为交通协管员认定违法停车的事实不成立的，则依法撤销相应的"违法停车告知单"。(3分)

(3) 交通协管员作为受委托组织，其对于粘贴"违法停车告知单"的行为结果不承担法律责任。交通协管员不是行政主体，其行为后果由委托组织承担。如果行政相对人不服而提起行政诉讼，则只能以委托组织作为被告而不能以交通协管员作为被告。(3分)

第五章 行政公产

编者说明：历年真题中没有涉及本章的知识点。

第六章 行政活动的方式

编者说明：历年真题中没有涉及本章的知识点。

第七章 行政行为概述

一、分析题

1. (2011 年法学综合一行政法分析题) 某市原有甲、乙、丙、丁四家定点屠宰场，营业执照、卫生许可证、屠宰许可证等证件齐全。1997 年国务院颁布《生猪屠宰管理条例》，该市政府根据条例中确认并且颁发定点屠宰标志牌的规定发出通告，确定只授予甲定点屠宰场资格。市工商局和卫生局吊销乙丙丁的营业执照和卫生许可证。乙丙丁三家屠宰场不服，向市政府提出请求，市政府称通告是抽象行政行为，应当遵照执行。乙丙丁三家屠宰场向人民法院提起行政诉讼。请回答下列问题：

(1) 市政府作出的通告属于何种类型的行政行为？并且说明理由。(2 分)

【命题考点】行政行为的类型

【参考答案及评分标准】(1) 市政府发布的通告属于具体行政行为。(1 分) 具体行政行为是指行政主体针对特定的对象，就特定的事项作出的处理决定。市政府发布的通告明确确定只授予甲定点屠宰场资格，很明显属于行政机关针对特定对象和特定事项作出的决定。(1 分)

第八章 行政立法

编者说明：历年真题中没有涉及本章的知识点。

第九章 行政许可

一、分析题

1. (2011 年法学综合一行政法分析题) 某市原有甲、乙、丙、丁四家定点屠宰场，营业执照、卫生许可证、屠宰许可证等证件齐全。1997 年国务院颁布《生猪屠宰管理条例》，该市政府根据条例中确认并且颁发定点屠宰标志牌的规定发出通告，确定只授予甲定点屠宰场资格。市工商局和卫生局吊销乙丙丁的营业执照和卫生许可证。乙丙丁三家屠宰场不服，向市政府提出请求，市政府称通告是抽象行政行为，应当遵照执行。乙丙丁三家屠宰场向人民法院提起行政诉讼。请回答下列问题：

（4）颁发定点屠宰标志牌属于何种性质的行为？工商局和卫生局能否据此吊销乙丙丁的营业执照和卫生许可证？（2 分）

【命题考点】行政许可

【参考答案及评分标准】（4）颁发定点屠宰标志牌是行政许可行为。（1 分）甲定点屠宰场符合《生猪屠宰管理条例》规定生猪定点屠宰场应当具备的条件而被市政府授予定点屠宰场资格。乙丙丁的营业执照和卫生许可证也是依法取得的，不能因为市政府授予甲屠宰场定点屠宰场资格，就当然吊销乙丙丁的营业执照和卫生许可证。综上所述，市工商局、市卫生局无权吊销乙丙丁营业执照和卫生许可证。（1 分）

第十章　行政处罚

一、分析题

1.（2013 年法学综合一行政法分析题）2012 年某日，某市城管局招聘的 1000 名"市容环境监督员"上岗。"市容环境监督员"为普通市民，他们佩戴袖标，负责对违章停车的司机实施现场处罚。该局为此专门制作《市容环境监督员执法手册》，其中的《管理办法》第 13 条写道："监督员实施岗位补贴加奖金的薪酬制度。岗位补贴每人每月 500 元，由市财政统一拨付到区。监督员所收取的罚款和停车费全额上缴区财政，由区财政按照票据及时结算，80% 返还奖励给监督员本人。"试从行政法角度对此做法加以分析和评价。（15 分）

【命题考点】行政处罚

【参考答案及评分标准】该问题主要从以下角度进行评析：

（2）《管理办法》的性质问题。《管理办法》由市城管局制定，在性质上属于一种行业规范，而不属于广义的法律，故而《管理办法》的制定不得违背宪法、法律、行政法规、规章和地方性法规的规定。（1 分）《行政处罚法》第 53 条："除依法应当予以销毁的物品外，依法没收的非法财物必须按照国家规定公开拍卖或者按照国家有关规定处理。罚款、没收违法所得或者没收非法财物拍卖的款项，必须全部上缴国库，任何行政机关或者个人不得以任何形式截留、私分或者变相私分；财政部门不得以任何形式向作出行政处罚决定的行政机关返还罚款、没收的违法所得或者返还没收非法财物的拍卖款项。”（3 分）而《管理办法》中“监督员实施岗位补贴加奖金的薪酬制度。岗位补贴每人每月 500 元，由市财政统一拨付到区。监督员所收取的罚款和停车费全额上缴区财政，由区财政按照票据及时结算，80% 返还奖励给监督员本人”的规定显然是违反《行政处罚法》的，故而该《管理办法》的规定是无效的。(3 分)

第十一章　行政强制

编者说明：历年真题中没有涉及本章的知识点。

第十二章　行政合同

编者说明：历年真题中没有涉及本章的知识点。

第十三章　行政程序

编者说明：历年真题中没有涉及本章的知识点。

第十四章　行政救济

编者说明：历年真题中没有涉及本章的知识点。

第十五章　行政复议

编者说明：历年真题中没有涉及本章的知识点。

行政诉讼法

第一章　行政诉讼法概述

编者说明：历年真题中没有涉及本章的知识点。

第二章　行政诉讼范围

一、分析题

1.（2011年法学综合一行政法分析题）某市原有甲、乙、丙、丁四家定点屠宰场，营业执照、卫生许可证、屠宰许可证等证件齐全。1997年国务院颁布《生猪屠宰管理条例》，该市政府根据条例中确认并且颁发定点屠宰标志牌的规定发出通告，确定只授予甲定点屠宰场资格。市工商局和卫生局吊销乙丙丁的营业执照和卫生许可证。乙丙丁三家屠宰场不服，向市政府提出请求，市政府称通告是抽象行政行为，应当遵照执行。乙丙丁三家屠宰场向人民法院提起行政诉讼。请回答下列问题：

（3）乙丙丁是否有权提起行政诉讼？并且说明理由。(3分)

【命题考点】行政诉讼的受案范围

【参考答案及评分标准】(3) 乙丙丁有权提起行政诉讼。(1分) 乙丙丁以市政府发布的通告侵犯其三家的公平竞争权为由，或者对工商局和卫生局吊销乙丙丁的营业执照和卫生许可证的行政处罚行为不服而提起行政诉讼，都属于行政诉讼的受案范围。(2分)

第三章　行政诉讼的管辖

编者说明：历年真题中没有涉及本章的知识点。

第四章　行政诉讼参与人

一、分析题

1.（2011 年法学综合一行政法分析题）某市原有甲、乙、丙、丁四家定点屠宰场，营业执照、卫生许可证、屠宰许可证等证件齐全。1997 年国务院颁布《生猪屠宰管理条例》，该市政府根据条例中确认并且颁发定点屠宰标志牌的规定发出通告，确定只授予甲定点屠宰场资格。市工商局和卫生局吊销乙丙丁的营业执照和卫生许可证。乙丙丁三家屠宰场不服，向市政府提出请求，市政府称通告是抽象行政行为，应当遵照执行。乙丙丁三家屠宰场向人民法院提起行政诉讼。请回答下列问题：

（2）该行政诉讼的被告是谁？并且说明理由。（3 分）

【命题考点】行政诉讼的被告

【参考答案及评分标准】（2）行政诉讼的被告可能是市政府，或者是工商局和卫生局。（1 分）《行政诉讼法》第 26 条第 1 款：“公民、法人或者其他组织直接向人民法院提起诉讼的，作出行政行为的行政机关是被告。”如果乙丙丁以市政府发布的通告侵犯其三家的公平竞争权为由提起行政诉讼，则被告为市政府。如果对工商局和卫生局吊销乙丙丁的营业执照和卫生许可证的行政处罚行为不服而提起行政诉讼，则被告为工商局和卫生局。（2 分）

第五章　行政诉讼的证据

编者说明：历年真题中没有涉及本章的知识点。

第六章　行政诉讼程序

编者说明：历年真题中没有涉及本章的知识点。

第七章　行政诉讼的审理规则

一、分析题

1.（2015 年法学综合一行政诉讼法论述题）试述审查行政行为是否合法的标准?（15 分）

【命题考点】 审查行政行为的合法性标准

【参考答案及评分标准】 行政诉讼的审查标准又称审理标准，是指人民法院在行政诉讼活动中审查判断被诉具体行政行为是否合法并且依此作出判断的法律标准。（1 分）我国行政诉讼的审理标准包括合法性标准和违法性标准，其中合法性标准主要包括具体行政行为证据确凿、适用法律法规正确和符合法定程序等方面。(3 分)

（1）具体行政行为证据确凿。具体行政行为必须具有充分的根据，遵循“先取证、后裁决”的基本原则，最终达到“证据确凿”的程度，即要求行政机关收集的证据，能够使正常人得出和行政机关一样的结论。(3 分)

（2）适用法律法规正确。行政机关必须合法适用法律，但是行政机关适用的规范并非必然是审查行政行为是否合法的根据，只有法律法规才是审查行政行为是否合法的根据，其中规章只是起到参照的作用。(3 分)

（3）符合法定程序。现代行政行为不仅需要达到实体正义，同时更加需要程序正义。行政行为不仅要求证据确凿，而且必须符合法定程序，违反法定程序的行政行为无效。(3 分)

（4）行政行为的主体必须具有行政权限，行政职权的存在是行政行为合法的第一性要件，同时更加需要确保行政机关没有滥用职权。(1 分)

附录　法研教育成功学员经验谈

一、“踏实学霸型”学员经验分享

学员感悟：其实现在回头想考研也没有那么难，当时觉得比较辛苦，但只要咬咬牙坚持一下，再畅想一番美好的未来，就可以取得令自己满意的成绩。

法研教育杨帆校长点评：该学员在本科阶段注重知识点的积累和汇总，具有良好的法学功底和底蕴。在备考期间又发挥了其善于归纳总结知识点的优势，对于专业课的理论知识点和前沿问题作出比较全面的分析和总结，最后取得138分的佳绩实至名归。（考研答疑微信：15810200258）

我本科学校是山东青岛大学，报考的是法大的经济法学专业，是法研的高端协议班学员，2017年考研成绩公布后，自己的成绩确实让自己惊喜了一番，总分404分，政治74分、外语75分、专业课一117分、专业课二138分。以下我想要分享的与其说是经验，不如说是自己的一些心路历程或是心得体会，因为对于尚在备考的同学来说，这都是别人的方法，而考研的关键在于在这一段时间中能够学会与自己磨合，找到最适合自己的方法。

我从决心考研开始就决定报考法大的经济法学，但对自己很没有信心，一是因为该专业是比较好的专业，二是因为自己的基础一般。我大概是从2月份开始一并准备司考和考研，但一直到5月份也是觉得自己复习得毫无效率，之后通过考上的学姐推荐，知道了“法研教育”这个辅导机构，出于对考取法大研究生的渴望，我几乎是毫不犹豫地选择报名了这个辅导机构。

对于我来说抱一个辅导班的作用还是蛮大的，因为我个人比较懒并且嫌麻烦，所以要在海量的考研复习资料中甄选最有用的信息很有难度，辅导班则可以帮助我节省很多时间，而且在不同阶段的上课内容会帮助我不断缩小复习专业课课本的范围，能够做到有的放矢。拿宪法学来说，我到现在也没有完整地翻一遍课本。

考研不外乎考验一个人的心理素质和身体素质，以及其投入的时间和精力的程度。在备考期间，我把自己的时间几乎全都放在了备考上，但是我觉得劳逸结合也很重要，我会在每天下午的五六点钟去海边跑半个小时到一个小时，跑步会让自己更有效率。在前期我也会每星期给自己一天彻底放松的机会，要么约朋友出去吃饭，要么看一整天的电影，我个人认为当你觉得自己学习毫无效率时还不如出去放松一下心情，转换一种心态。

关于每一科的心得体会，有以下几个方面：

第一，我在政治上花费的时间非常少，大概是从 9 月份开始准备的，我没有看政治教材，直接看了机构老师编的讲义，其实把讲义上的内容看上两遍以后，政治的脉络和知识也就清晰了。后来肖八、肖四出来我就做这两套题，并背诵其中的主观题，而且我的主观题也就只背了这些，事实证明完全够用。

第二，我前期在英语上的时间很多，绝大部分时间就是精读阅读理解的文章，我没有一遍遍地背单词，而是直接背句子和课文，作文则是直接套用的法研教育英语专辅老师提供的模板，也节省了我不少的时间。

第三，在专业课上我就听辅导机构的课，然后自己看讲义和教材、做题归纳总结，逐渐形成自己的知识体系，对于专业课我比较郁闷的就是记了忘、忘了记，到最后临近考试的时候也仍是感觉有很多东西没记住，所幸考试考的不完全是死记硬背的能力，还有个人的消化理解的能力。

对于专业课二我就更加重视自己的理解，除了一遍遍地翻看老师的讲义和教材外，我还借鉴了辅导老师推荐的其他书，我觉得这样子对自己理解把握教材的内容非常有益，专业课二的考试内容也很灵活，我专业课二的成绩不错，说明我的复习方法比较有效。

无论专业课一还是专业课二我都会动手写很多东西，包括知识框架和大题答案，我觉得多动手写一下有助于牢固记忆，也更容易有思路。

其实现在回头想考研也没有那么难，当时觉得比较辛苦，但只要咬咬牙坚持一下，再畅想一番美好的未来，就可以取得令自己满意的成绩。

作者李■宁：2017 年被中国政法大学民商经济法学院经济法专业录取

二、“稳健高分”非法学学员经验分享

学员感悟：履不必同，期于适足。套用别人的方法无异于削足适履，但是不能借鉴他人的方法也会让自己捉襟见肘。

法研教育杨帆校长点评：该学员比较注重对于考试和命题规律的归纳总结，对于考点的精准把握促使其最后普遍开花，各科均取得较高分数。其经验分享值得所有跨专业考研的学员来借鉴分享，极其具有推荐价值。（考研答疑微信：15810200258）

我本科是重庆三峡学院土木工程专业，2017 年报考中国政法大学中欧法学院法硕（非法学）的考生，初试总分 398 分，单科分数分别是 76，77，122，123。对于正在紧张备考的 2018 级学弟学妹们，送上这样一篇经验帖并不能代替你们的辛勤汗水。方法因人而异，不存在放之四海而皆准的经验法则，这些东西仅仅是供你们斟酌参考，并且主要针对法硕（非法学）考生，希望对大家有所裨益。

（一）关于公共课

法硕（非法学）专业的政治公共课不用多说，全国一张卷。外语公共课考的是英语一，这与其他专业学位有所不同（一般学术学位才考英语一，大部分专业学位考英语二），英语一的难度比英语二要强，尤其是我报考的中欧法学院，英语单科线60，这大概是全国最高的了（中国政法大学法硕学院的英语单科线55），而且在复试的时候英语更难。大部分院校都有初试英语过70分研究生阶段免修英语的规定，这就意味着对于大部分非英语专业的考生来说，想达到70分是很困难的。所以初试阶段提高英语成绩很关键，相当一部分总分很高的同学因为英语卡在单科线下而功败垂成。有好多同学将英语的学习中心放在背单词上，这只是登堂而未入室，你背了很多单词甚至一个单词的很多个意思，但是把这个单词放到文章里，可能仍然懵懂，所以建议大家一定不能拘泥于单词书，而重点应该放在句子与篇章。虽然每年英语都会出现选择单词意思的题目，但是那个单词你一定是不认识的，通常是超纲词，即使你认识，你也不一定能做对，因为他考查的是在"文中的意思"而不是"单词书或者词典上的意思"。

公共政治课大家可能会认为就是背诵，其实不是的，前期主要是理解内容，尤其是哲学和中国特色社会主义理论部分。九、十月份再背诵，你会发现真正让你背的内容并不多，通常只有几个章节或者某个章节的一小节，整理下来一般不会超过10页A4纸的篇幅。应付选择题基本是不侧重于背诵的，而且有些东西即使背了但是也用不上，你会发现你背的东西卷面的题干上都有。后期，法研教育老师会划定要背诵的部分，有很薄的背诵版讲义，到时候再背诵完全来得及。

（二）关于专业课

法硕专业课的考试范围在考试分析上，只有刑法分则部分需要参考其他材料，因为分析当中写得太简略，不敷实用。由于我是零基础学法律，本科院校不太好，周围也没有其他同学报考这个专业，我就报了法研教育高端协议班，主要弥补专业课的差距。尤其是法大中欧法学院招生简章上统招名额只有十个，英语单科要求高，这就使竞争很激烈。因为公共课部分拉不开差距比如你想在英语上超过对手10分很难，因为敢报这个专业的学生通常英语基础很好，就中欧法学院来说，进入复试的考生有许多本科就是英语专业。但是，要在专业课上拉开10分的差距可以说轻而易举，可能就是一两道题的事。所以我就把专业课的目标分数都定在120左右，这样才能保证在本科院校比较差的情况下实现初试逆袭。其实，只要下定决心好好看书，每门专业课考到90分是没有问题的，达到国家线的分数也很简单，但是真正报考名校法硕的学生，这个分数就差得太远。从340分到400分这个分数段才是决定你是否上名校、是否被调剂、是否复试被刷的关键分数段，也是最难上升的一个台阶，所以大部分四百分左右的考生一般不是孤军奋战，绝大部分是考研辅导机构的高端学员。

专业课基础课是民法和刑法，这部分理解有困难，但是也要尽量理解。对于法硕

（非法学）学生来说，这是个完全陌生的专业领域，坦白地说，里面的一些基本概念我到现在依然不太懂，但是这并不影响考试，考试的内容很浅，不需要过多的理解与纠结，有时候可能老师点拨一两句就恍然大悟了。专业综合科包括宪法、法理学、法制史，毫无疑问这是要背诵的部分，不要去问哪些需要背，而是能背下的就得尽量背，这部分理解和背诵同样重要，尤其是法理学部分，理解起来非常困难，因为那是一般理论、方法论和基础理论，背诵的技巧当然有，在冲刺阶段法研教育老师会提供每个科目的背诵版讲义，每本只有十几页非常薄的，今年考研的重点和范围、记忆内容、技巧和方法，讲义里都有的！

（三）关于历年真题

历年真题是最好的复习材料。考研说到底还是考试，要考试就是要做题，而最好的题当然就是真题。模拟题很多，但是质量不会太高，因为他不像真题一样经过反复斟酌打磨还有专家评议，每一套真题都是宝贵的资料，对于真题，法研教育老师会建议我们要这样来用：

1. 通过真题确定考试范围

虽然英语专业课文很多，但是仔细看看历年真题你会发现，常考的单词就那么一两千个，每个单词常考的意思也就那么一两个，这就是所谓的“文中的意思”。对于专业课也是一样，比如刑法有几百个罪名，但是你不会全遇到，真正能编织成题目的那些个罪名，你十个手指头都能数得出来，不信你可以自己找张纸列举一下，能考的真不多，这就是所谓的“重者恒重”，把这部分熟练掌握，好好总结，应付考试没有问题，如果再有人反复点拨，你的脑海中会形成记忆漩涡，也就是看到这道题你能分析出题老师的心理，分析他在哪里设了陷阱，分析首先要排除掉的答案。

2. 通过真题推敲出题模式

对于出题模式存在与否，这是毋庸置疑的。比如有些内容，你一看到就明白，这就绝不会成为分析题，因为把许多分数给了一个很小的知识点，这就是浪费卷面分数。有些内容分条叙述而且关联性很强，这就很有可能成为大题，因为这个知识点配得上这个分数。比如继承法部分，因继承取得房屋所有权的，所有权取得之日为继承开始之日。就是把这句话给老师让他出题，尽管让在这个题目当中故意写上很多日期，比如遗嘱执行人通知的日期，继承人知道继承事实的日期，登记的日期等，但是我们不必往下看，只看死亡日期即可，后面的日期选项上肯定有但不用看，这就是与出题老师进行的心理较量。通过细致分析真题的题干，把握提问方法、设问点、易混淆部分，就能不被题目绕进去，这就是利用真题掌握出题的套路，如果你熟悉了这个套路，在复习的时候自然会有所侧重。

3. 通过真题掌握答题套路

和出题老师的心理较量是在脑海中形成的，但是呈现在答题卡上的应该是无限接近正确答案的、尽量让阅卷老师给分的答案。正确答案一定有正确答案的叙述规则、用语规范甚至固定篇幅。有的时候，掌握了答题的套路，可能让一道根本不会的题目起死回生，没有答题套路，已经滚瓜烂熟的部分也会失分，有的时候明明很简单的内容，往往是没有明白套路，答案不尽人意，这里丢了一两分，那里丢了一两分，积少成多，一张卷下来可能白白丢失十几二十分，想想这十几二十分，可能就是你与名校的差距，这才是最可惜的。不要相信什么开放性题目，也不要相信什么“言之成理即可”。你想想看，要是言之成理即可，那么阅卷就完全成了主观性的活动。既然是考试就一定会有规范答案，有些规范答案并不注重“你的观点”，这个规范答案就是客观依据，你写的答案要是仅仅言之成理而在规范答案上找不到依据，任何一个阅卷老师都不敢给你分数。而这些就是要通过平时训练甚至由老师提供答题模板来套用，否则即使你会做这道题仍然没有多大意义。

4. 通过真题找到薄弱环节

每个人复习进度和个人爱好不一样，在最终检验自己复习成果的时候就会显现出来。比如你会发现，上次做错的题目下次还是会错，没有面面俱到的复习，尤其是到了后期，毕业论文、专业课考试的事情很头疼，总会有一些复习缺口，不能侥幸认为这道题今年已经做过了肯定不会出现原题，根据“重者恒重”的规则，你下次还会遇到这种题，而再遇到他做错的几率会更大，而且还会发现原本做对的题目现在做错了。这些都是后期要重点解决的问题，这些问题只有通过真题才能发现，否则总会认为复习得差不多了，因为这是个心理效应：你的薄弱环节，既然能成为你的薄弱环节，那就一定是你没有意识到的；你认为复习的差不多的时候，你往往想到的是你已经掌握的部分，而你未掌握的部分你是完全没有感觉到的。这需要通过做真题来提醒你，逐渐发现自己的复习缺口，并各个击破。

（四）关于复试

任何一个考生考完初试都是期待着能进入复试，否则初试也就师出无名。虽然现在说复试为时尚早，但是早做提醒还是有好处的。名校复试占比很大，复试流程繁琐严格，不要以为复试是走走过场，因为即使是走走过场，这个过场也不是那么好走。因为高端班本来就是初试复试全程辅导，法研教育在复试培训时非常关注英语口语和专业课面试实战演练，所以我在复试的时候并没有太多压力，机构提供的信息足以应付复试。复试要求不能纸上谈兵，因为复试题目都是实践性题目，不可能与初试雷同，否则复试就是多此一举。这就要求我们在专业课不钻牛角尖的情况下，尽量扩大自己的理解范围和知识体系的牢固程度，因为按照复试分数的计算规则，复试分数高一分可能就抹平了初试分数五分的差距，这就必然要求不能止步于背诵，理解应该在第一位。

履不必同，期于适足。套用别人的方法无异于削足适履，但是不能借鉴他人的方法也会让自己捉襟见肘。以上内容仅供参考借鉴，预祝 2018 年考研学弟学妹们榜上有名！

作者闫■义：2017 年被中国政法大学中欧法学院录取

三、“端正思想”型学员经验分享

学员感悟：考研就是一场马拉松比赛，只要你坚持，努力，不放弃，胜利就一定会是属于你的！

法研教育杨帆校长点评：该学员属于复试逆袭型的成功者，他紧跟法研教育脉搏，在复试中取得很好的成绩，对于初试刚刚过线的考生都具有很好的示范作用。（考研答疑微信：15810200258）

我本科西南政法大学，报考的是中国政法大学民商法学商法专业，初试 361，今年的民商的分数线是 360，堪堪过线，最后顺利逆袭，被中国政法大学拟录取。我主要从初试和复试逆袭两个方面，从我个人的角度来分享以下我的经验吧。

在初试上，首先我要强调的就是考研的心态。心态一定要端正，你不用去想法大有多难考，万一考不上怎么办诸如此类。既然选择了远方，便只顾风雨兼程。你既然有了这个目标，你想的就应该是如何去努力实现它。相反，你可以憧憬一下考上法大以后的幸福美好生活，这样可以给自己一定的激励。然后你初试的时候，完全没有必要去想复试的事情，等初试过了之后再去准备复试完全是来得及的，初试还是需要脚踏实地，一步一个脚印。其次，一定要紧跟课本，法大的初试上的题目基本上都是来源于课本的一些基础知识，然后紧跟今年的研究热点。所以在第一轮复习的时候，基础一定要打好，这个时候，速度慢一点没关系，不要因为追赶进度，而潦草地把第一轮结束掉，这样会得不偿失的。我以我个人学民法为例。江老爷子的那本民法学又厚又难懂，当时我通读了一遍，发现什么都没记住，边读还边犯困。然后我就决定做笔记，把重要的知识点都总结起来，这个笔记到后期复习的时候帮了我大忙。我把民法分成了四部分：民法总论、物权法、债法总则加不当得利和无因管理、侵权法和合同法。去年我没看婚姻法和继承法，结果吃了大亏，建议还是要复习一下。然后我报的是网授班，可以反复听，我觉得这个也是网络课的一个优点。我的做法是先听老师讲一部分，然后把这一部分的框架体系建构起来，然后再把知识点摘抄出来填充进去，如果有印象不深刻的地方，回过头再去反复听。这里还会涉及需不需要报班的问题，我觉得这个是因人而异的。报班，主要是有老师带着梳理，能有效地把学科的知识体系和框架建构起来，可以抓住今年的复习重点，少走弯路，节省大量的时间，并且还能督促学习。当然如果你自身学习很有规律，自己也能把握住重点，那么其实自己复习也是没问题的。最后，就是英语政治一定要认真复习，英语和政治分数高，能够有效的缓解专业课的压力。我今年就是政治只考了63分，压线进入复试。英语的单词的记忆一定要贯穿考研复习的始终，要不到了后期，单词都忘了，会对心态上造成很大的影响。初试我就分享这么多。

对于复试，首先我还是要感谢法研教育，多亏了他们的帮助，才让我能最终逆袭成功，顺利进入法大。

其实初试过后，我心态一下子就放松，无法集中精神去复习，一直很恐慌，我这种状态是不正常的。大家过了初试后，大概估一下自己的分数，就应该去好好准备一下英语口语和听力。到了2月中旬出了初试成绩，心里就更慌了，因为今年听说了大家分数都很高，360分据说都排到了80多名，当时就感觉辛苦了一年又要白费了，一直在想万一进不了复试怎么办。然后就不能更不能静下心来去复习。所以，初试还是要尽量考高点，哈哈。然后就断断续续地复习，一直到法大出了复试分数线，差不多也就仅仅把民法和商法的笔记都重新过了一遍。

3月15号出了复试分数线，民商是360，当时心情就更加复杂了，首先能进复试，很开心，但是只是压线进，又怕成为了炮灰。当时一下子就不知道该怎么办，幸好当时联系了达哥和张老师，然后张老师就叫我一定不要慌，逆袭的机会还是很大的，让我赶紧来北京，通过对我进行高强度的培训，提高我的复试能力，从而提高复试的竞争力。

所以这里我想说的是，复试时心态很重要，因为分数已经出来了，慌是没有用的，一定要稳住自己，努力提高自己的复试能力，就算过不了复试，要调剂的话，也是要经过复试的，所以心态上一定不能崩。我这也算是反面例子吧，最终能够逆袭成功，也是要归功于最后一个星期，在各位老师的帮助下，及时调整心态，认真备考，经历了复试的全真模拟训练，对复试的流程有了充分的了解，所以复试的时候能够自信从容应对，最终逆袭成功。其实，复试并不难，可能我这么说，大家也都不信，但是等你们经历完了，就知道了，就是这么回事。大家水平一般来说都是差不多的，就看谁能把心态调整好，把对复试的恐惧降到最低。尤其是面试的时候，不能乱了分寸，只要把自信的一面展示出来，有逻辑有条理地进行分析就行。真的遇到不会的题目，你就把你自己的观点和看法展示出来，让老师觉得你有培养的潜力，基本上就成功了。比如，我抽到的是一道关于成立中的公司产生的合同之债的效力的问题。然后一个老师拓展到了关于公司住所的法律规定，但是我对那块的相关规定不了解。当时我也很慌，就把自己所知道的相关知识都说了出来了，也不一定是对的，但是也算有自己的观点，有分析思路。最终结果也还是理想的。而且法大的复试占的比重很大，所以初试分数低，一定不能放弃，逆袭的机会很大。然后在考前还是要进行充分的准备，多看看老师的相关论文，准备英语口语和听力。这样到考场上才会更加自信，不会慌张。你有了自信，其实就成功了一半了。

以上就是我这一年的考研生涯的总结吧。总之，考研就是一场马拉松比赛，只要你坚持，努力，不放弃，胜利就一定会是属于你的！

作者周■国：2017 年被中国政法大学民商法学院商法专业录取

四、“基础薄弱”成功型学员经验分享

学员感悟：“我的基础比较薄弱，也不太会学习，教材我都完整的看了三四遍，结果一做题还是错得一塌糊涂，所以我肯定考不上法大了！”

法研教育杨帆校长点评：该学员跟对法研辅导的节奏，听话认真学习最后考取梦想的大学。他的经验：只听对的，最后全是会的。（考研答疑微信：15810200258）

我一直是个刻苦的学生，在老师的关心和父母的期盼下成绩一直名列前茅，08 年的春天和朋友约好一起考取中国政法大学——这所所有法学学子梦寐以求的高等学府，由于心态的起伏和情绪的浮躁最终没能被中国政法大学录取，怀着愧疚和不甘以及无奈，我最终上了一个非常差的三本院校，开始了一段新的生活。但是我从未放弃考取中国政法大学的希望和梦想，经过两年多的学习，我决定再一次冲刺中政，为了父母，为了梦想，为了今后的人生。

我之所以选择法研保过班，首先，主要是因为她高水平的教学成果和师资力量以及“个性化”辅导的特色，刚刚好对我心态起伏偏大的弱点和缺乏持续学习的缺点对症下药，可谓量体裁衣。“一对一”辅导的特色在于学员结合教材和保过班绝密资料，进行系统学习，各科时间根据自己的学习情况灵活安排。

第二，保过班辅导的另一个特色在于每周答疑汇总时间。考生可以随时将自己在学习过程中遇到问题进行汇总，答疑老师固定在每周统一给予解答，直到考生满意为止。我比较容易在学习中发现疑问，但是欠缺自我解决问题的能力，辅导老师的专项答疑正好克服我的这项弱点。

第三，以前我轻视做题的重要性，很多时候都是看书知道考点重点怎么理解，一旦自己做题便却又不知如何下手，法研保过班的“专项题目测试”契合了我的弱点和不足。法研教育的授课老师，依托全真的模考环境，全面真实地检验我们班学员的学习效果，提高学员临场发挥的技能，帮助学员查漏补缺，深刻理解出题意图和法条内容，做到举一反三，事半功倍，高效而有收获。

第四，我比较容易形成自己的知识体系，但是很多时候零散不全，会经常根据法条或者题目内容变动，导致知识体系难以记忆，甚至模糊混乱的情况。法研的授课老师把相关的知识点连成点，串成线，实现理论、法条和试题的融会贯通，帮助学员铺设横向的知识脉络。在纵横交错的知识体系形成之后，针对法大考研和司法考试综合考查的特点，设计综合性的考题，最终提高做题技巧和能力。

第五，作为应届大学生，我对复试的方式和技巧所知甚少，缺乏起码的经验和应变技能，难免出现怯场紧张等心理状况，导致真实水平难以发挥。北京法研教育安排中国政法大学复试辅导老师，为考生提供“全程复试辅导”。主要在“专业课、英语、面试技巧、面试心理”等各个方面，给予专业、实用、权威的辅导，最终才确保我今年考研万无一失。

由此可见，法研辅导机构的全程保过班对我们考生而言可谓再合适不过；同时也要清晰地认识到，只有经过自己的不懈努力和坚忍不拔的意志，加上科学的复习方法、高效的学习策略才能在考研这条千军万马独木桥上走到最后！

赵■：2015 年被中国政法大学民商经济法学院民商法学专业录取

五、“复试怕黑”成功型学员经验分享

学员感悟：“我们是三本学校，去年我们一个学长考中国政法大学初试考了 370 分，结果复试还是被刷了，所以考法大即使初试过了，复试也肯定被刷！”

法研教育杨帆校长点评：该学员家境一般但信念比较坚定，属于热爱学习型的尖子生，刻苦和执着可以战胜一切困难走向胜利彼岸。（考研答疑微信：15810200258）

我出生在河北定州一个普通的职工家庭，平安的成长，顺利的求学，在命途多舛的人眼中我的经历多少有些幸运的成分。但是我从来不这样认为，我天生坚强稳重和开朗要强的性格以及家庭教育的培养使我永远笑脸迎人，所有坎坷只在心中默默品味，其实我的成长从未缺少过拼搏的汗水及悲痛或喜悦的泪水。

我的小学和初中看似和千百万个孩子没有什么不同，但是接触过我的人都知道不同在哪里。小学时我品学兼优的成绩和活泼开朗的性格使我被推选为学校少先队大队长，初中时屡获班级第一名的好成绩又使我担任了班级学习委员，但我知道，学习成绩虽然重要，但是更要注重人格培养。在同学眼中，我是知心好友；在老师眼中，我是“最让人省心”的孩子，能活得老师和同学的肯定，我觉得比多拿几回第一名更加开心。中考很快来临，我以优异成绩考取全国百强重点高中——河北定州中学。高考的结果却使我的心中五味杂陈，模考中曾拿过满分的数学成了我最遗憾的科目，怪我的心态过于轻松了。这时，我面临两个选择，是继续复读，誓进中国政法大学，还是选择一所本二学校——河北科技师范学院的法学专业，最终我选择了后者，那时我就坚定了本科毕业后考法大研究生的决心！

之所以选择继续报考中国政法大学，主要是最让我感动和震撼的还是法大的精神和气质。黄进校长在研究生毕业典礼上解释了什么是法大的精神，什么是法大的气质。那就是“以人为本，尊重人权”的人文精神；是“实事求是，求真务实”的科学精神；是“艰苦奋斗，坚忍不拔”的奋斗精神；是“和睦相处，和衷共济，和而不同，

和谐发展”的团队精神；还有“经国纬政，法泽天下”的气度，“经世济民，福泽万邦”的情怀，“自强不息，追求卓越”的学术品格，“公平至上，正义优先”的价值观，“只向真理低头”的勇气等等。

对于法大考研司考精品保过班，我个人认为，她给了外校生一个“高跳板”的机会，让我们在法学学习的道路中，少走弯路。“专业课成绩不突出”“公共课基础不达标”，对每位梦想成为法大一员的学子来说，都是巨大的伤痛，都是前进道路上的“拦路虎”。然而，保过班——她给了我们每个梦想考入法大的学子，提供了一个良好的“契机”。

法研教育考研精品保过班，她的授课模式为“重点学科突破－系统强化提高－法条串讲贯通”，由浅入深，逐步提高，科学合理。在我了解了她的办学理念后，我觉得她是我们这些考研学子的福音，她为专业课欠佳的学子提供了最好的师资，她为公共课不理想的学子摆脱了梦魇，在这里我可以有幸接触到法学界顶级泰斗，可以学到最专业最先进的法学知识，可以整体提高我的法学素养，可以有效弥补我在考研中的自身劣势。

当然，让我感觉帮助最大的还是在今年的复试上。大家都知道2012年是法大复试的改革年，复试淘汰率更是达到50%，竞争是非常残酷的，很多外校生莫名其妙地被淘汰出局，非常可惜。但是在法研教育领导和老师都给予了我们很多帮助，也提前都给我们划了很多题，记得面试的时候，老师也只是简单地问了下我的情况，没有太为难我，还有就是很多提前划的题，在考生中都有遇到，让我感觉受益匪浅。

王■：2012年被中国政法大学民商经济法学院民商法学专业录取

六、“心态较差”成功型学员经验分享

学员感悟：辅导班只是一个辅助的工具，它会帮助我们少走弯路，会为我们提供一条捷径，使得我们在残酷的司考和考研竞争中，没有过多的犹豫，只要按照这套成功的模式按部就班的走，努力到位了，取得成功的几率就会提高很多。

法研教育杨帆校长点评：该学员持之以恒的韧劲让其受益匪浅，也让天下考生明白坚持的力量可以战胜一切，当然坚持再配合优秀的指导可以事半功倍。（考研答疑微信：15810200258）

曾几何时是班上的骄子，同学羡慕的对象，老师喜欢的学生，却因一次所谓决定命运的“高考”让我失去了读名校的机会，最终调剂到一所我不太喜欢的学校上海海洋大学。你会问成绩还可以为什么不复读一下呢，老师几经劝说，你发挥失误，应该从头再来，但是我的父母年过花甲，而且我的父亲早年在山西挖煤为救工友没跑得及，腰部戳进三根钢筋，问他咋不讨要医药费，我爸爸说“出这么大的事，老板也不容易

啊”。我爸爸就是这样一个人，不忍心银发老人再为我操此份心，家境不好，读书上学全靠卖点农产品；我妈为了我读大学，每天早上五点就赶路去集市卖菜，大冬天的一个人站在寒风中，手脚经常冻得通红。首先声明不是在述苦，只是现实状况罢了，正因为这些不一样的经历，才我有勇气和信念必须努力！我必须靠自己！

在上海海洋大学信息管理与信息系统专业读了四年，在校期间，我连续三年获得了上海海洋大学人民奖学金二等奖，学习成绩算得上中等，但是我最大的问题就是心理素质比较差，每天胡思乱想，经常冒出很多奇奇怪怪的想法，比如明明锁了门，经过还是不放心，明明拿了书，经过又要再次核对，搞得我很痛苦。记得一个深冬晚上，我晚自习回到宿舍，和同学在宿舍楼窗户边看风景，突然我轻轻地告诉她说，我经常走在这里都有跳下去的冲动。我也只是随便说说，结果同学却吓坏了，后来天天陪着我，给我做心理辅导，怕我想不开。

后来我决定考研，决定报考中国政法大学，也就选择了北京法研教育，我觉得能有机会上一个保过班是很多贫困孩子所不敢想象的。我的家庭条件不好，但是为了不想再浪费时间，我就利用假期兼职，同时又找一些亲戚朋友借了点钱，爸妈也挺支持，七拼八凑交了学费，我希望一举啃下司考和考研两块硬骨头。坦白地说，法研保过班为我们提供了一个较好的学习环境和学习氛围，会有一些志同道合的同学为了同一个目标而共同努力，互相督促，共同进步；也会有专业老师针对每个同学的不同特点制定合适的学习计划，进行全程的跟踪辅导，提供最优越的教学模式，在这样的环境中，如果你能脚踏实地，勤勤恳恳，是没有任何理由考不上的。

辅导班再好它也不是万能的，最终是否能取得这场战争的胜利归根结底还是取决于自己的努力够不够，有没有持之以恒的毅力，有没有必胜的信念。辅导班只是一个辅助的工具，它会帮助我们少走弯路，会为我们提供一条捷径，使得我们在残酷的司考和考研竞争中，没有过多的犹豫，只要按照这套成功的模式按部就班的走，努力到位了，取得成功的几率就会提高很多。

刘■：2012 年被中国政法大学刑事司法学院录取

七、“二战考研”成功型学员经验分享

学员感悟：“我去年考了中国政法大学才考了二百多分，今年现在又在准备司考，时间又耽误了，今年我肯定又考不上了？”

法研教育杨帆校长点评：该学员以顽强的毅力验证了通过学习来改变命运的真实写照，让更多二战考生坚定考研和知识改变命运的信念。（考研答疑微信：15810200258）

在我准备中国政法大学研究生考试复习的第一天，我在笔记扉页我写过“法律

——追求公正与公平，在一个几千年的封建专制的中国推展法治是一场艰难的革命，如何将根深的人治转向到真正意义上的毫无疑问的法治，这确实很难。但是，当我选择法学时候我便坚信这就是我只一次生命的使命，更加确定在不久的将来会有一片天空让我展翅翱翔。”

但是，由于信息闭塞和学习方法不当，我却光荣地成为了一名二战的考生。作为一名二战的考生，在专业课惨遭滑铁卢，让我明白系统而专业的复习对我而言是何其重要。记得在大学时，我知道“成功更容易光顾磨难和艰辛，正如只有经过泥泞的道路才会留下脚印”一样，所以，我要“争”。从决定报考法大的时候，我就暗自给自己定下了誓言：“既然选择了远方，便只顾风雨兼程”。即使到头来，满身伤痕，我也心满意足。那时即使流泪，也是幸福的。因为我曾经拼搏过。

中国政法大学人杰地灵，有着众多的法学名师舒国滢、曲新久等，他们独树一帜的大师风范为法大增添别样的风采，更为我们值得学习的榜样。那里“大楼虽少”，可是不乏气派，不缺正气；那里“命运多舛”，却“精神不改”；那里“校园虽小”，却幽静美丽；那里“条件艰苦”，却人才辈出。在那里，我看到了钱端升爷爷铜像，看到了法镜、法鼎，看到了奋力的拓荒牛。这些给我留下了深深的印象。让我有了瞻仰泰斗级大师的决心；让我有了为法大奋力拼搏的力量；让我有了明法、致公的理念。

作为一个二战法大的人来说，我选择了北京法研教育的精品包过班无疑也是给我提供了一个很好平台，缩短了奋战的时间，同时也给复习质量带来了保证。当然与此同时，并不是说有了保过班就可以高枕无忧，只有在自己的努力加上保过班老师的帮助，才可以确保自己的二战打得漂亮。在学习的道路上，任何的帮助只是起到辅助的作用，知识的汲取及运用始终要靠自身的消化与理解。法研教育保过班以政法大学专家组成的指导团队能过帮我在复习的道路上制定明确的复习计划，实施完善的复习步骤，渐进有序的复习过程，积极向上的复习心态。这也是我走向成功的根本原因。

叶■：2012 年被中国政法大学法学院宪行专业录取

八、“跨校跨专业”成功型学员经验分享

学员感悟：“我是三本院校的非法学考生，中国政法大学这样全国一流的大学，我根本就不可能考上？”

法研教育杨帆校长点评：该学员的经历给更多跨校考研的考生以信心和力量，其经验有利于更好地精准把握考试节奏以取得高分。（考研答疑微信：15810200258）

我来自山东威海，这是个美丽而又令人向往的城市，诚如我期待的人生在不久的以后也会如此多彩，一辈子说来匆匆，平凡地来到这个世界，就不打算再平平凡凡地过活一世，总要有个汗和泪挥洒铸就的辉煌梦，总要有段想起就振奋人心的奋斗史，

总要书写一个无怨无悔、波澜壮阔的大结局！

对于我而言，我不在北京，大学期间学习的也不是现在准备读研究生的专业。我是一个典型的“三跨生”，跨校、跨省、跨专业。在备考的过程中，我需要面对的有很多。专业课程的陌生性，详尽的知识体系的梳理，合理的备考规划方案……这一切的一切，都让我望而却步。但是我的一个和我关系非常不错的同学给我介绍的法研教育考研（司考）状元精品保过班，她本身就是学法学的，在学习法学的道路上给了我很多帮助，我相信我的朋友，也更相信我们这个机构的真实与权威！我仔细看过了法研教育的宣传资料，没有任何地方让我对这个机构有所怀疑，并没有斟酌太久我就毅然选择了把自己交付给这个帮我们筑梦的舞台，我想它值得我去把握与拥有！

如我了解的一样，它不仅仅是一个是考研培训机构，更是一个真正为拥有法大梦的学子们提供一个契机，给予我们更完善更全面的指导和帮助。看着宣传页上熟悉而又陌生的法大名师的名字，我的心中涌起了万分激动，想想不久的将来自己或许也会成为他们的一员学子，就不禁壮志满怀！这个机构的竞争力毋庸置疑，它源于政法大学，专注政法大学，师资力量雄厚，这里有着法大最优秀的导师，还有法大精英中的精英师姐师兄，这样一个团体这就是最大的资本！这里个性化的辅导模式对不同的学习人群都能因材施教、面面俱到，老师“一对一”的辅导让我们放下了一万个心。了解了法研教育对学员严格的申请选拔制度，再看看本不优秀的自己，敬佩的同时也不免多了一份担忧和顾虑。千千万万个梦想法大的学子里，我只是不起眼的渺小的一个，我好怕自己没有什么赢得老师的信任与喜欢，我没有什么拿来证明的，有的只是一颗渴望求学渴望奋斗的雄心。

对于法研教育状元精品保过班，我认为师资力量很强大，通过我的亲身经历，我认为不管是学习环境还是师资，老师们治学的态度，我非常为之敬佩，对于非法学专业跨考的我而言，难度还是很大，在法研的学习，老师们很系统全面的教授，让自己很容易查缺补漏。对于学生学习中的积极性有很大的促进，学习氛围的感染，让学生有了很高的求知欲，能够克服惰性，很主动自觉的进入学习状态。对于考试方面，比如答题技巧，注意事项，知识点的理解与加强，知识框架的构建，知识结构的梳理，都起到了很大的作用。同时对于考生来说，在法研学习的主观方面也是不容忽视的，自己一定要主动配合老师的讲解，跟上老师的节奏和思维，主动的思考很多相似知识点的联系与区别，对老师反复强调的东西一定要认真揣摩，融会贯通，学会举一反三，把知识学活。法研教育给了我成功，给了我一个好的平台。

李■：2012 年被中国政法大学中欧法学院录取

九、“在职考研”成功型学员经验分享

考生感悟：“我工作太忙了，应酬太多了，我根本没有时间考上研究生？”

法研教育杨帆校长点评：该学员为许多在职考研的学员提供了良好的导引，为合理分配工作和学习时间提供了较好的经验，对于在职读研的学员来讲，效率优先，兼顾重点。(考研答疑微信：15810200258)

本人出生于蓝墨水的上游——汨罗江畔，从小受到忧民文化的熏陶，身上自然也有一股忧民精神。我的学习经历可以说平淡，没受到过重大的挫折，但是自己的理想也从未实现过。在进入大学那一刻起，我就给自己定了一个目标，概括起来就是五个一，读一百本好书，加一个好的朋友圈子，锻炼一个好的身体，培养一门适合自己的业余爱好，在自己的专业领域养成一项特长。显然这个事情是没有完成的。参加工作了，偶尔回想起来这些事，还是觉得有些事情做得不够，浪费了很多青春。

现在的工作在派出所，工作压力很大，每天都有很多繁琐的事情需要处理，这些事情其实没有任何意义但又必须做。不知道为什么，毫无成就感。有时候自己给自己洗一桶衣服成就感还大些。所以我决定考研，想考中国政法大学，在一个很偶然的机会我了解了北京法研教育的高端协议保过班。

在我身边，也有许多类似的保过班，所有的保过班都会跟学员签约保过，过不了的话退还学费，或者是下期免费再学。那些所谓的保过班，收费往往低廉，从来都不会审核学员的学习态度，考察学员的学习信心，而且大多数是大班授课，老师不能因人而异的来为每一个学员制定相应的学习计划。这种所谓的保过，大都是以消耗时间的方式，让学员通过考试，这样，不仅大大削弱了学员学习的积极性，也消耗了学员大量而又宝贵的学习时间，这样的“明日复明日，明日何其多”的保过方式，实在是不值得提倡的。这些保过班为学员提供的复习资料，大多都是大同小异的，缺乏自己的办学特色，由于上课人数众多，这些保过班的授课教师不能为每一个学员量身定做适合他们自己的学习计划，不能调动学员的主观能动性，使学员的学习一直处于被动状态，学员被动地接受了大量的知识，但是不能及时的消化、吸收，不能很好地理解、掌握做题的技巧，导致做错的题依然还是做错。这样的保过班在课后不能为学员提供跟踪服务，也很难及时的发现学员在学习中存在的问题，加之学员都有一定的懒惰情绪，课后不能及时复习所学的知识，不能及时为学员答疑解惑，导致学员在学习中存在的问题一直都得不到解决。第一次没有通过的学员，在第二年的学习中，由于第一年已经学过，这些学员上课听讲的效率大打折扣，这样的学习模式出现了不少“夹生饭”。简而言之，这样的保过班是没有任何价值的。

通过我对法大考研司考精品保过班的了解，我认为这才是真正意义上的保过班。这个保过班给我的第一印象就是很负责，在报名时，先是对学员进行资格审核，主要考察学员的学习态度和该名学员是否抱有“保过”幻想。审核的方式就是写审核材料和电话面试、现场测试。就审核材料中的个人简历来说，普通的个人简历就是要简要说明个人的基本情况，在简历中说明自己的优势，篇幅要简短，而法研教育法大考研司考精品保过班的审核材料是要通过对学员的求学经历、学习习惯和报考保过班的目的进行审核，来挖掘有潜力、有资质的学员。对于那些对考研、司法考试没有信心一次性通过的考生，一票否决。信心是最重要的，它可以给一个学员无限的学习动力，做事情没有信心，不如不去做，没有信心，也会失去做事的动力，这样的话，成功就只能离你越来越远了。

黄■明：湖南省岳阳市公安局■■■局民警，2012年被中国政法大学刑事司法学院录取

十、"信息闭塞"成功型学员经验分享

学员感悟："我们是二本院校考生，我对法大考研一无所知，考什么题型、用什么教材都不知道，信息极其闭塞，我根本考不上中国政法大学!"

法研教育杨帆校长点评：该学员为所有感觉信息闭塞会影响考研的人提供了一个样板，只要有坚定的信念和刻苦的态度，可以营造公平的竞争平台并取得胜利。（考研答疑微信：15810200258）

中国政法大学一直是我儿时的梦想，但是在2008年，由于高考失利，我只考入了厦门大学嘉庚学院，开始了我的大学生活，一开始没有什么感觉，但是渐渐地我发现，这安逸的生活让我的人生缺少了激情与奋斗，虽然不能说浑浑噩噩，但也是无所收获。

于是我开始静下心来与自己交流，我发现三年前与中国政法大学名校的失之交臂的痛苦依然隐藏于心。于是，我决定，重新战斗，去追逐遗失的梦想，去实现自己的人生价值。那些曾经的堕落，曾经的彷徨，曾经的不思进取，曾经的芸芸众生，我要通通扔掉，我要去奋斗，去战斗，去努力！中国政法大学这个亮堂堂响当当的名字，我相信任何人都听说过，他是多少法学学子魂牵梦绕竞相追逐的伟大殿堂，也是我这个三本院校的学生所向往的地方。"厚德明法，格物致公"的校训道出了中国政法大学的治学方针与灵魂精髓。我爱那里，并愿意为此而努力。欣赏那里的老师，个个身怀绝技，师德高尚，尤其喜欢阮齐林老师的幽默，欣赏于志刚老师的低调与和蔼可亲。喜欢那里的学生，个个尊师重教，身怀兼济天下的伟大情操，斗志昂扬！我是多么的想加入进去，成为那里的一员。

在强大的信念的驱使下，我不断努力。但人的精力总是有限的，一个人的视野也终归是狭小的。在过去一个人的奋斗的过程中，虽然有我的决心和毅力陪伴，但始终觉得自己没有找到很好的高效的学习方法，我需要别人的指点，需要一次性通过司法考试和考研，进行一次彻彻底底的华丽的转身。是最让我苦恼的，我信息完全闭塞，在网上零碎的找了一些所谓的试题，结果发现竟然是2005年以前的，信息的闭塞成为我考研路上最大的障碍，也许很多外校生都有这样深切的体会。

于是，我开始寻求外界的帮助，几经周折，我找到了法大考研司考精品保过班，很开心，经过基本的了解，我觉得法大司法考研精品班很适合我，正是他的存在，重新点燃了我的希望之火。我相信他那高质量高效率的教学方法配上我的持之以恒的努力必定可以考过考研司考。我选择，我信赖，如果我能有幸聆听大师们的教诲，和学长学姐们交流学习，我认为我完全有理由成功。

当时的我就像是一只等待腾飞的猎鹰，但是迫切的需要法大考研司考班给我插上更强壮的翅膀，从而飞得更高，更远！

正如法大考研司考精品保过班的口号一样，只要你一直坚定，诚实守信，只要你愿意为了实现梦想勇敢前行，请加入我们！是的，我想加入你们！我要加入你们！

闫■如：2012 年被中国政法大学法律硕士学院法学专业录取

十一、“锦上添花”成功型学员经验分享

学员感悟：“我在大学非常优秀，成绩也非常好，属于全优学生，为什么法大考研却惨败了？”

法研教育杨帆校长点评：该学员执着、刻苦、勤奋，以其经验告诉天下考生“勤能补拙”的道理，辅导班“不仅锦上添花，又能雪中送炭”的经验之谈（考研答疑微信：15810200258）

本人就读于华东政法大学民商法专业，为人性格随和，自律自信，诚恳踏实，做事认真，对法律专业十分热爱，在学校中表现优异，曾担任班级团支书，后任法律学院学生会外联部部长，至大三担任法律学院学生会主席，积极参与学校学院乃至班级组织的各项活动，在校期间，踊跃参加社会活动，承办多起司法考试讲座与考研讲座。大二暑期，至美国参加暑期带薪实习活动，并在美国弗吉尼亚州威廉玛丽学院旁听文学，收获颇多，最终获得该项目突出个人奖。

后来我决定考研并开始关注法研教育的 380 分精品保过班，保过班最大的出彩之处莫过于“保过”二字！说句实在话，试问哪个备考法大的考生看到“保过”二字心里不为之动容？看着那光荣榜上一个个傲人的高分成绩，这是多大的诱惑！抓住机遇的尾巴，自己努力踏实地备考一番，或许，这才是面对 380 分精品保过班最好的态度。

在和法研教育的咨询老师们交流中，最令我震撼的是他们专业的服务品质，在不断鼓励我、督促我的同时和我分析我目前状况下的利弊情况。耐心的解释、负责的回答，让我开始十分想要去深入了解这个工作团队背后的力量，让我不断思索这是怎样一个可以不断创造奇迹的辅导机构。一对一的辅导模式、人性化的管理团队、严格化的教育机制、专业化的备考力量，这是法研保过班的教学特色。它有着其他辅导机构无法比拟的，更专业、更敬业的管理团队，更全面、更详尽的备考规划，更严密、更

严格的操作流程及那么多老师和学长学姐辛勤的付出。

除了这些，建议那些准备申请法研保过班的学员，一定要尽力争取，不要因为法研审核程序的繁琐，而轻易放弃，如果一个机构交钱就报的话，那怎么保过呢？还有也不要为学费可以打折而随便找一个不靠谱的辅导机构。总之前途是用金钱所换不来的，当然如果你有幸被选上参加了法研保过班的学习，我想一定会对你的备考起到很大的帮助。再者，辅导期间你经历、收获到的定将是一生的财富。相反，如果你没有被选上参与保过班的学习，也不要感到气馁，因为考研最关键的还是要取决于自己为之付出的努力。只有真正扎实的学到知识，才能在考场上挥洒自如，如鱼得水。考研的目的不是唯一，考研过程中所经历的，学习到的，那所有的付出所有的期待将会给我们的人生增添一道亮丽的风景线，一种无法替代的精神财富！

石■华：2012 年被中国政法大学民商法学院录取专业

中国政法大学考研法考高端班招生简章

<table>
<tr><th>系列</th><th>班型设置</th><th>授课形式</th><th>班型介绍</th></tr>
<tr><td rowspan="3">一系列</td><td rowspan="3">法大状元班
【考研法考直通车】
全国范围内选拔
限招 15 人/班
※强烈推荐※
初试、复试
赠法考、公共课</td><td>考研●法考班</td><td rowspan="3">1. 定位人群：针对“跨校、跨专业”，法律、外语均为零基础学员，高端私塾私人定制辅导；
2. 招生对象：法研独家申请，官方严格入学审查，面签协议；
3. 本班特色：①本班被誉为“法大摇篮”；②法大名师、法研名师杨帆团队，“尊贵私塾式”，过关辅导；③杨帆教父“导师制”私人定制授课，单独交流、内部信息传递，远程、面授同步，阶段测评，学员综合“提分能力”稳步提升！④全程法律职业规划</td></tr>
<tr><td>考研班</td></tr>
<tr><td>法考班</td></tr>
<tr><td rowspan="6">二系列</td><td rowspan="2">考研●法考
全程精品高端班
（考研．法考）
『官方推荐』
（限额招生）
初复试、赠法考</td><td>面授班</td><td rowspan="2">1. 入学要求：学员申请，法研严格入学测试；
2. 招生对象：针对“信息闭塞，方法不当”，并且十分渴望一次性“上法大·过法考”的考生；
3. 辅导效果：法研独家“三大课程辅导体系”；连续多年创造“上法大，过法考”的考研法考辅导奇迹。</td></tr>
<tr><td>远程班</td></tr>
<tr><td rowspan="2">考研
精品高端班
（限额招生）
初复试、赠公共课</td><td>面授班</td><td rowspan="2">1. 入学要求：学员申请，法研严格入学审核；
2. 辅导特点：本班是攻克法大的唯一捷径，小班授课，模块化教学，激励学员“心怀梦想，成就辉煌人生!”，连续多年保持，法大考研各专业优异成绩的高端培训班型！</td></tr>
<tr><td>远程班</td></tr>
<tr><td rowspan="2">法考
精品高端班
（限额招生）
『王牌班型』</td><td>面授班</td><td rowspan="2">1. 入学要求：学员申请，法研严格入学审核；
2. 严峻形势：法考“改革”，难度将“更难”，必须按照最新改革方向精准复习；
3. 培训效果：全面依托 业内顶尖名师主讲，打造高端法考基地，连续多年创造法考优异成绩的高端培训班型；</td></tr>
<tr><td>远程班</td></tr>
<tr><td>三复试系列</td><td>复试
高端协议班
【复试直通车】
（法大核心资源）</td><td>限招 5 人
（面授、远程）</td><td>1. 入学要求：学员申请，法大官方严格审查；
2. 本班特色：①本班誉为“上法大的最后一根救命稻草”；②学员抢得“资格”后，面签协议；③法研“复试委员会”全程授课。</td></tr>
<tr><td rowspan="2">招生说明</td><td colspan="3">【“价格上涨”提醒】鉴于后期“高端名额稀缺”，而申请考生“众多”，法研教育“价格将进行上涨”，欲报从速。</td></tr>
<tr><td colspan="3">1）法大优势：法大拥有尊崇的社会地位，拥有雄厚的师资力量，拥有丰富的人脉资源，拥有优越的就业前景，拥有较多的资助政策，“考研不进法大不如不上，学法不考法大不如不考”；
2）名师优势：法研拥有中国顶尖的法学名师团队
3）招生说明：法大奖学金，名校硕士；为保证本班的辅导品质，法研特规定以上班型采取“限额招生政策”，即远程、面授班，每期限招，额满截止；</td></tr>
</table>